新文科建设教材
金融学系列

MATHEMATICAL FINANCE

数理金融

不确定理论框架下的投资组合分析

黄晓霞 ◎ 著

清华大学出版社
北京

内 容 简 介

在复杂系统里,金融投资及许多其他优化决策问题的决策参数是不确定而非随机的。本书以不确定理论为数学工具,以投资组合的风险分析为主线,系统地介绍了不同的风险度量方法,以及基于这些风险度量方法的投资组合决策模型。

本书具有较强的数理性和前沿性,吸收了大量科研前沿成果,注重培养读者掌握新的数学工具,运用数学工具解决金融以及管理科学与工程领域优化问题的能力。本书不仅可以作为经济管理类专业研究生和高年级本科生教材,也可供金融理论研究和实务工作者参考。

本书封面贴有清华大学出版社防伪标签,无标签者不得销售。
版权所有,侵权必究。举报:010-62782989,beiqinquan@tup.tsinghua.edu.cn。

图书在版编目(CIP)数据

数理金融:不确定理论框架下的投资组合分析/黄晓霞著.—北京:清华大学出版社,2024.5
新文科建设教材.金融学系列
ISBN 978-7-302-66199-3

Ⅰ.①数… Ⅱ.①黄… Ⅲ.①金融学-数理经济学-高等学校-教材 Ⅳ.①F830

中国国家版本馆 CIP 数据核字(2024)第 086695 号

责任编辑:张　伟
封面设计:李召霞
责任校对:王荣静
责任印制:曹婉颖

出版发行:清华大学出版社
　　　　网　　址:https://www.tup.com.cn,https://www.wqxuetang.com
　　　　地　　址:北京清华大学学研大厦A座　　邮　编:100084
　　　　社 总 机:010-83470000　　邮　购:010-62786544
　　　　投稿与读者服务:010-62776969,c-service@tup.tsinghua.edu.cn
　　　　质量反馈:010-62772015,zhiliang@tup.tsinghua.edu.cn
　　　　课件下载:https://www.tup.com.cn,010-83470332
印 装 者:北京鑫海金澳胶印有限公司
经　　销:全国新华书店
开　　本:185mm×260mm　　印　张:11.25　　字　数:279 千字
版　　次:2024 年 5 月第 1 版　　印　次:2024 年 5 月第 1 次印刷
定　　价:59.00 元

产品编号:102259-01

前言

　　本书以不确定理论为数学工具,以投资组合的风险分析为主线,系统地介绍了不同的风险度量方法,以及基于这些风险度量方法的投资组合决策模型与求解方法。本书逻辑如下:第1章首先讨论为什么不能使用随机投资组合理论进行投资组合分析,接着第2章介绍新的投资决策问题研究时所要用到的数学工具——不确定理论,为应用不确定理论,需要变量的不确定分布,于是第3章介绍产生不确定分布的方法。前3章内容阐述了应用不确定理论研究投资组合问题的必要性,介绍了研究中所要用到的数学工具。从第4章开始,本书由易到难介绍了不确定投资组合决策的模型与方法,其中第4章是其后章节的基础,讨论了基础的投资组合问题,详细介绍了五种数量化的风险度量方法,比较了这些方法度量风险的不同视角与特点,并基于这些风险度量方法介绍了多种证券投资优选准则与决策模型。第5章至第8章将这些风险度量方法和投资优选准则应用于扩展的不确定投资组合问题的研究中,包括考虑欧式期权的不确定投资组合问题、考虑心理账户的不确定投资组合问题、考虑背景风险的不确定投资组合问题以及不确定国际投资组合问题。

　　本书的内容源自作者多年来在投资组合领域的研究成果和在学校开设的"数理金融"课程,特点是有较强的前沿性、工具性和可读性。前沿性体现在与通常的金融投资学教材相比,本书介绍了新的金融投资问题的提出和解决的过程,注重新的数学工具的运用,在知识介绍中引导学生关注科学发展前沿问题;工具性体现在它研究的是收益与风险的基础问题,通过介绍不同的风险度量方法和基础模型,以及基于基础模型的拓展研究,帮助读者学会依据本书所介绍的风险度量的底层思路和投资决策的建模思想,结合自己研究的问题特点,进行投资优化甚至更广泛领域的研究工作;可读性在于本书提供了大量的例子和注释,解释和分析了书中数学定义与数学模型的投资学意义,使理论不再是一堆冷冰冰的数学符号与推导。为了便于读者理解,本书还对各章节内容采取了一致的介绍风格。

　　习近平总书记在参加十三届全国人大一次会议广东代表团审议时强调:"发展是第一要务,人才是第一资源,创新是第一动力。"研究生教育是国民教育的顶端,肩负着高层次人才培养和创新创造的重要使命,创新能力的培养是研究生教育的核心任务。因此,作为一本研究生教材,本书力求将启思性贯穿于全书的写作中,在叙述概念、原理、方法时,先介绍它们是依据什么事实、以怎样的思维得出来的,着重介绍创新思维的过程,以更好地培养研究生的创新思维与创新能力。本书获得北京科技大学研究生教材建设项目资助,在完成过程中,马笛、孙聿童、孟雪、杨婷婷、姜国伟、王旭婷、邸浩、赵天翊等给予了热情的支持,作者在此表示诚挚的谢意,同时衷心感谢国家自然科学基金和国家社会科学基金项目的资助,感谢北京科技大学以及清华大学出版社给予的支持和帮助。

黄晓霞

2023 年夏于北京科技大学经济管理学院

第 1 章	不确定投资组合选择	1
1.1	马科维茨模型	1
1.2	投资者会使用马科维茨方法吗	4
1.3	投资者为什么不使用马科维茨方法	6
1.4	如何理解投资者估计得到的收益分布	7
1.5	不确定投资组合选择	10

第 2 章	工具：不确定理论	12
2.1	不确定测度	12
2.2	不确定变量	15
2.3	不确定分布和逆不确定分布	16
2.4	五种特殊的不确定变量	19
2.5	独立性	21
2.6	运算法则	22
2.7	期望值	35
2.8	方差	38
2.9	半方差	40
2.10	绝对下偏差	42
2.11	关键值	43
2.12	熵	44
综合训练		46
即测即练		46

第 3 章	收益的不确定分布	47
3.1	证券收益的专家估计	47
3.2	得出收益的不确定分布	48
附录		53

第 4 章	不确定投资组合选择的基础模型	55
4.1	不确定均值-方差模型	55
4.2	不确定均值-半方差模型	65
4.3	不确定均值-机会模型	70

4.4 不确定均值-风险模型 ·· 79
  4.5 不确定均值-风险指数模型 ··· 94
 综合训练 ··· 100
 即测即练 ··· 100

第5章 考虑欧式期权的不确定投资组合 ·· 101
  5.1 欧式股票期权 ··· 101
  5.2 考虑欧式期权的不确定均值-机会模型 ··· 102
  5.3 考虑欧式期权的不确定均值-风险指数模型 ···································· 110
 综合训练 ··· 116
 即测即练 ··· 116

第6章 考虑心理账户的不确定投资组合 ·· 117
  6.1 考虑心理账户的不确定均值-方差模型 ··· 117
  6.2 模型的等价形式 ·· 118
  6.3 心理账户投资组合的有效前沿面 ··· 119
  6.4 总投资组合的有效前沿 ··· 122
  6.5 数值算例 ·· 123
 综合训练 ··· 126
 即测即练 ··· 126

第7章 考虑背景风险的不确定投资组合 ·· 127
  7.1 考虑加性背景风险的不确定均值-方差模型 ···································· 127
  7.2 考虑加性背景风险的不确定均值-方差效用 ···································· 139
  7.3 考虑通货膨胀率的不确定均值-机会模型 ······································· 145
 综合训练 ··· 155
 即测即练 ··· 155

第8章 不确定国际投资组合 ··· 156
  8.1 不确定均值-机会国际投资组合模型 ·· 156
  8.2 模型的等价形式 ·· 157
  8.3 解析解 ··· 159
  8.4 未对冲投资组合和远期合约对冲投资组合的比较 ···························· 161
  8.5 数值算例 ·· 164
 综合训练 ··· 167
 即测即练 ··· 167

参考文献 ··· 168

常用符号列表 ··· 171

不确定投资组合选择

投资组合是多个证券的组合。投资组合选择是指在众多证券中选择一个能在收益最大化和风险最小化之间达到平衡的最优投资组合。传统教科书指出，人们应该根据哈里·马科维茨(Harry Markowitz)的投资组合理论选择投资组合，在该理论中，证券收益是从历史数据中获得的。然而，许多调查显示，投资者并不完全根据历史收益选择证券。相反，他们根据专家对证券收益的估计来选择证券（专家也可以是投资者本人）。那么，这些估计出的证券收益是否应该用随机变量刻画呢？马科维茨的投资组合理论还适用于证券选择吗？或者是否应该用模糊变量来描述估计出的证券收益？本章将回答这些问题，并介绍投资组合选择理论的一个新分支，即不确定投资组合选择。不确定投资组合选择是应用不确定理论基于专家估计出的证券收益来选择投资组合的方法。2010 年由黄晓霞[1]系统提出，之后许多学者对其进一步研究。

1.1 马科维茨模型

证券收益

证券收益指证券的收益率，由下式求得：

$$\text{收益率} = \frac{\text{收入} - \text{支出}}{\text{支出}}$$

在不考虑交易费用、税和股票分割的情况下，证券收益可以表示为

$$\text{证券收益} = \frac{\text{证券的期末价格} - \text{期初价格} + \text{股息}}{\text{期初价格}}$$

因此，一年内的收益可以表示为

$$\text{一年内的收益} = \frac{\text{本年收盘价} - \text{上一年收盘价} + \text{股息}}{\text{上一年收盘价}}$$

例如，如果投资者在第一年年末购买了证券，持有一年后，在第二年年末卖出，那么投资者在第二年年末的收益是

$$\text{第二年年末的收益} = \frac{\text{第二年年末的收盘价} - \text{第一年年末的收盘价} + \text{第二年的股息}}{\text{第一年年末的收盘价}}$$

这就是投资者在第一年年末投资 1 美元，第二年得到分红，然后第二年年末以收盘价卖出时所得到或损失的钱数（负收益代表亏损）。例如，如果第一年年末收盘价为 55 美元，第二年年末收盘价为 48 美元，同时第二年有 2 美元股息，那么该投资者第二年的收益率为

$$\text{第二年的收益率} = \frac{48-55+2}{55} = -0.091$$

即每投资 1 美元损失 9.1%。

马科维茨模型

马科维茨[2]将证券收益视为随机变量,通过证券的历史收益得到其概率分布。他用组合收益的期望值来度量投资收益,用方差度量投资风险,提出:投资者应在投资收益最大化和风险最小化之间寻求平衡。那么,投资者应在投资风险不超过事先设定的最大可容忍值的前提下追求投资收益最大化,即马科维茨模型可以表述为

$$\begin{cases} \max E[x_1\xi_1 + x_2\xi_2 + \cdots + x_n\xi_n] \\ \text{s.t.}: \\ \quad V[x_1\xi_1 + x_2\xi_2 + \cdots + x_n\xi_n] \leqslant c \\ \quad x_1 + x_2 + \cdots + x_n = 1 \\ \quad x_i \geqslant 0, \quad i=1,2,\cdots,n \end{cases} \tag{1.1}$$

其中,x_i 为投资在证券 i 上的资金比例;ξ_i 为证券 i 的随机收益;E 和 V 分别为随机变量的期望和方差;c 为投资者能够容忍的最大方差(风险)水平。x_i 非负表示不允许卖空,x_i 的和为 1 表示投资者将所有资金都投资到证券上。

应用马科维茨模型的一个例子

为了使用马科维茨模型,需要根据证券的历史收益计算投资组合收益的期望值和方差。

随机投资组合收益的期望值

在马科维茨模型中,投资组合的期望收益是组合的均值,通过证券收益的 N 个历史样本值计算得到。表 1.1 给出了 3 只虚拟证券,并显示了根据其过去 12 个月的收益计算的一个组合的预期收益。

表 1.1 根据证券的历史收益计算投资组合的期望收益和方差

月份 j	r_{1j}	r_{2j}	r_{3j}	$R_j = 0.2r_{1j} + 0.2r_{2j} + 0.6r_{3j}$ (使用 SUMPRODUCT)
2015 年 1 月	0.128 1	0.117 9	0.641 8	0.434 3
2015 年 2 月	−0.030 5	−0.042 1	0.059 8	0.021 4
2015 年 3 月	0.045 6	0.178 9	0.179 7	0.152 7
2015 年 4 月	0.128 6	−0.235 5	0.705 0	0.401 6
2015 年 5 月	0.104 8	0.147 4	−0.083 6	0.000 3
2015 年 6 月	−0.084 9	0.246 3	0.354 3	0.244 9
2015 年 7 月	0.226 4	0.030 5	−0.080 8	0.002 9
2015 年 8 月	0.370 6	0.145 5	−0.025 5	0.088 0
2015 年 9 月	−0.016 2	−0.022 2	0.296 3	0.170 1
2015 年 10 月	0.017 6	0.251 7	−0.267 8	−0.106 8
2015 年 11 月	−0.215 6	−0.312 4	−0.232 9	−0.245 3

续表

月份 j	r_{1j}	r_{2j}	r_{3j}	$R_j = 0.2r_{1j} + 0.2r_{2j} + 0.6r_{3j}$ (使用 SUMPRODUCT)
2015年12月	0.2011	0.2981	0.3248	0.2947
均值		(使用 AVERAGE)		0.1216
方差		(使用 VAR.P)		0.0376

在表1.1中，r_{ij}是证券i在第j个月的收益，R_j表示一个由20%的证券1、20%的证券2和60%的证券3所组成的证券组合收益的第j个样本。利用现有工具，例如 Microsoft Excel 中的"SUMPRODUCT"计算投资组合收益的12个样本，即

$$R_j = 0.2r_{1j} + 0.2r_{2j} + 0.6r_{3j}, \quad j = 1, 2, \cdots, 12$$

其中，权重是投资在对应证券上的资金比例。利用数据R_j和函数"AVERAGE"可以很容易地得到组合收益的期望值。一般情况下，随机投资组合收益的期望值$E[\xi]$由下式求得：

$$e = E[\xi] = \sum_{j=1}^{N} R_j / N = \sum_{j=1}^{N} (x_1 r_{1j} + x_2 r_{2j} + \cdots + x_n r_{nj}) / N$$

随机投资组合收益的方差

随机投资组合收益的方差可以根据方差的定义得到，即

$$V[\xi] = E[(\xi - e)^2] = \sum_{j=1}^{N} (R_j - e)^2 / N$$

例如，表1.1中随机投资组合收益的方差为

$$V[\xi] = \sum_{j=1}^{12} (R_j - 0.1216)^2 / 12 = 0.0376$$

同样，也可以使用现有的工具得到方差。例如，依据单个证券收益的样本值，在 Microsoft Excel 中，首先使用"SUMPRODUCT"来计算投资组合的收益率$R_j, j = 1, 2, \cdots, 12$，然后使用12个$R_j$的值和函数"VAR.P"可以很容易地得到方差，见表1.1。

使用马科维茨模型进行投资组合选择

在了解了如何计算投资组合收益的期望值和方差之后，投资者可以应用模型(1.1)寻找最优投资组合。举例来说，假设投资者想为5只证券选择一个投资组合，表1.2显示了这5只证券两年内的月收益率。

表1.2 5只证券的月收益率

时间	证券1	证券2	证券3	证券4	证券5
2014年1月	0.1137	0.0743	0.0650	−0.0288	−0.0080
2014年2月	−0.0616	0.0727	0.0727	−0.0608	0.0647
2014年3月	−0.0413	0.1516	−0.0244	0.1910	−0.0329
2014年4月	0.0705	0.1625	−0.2000	0.1897	0.0026
2014年5月	0.5082	0.2867	0.1875	0.2790	0.1279
2014年6月	−0.1830	−0.0674	0.0994	0.3116	−0.0185
2014年7月	−0.1098	0.2871	0.0745	−0.1950	−0.0708

续表

时间	证券 1	证券 2	证券 3	证券 4	证券 5
2014 年 8 月	0.183 3	−0.404 1	−0.007 4	0.093 8	0.022 8
2014 年 9 月	−0.004 2	−0.044 5	0.027 4	0.286 5	0.002 5
2014 年 10 月	0.118 8	−0.074 0	−0.077 7	0.165 3	0.175 7
2014 年 11 月	−0.012 6	−0.032 5	−0.034 2	0.118 6	0.402 1
2014 年 12 月	0.188 2	0.012 2	0.498 6	0.516 8	0.265 8
2015 年 1 月	0.417 0	0.293 1	0.641 8	0.117 9	0.128 1
2015 年 2 月	0.071 5	0.308 4	0.059 8	−0.042 1	−0.030 5
2015 年 3 月	0.346 3	0.342 9	0.179 7	0.178 9	0.045 6
2015 年 4 月	0.106 5	0.376 3	0.705 0	−0.235 5	0.128 6
2015 年 5 月	−0.064 8	−0.047 3	−0.083 6	0.147 4	0.104 8
2015 年 6 月	−0.234 3	−0.352 9	0.354 3	0.246 3	−0.084 9
2015 年 7 月	0.281 4	0.329 2	−0.080 8	0.030 5	0.226 4
2015 年 8 月	0.771 0	0.528 3	−0.025 5	0.145 5	0.370 6
2015 年 9 月	0.070 4	0.023 1	0.296 3	−0.022 2	−0.016 2
2015 年 10 月	−0.112 6	−0.240 6	−0.267 8	0.251 7	0.017 6
2015 年 11 月	−0.172 8	−0.184 7	−0.232 9	−0.312 4	−0.215 6
2015 年 12 月	0.251 5	0.305 7	0.324 8	0.298 1	0.201 1

假设投资者将最大可容忍方差设为 0.015,马科维茨模型如下:

$$\begin{cases} \max E\left[x_1\xi_1 + x_2\xi_2 + x_3\xi_3 + x_4\xi_4 + x_5\xi_5\right] \\ \text{s. t.:} \\ V\left[x_1\xi_1 + x_2\xi_2 + x_3\xi_3 + x_4\xi_4 + x_5\xi_5\right] \leqslant 0.015 \\ x_1 + x_2 + x_3 + x_4 + x_5 = 1 \\ x_1, x_2, x_3, x_4, x_5 \geqslant 0 \end{cases} \quad (1.2)$$

其中,ξ_i 为证券 i 的月收益率,$i=1,2,\cdots,5$。

使用 Microsoft Excel 工具栏中的"Solver"命令求解模型(1.2),在计算组合的期望值和方差时,用上述例子中所使用的方法,只不过在表 1.1 中,组合里 3 只证券的投资比例已经分别确定为 0.2、0.2 和 0.6,而在计算模型(1.2)中组合的期望值和方差时,是用决策变量 $x_1, x_2, \cdots, x_5$ 代替预先确定的投资比例。在 Microsoft Excel 中运行工具栏中"Solver"命令,可以得到,为了在方差不大于 0.015 的情况下获得最大的期望收益,投资者应该根据表 1.3 分配资金,最大期望收益是 9.63%。

表 1.3 5 只证券的资金分配

证券 i	证券 1	证券 2	证券 3	证券 4	证券 5
投资比例	0	17.98%	14.91%	39.16%	27.95%

1.2 投资者会使用马科维茨方法吗

回顾可知,通过马科维茨方法选择投资组合完全基于证券的历史收益。但投资者在实践中真的会这么做吗? 为了找到答案,作者对 15 名熟悉马科维茨方法的身为基金经理的

专业投资者进行了面对面的深入调查。在调查中,首先问道:

您是否完全根据股票过去的收益来选择投资组合?

没有人回答"是",接下来,问道:

那么您是如何选择股票组合的呢?

尽管他们的描述不太一样,但他们都是先估计股票收益,然后选择投资组合。然而,用来估计股票收益的信息是多种多样的。关于过去收益数据的作用,6 名受访者表示历史数据是判断股票收益趋势的参考之一。其中一人表示过去的收益可以用来估计收益的稳定性,例如,基金经理 1 说,他会考虑股票的历史收益来感受有关股票收益的变化水平。为了预测股价,他会仔细分析股票公司的利润和行业前景,使用"研究财务报表并分析标的公司业绩"的表述,他强调,标的公司应该来自"有潜力的行业",在行业中具有"竞争力",而且特别指出,在分析股票公司业绩时,不仅要分析公司的财务报表,还要对公司进行实地调查。此外,他会密切关注与行业和公司相关的政府政策,以及市场主题和消息,他举了一个例子解释"市场主题"及其对股票价格的影响:中国政府提出了"一带一路"倡议,那么市场就有了"一带一路"的主题,并且支持它,这一主题意味着市场认为与"一带一路"相关的公司未来可能会有很好的发展,这一信念会推动其股价大幅上涨。此外,他表示,他会非常关注股票的交易量,特别是大宗交易商的交易量,因为他们的操作对股价有很大的影响。对于基金经理 2,他关注的是股票公司的业绩和行业前景,使用了"分析标的公司基本面"的表述,强调这些公司应该来自"成长型行业",并在行业中具有"竞争力"。此外,他还强调了实地考察公司业绩的重要性,以及对政府政策的敏感性。表 1.4 总结了他们用来估计股票收益的信息。

表 1.4 估计股票收益的信息

经理编号	历史收益	公司的利润和前景	政府政策	市场消息	股票交易量
1	√	√	√	√	√
2		√	√		
3		√	√	√	
4		√	√	√	
5		√	√		
6	√	√	√		√
7	√	√	√		√
8		√	√	√	√
9	√	√	√		
10	√	√	√	√	√
11	√	√	√		
12		√	√		√
13		√	√		√
14		√	√	√	
15		√	√		

从表 1.4 中,可以得到以下两点。

(1) 在 15 名基金经理中,有 9 名经理完全不关心历史收益。

(2) 即使 6 名关心历史收益的经理,他们也会关心公司的利润和前景以及政府的政策。此外,不少经理人还关心市场消息和股票交易量。

通过调查得知,他们没有人相信过去的数据能很好地反映未来,没有人完全根据过去的收益率数据得出股票收益率的分布函数。换句话说,没有人使用马科维茨方法来得到证券的收益分布函数。因此,可以说他们不会在实践中使用马科维茨方法。

1.3 投资者为什么不使用马科维茨方法

马科维茨方法完全使用过去的收益数据来获得证券未来的收益,这意味着认为从过去收益得到的分布函数的频率与未来的频率足够接近,证券收益可以用随机变量来刻画。只有当股票公司、股票市场或经济环境没有任何变化、没有意外事件或没有噪声时,这个假设才可能成立。然而,现实很难满足这些条件。因此,历史收益不能很好地反映股票未来的收益。为了更好地理解这句话,下面举三个真实的例子。

第一个例子使用不同历史时期的样本计算上证指数(指数代码为 000001)的月平均收益率,结果见表 1.5。可以看见,从不同历史时期的样本中得到的月平均收益率差异很大。如果认为过去收益数据的频率能够反映指数未来的月收益率,就会出现一个问题:投资者应该采用表 1.5 中的哪一个平均值作为上证指数未来的月收益率?这个问题很难回答!此外,从 2017 年 1 月 1 日之后的 3 个"未来"月收益率中可以看到,没有一个"历史"平均月收益率能够很好地反映表 1.6 中给出的上证指数 3 个"未来"月收益率。因此,过去的数据很难很好地反映未来的股票收益。

表 1.5 不同样本期上证指数月平均收益率

样 本 期	月平均收益率/%
2010/01/01—2017/01/01	0.181 6
2011/01/01—2017/01/01	0.386 7
2012/01/01—2017/01/01	0.851 3
2013/01/01—2017/01/01	0.954 3
2014/01/01—2017/01/01	0.141 6

表 1.6 上证指数 3 个"未来"月收益率

样 本 期	月收益率/%
2017/01/01—2017/01/31	1.789 1
2017/02/01—2017/02/28	2.778 2
2017/03/01—2017/03/31	−0.592 9

第二个例子是关于一家高科技公司的股票,即暴风集团股份有限公司(以下简称"暴风集团")的股票。表 1.7 提供了暴风集团股票(代码 300431)自 2015 年 3 月 24 日在证券市场首次上市后连续 54 个工作日的收益率。如果投资者是在 2015 年 6 月 10 日有了这些数据,他们会选择买这只股票吗?由表 1.7 计算可得,历史日收益率的期望值为 6.681 8%,方差为 0.003 7。股票公司于 2015 年 3 月 24 日上市,在决策时间 2015 年 6 月 10 日,54 天的数

据均可获得,日收益 6.681 8% 意味着年收益 2 438.218%,这只股票的预期收益是巨大的,方差是很小的。如果投资者使用马科维茨方法,他们应该购买这只股票。然而,现实情况是,如果投资者当天买进股票,他们将遭受巨大的损失。2015 年 6 月 10 日之后,直到 2020 年 11 月 9 日该股退市,股价从未超过 6 月 10 日的 116.3 元。事实上,该股退市时的股价仅为 0.28 元。因此,历史数据不能反映股票的未来收益率,使用马科维茨方法进行投资决策会导致巨大的损失。

表 1.7 暴风集团股票日收益率

日 期	收益率/%	日 期	收益率/%	日 期	收益率/%
2015-03-25	10.06	2015-04-21	10.01	2015-05-18	10.00
2015-03-26	9.92	2015-04-22	10.01	2015-05-19	10.00
2015-03-27	10.09	2015-04-23	9.99	2015-05-20	10.00
2015-03-30	9.97	2015-04-24	10.01	2015-05-21	−6.92
2015-03-31	10.09	2015-04-27	10.02	2015-05-22	3.21
2015-04-01	9.96	2015-04-28	9.99	2015-05-25	−8.30
2015-04-02	10.02	2015-04-29	10.02	2015-05-26	−4.03
2015-04-03	9.99	2015-04-30	9.99	2015-05-27	2.23
2015-04-07	9.98	2015-05-04	10.00	2015-05-28	−9.41
2015-04-08	9.98	2015-05-05	10.00	2015-05-29	1.03
2015-04-09	9.98	2015-05-06	5.88	2015-06-01	5.48
2015-04-10	9.98	2015-05-07	10.01	2015-06-02	2.79
2015-04-13	10.03	2015-05-08	10.00	2015-06-03	10.00
2015-04-14	10.04	2015-05-11	10.01	2015-06-04	−10.00
2015-04-15	9.97	2015-05-12	10.00	2015-06-05	−5.26
2015-04-16	9.99	2015-05-13	10.00	2015-06-08	10.00
2015-04-17	9.97	2015-05-14	−4.42	2015-06-09	5.04
2015-04-20	10.04	2015-05-15	−6.49	2015-06-10	10.00

第三个例子是关于新型冠状病毒感染疫情在全球暴发的问题。在新冠肆虐的很长时间里,没有专家能够知道新型冠状病毒感染疫情何时结束,也没有经济学家能预测它对股票收益的影响。由于新型冠状病毒感染疫情的发生,很难用历史数据预测未来的股票收益。

在现实生活中,很少有股票公司、股票市场或经济环境处于没有任何意外事件、没有任何变化或者没有噪声的情况。此外,如果一只股票在提高其价格的因素上没有任何显著的有利变化,这样的股票就不可能有高回报,那么投资者就不会对这只股票感兴趣。因此,只有公司利润或其他因素发生有利且显著变化的股票,才会被投资者视为投资组合的候选股票。由于这些原因,股票收益在许多情况下不能完全通过历史收益数据反映,而必须由投资者估计给出。

1.4　如何理解投资者估计得到的收益分布

在讨论这个问题之前,先举一个简单的例子来说明如何根据专家(或投资者)的估计得到证券的收益分布。为不失一般性,本节将通过一只证券来说明该方法。关于根据专家或投资者的估计得到证券收益分布的更多信息,请参阅第3章。

例1.1 假设一个投资者被问到"你认为证券收益是多少?",他回答说:"我认为收益率将在−0.2到0.8之间。最小值为−0.2,最大值为0.8。"然后根据投资者的估计,可以得到以下两点。

(1) 相信收益率不低于−0.2的机会是100%,可以进一步转化为收益率低于−0.2的机会为0。

(2) 相信收益率不超过0.8的机会为100%。

可以看到,估计表达了投资者相信不确定收益事件将发生的机会水平,从第一句话得到一个点(−0.2,0),从第二句话得到另一个点(0.8,1)。如果投资者对−0.2和0.8之间的收益没有更多的想法,则认为两点之间的收益应该会均匀分布在这两点之间。然后把这两点连接起来,得到一条直线,这条线是由专家估计得到的证券收益的分布,称为证券收益的信度函数,见图1.1。通过信度函数,可以知道投资者相信收益低于某一给定值的机会水平,例如,通过图1.1中的信度函数可知,投资者相信证券收益小于0.2的机会为0.4。

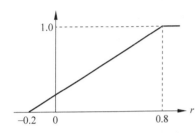

图1.1 证券收益的信度函数

有人认为,仍然可以将图1.1中证券收益的信度函数视为概率分布。然而,丹尼尔·卡尼曼(Daniel Kahneman)和阿莫斯·特沃斯基(Amos Tversky)[3]指出,大多数人过于重视不可能发生的事件,这意味着投资者通常估计的收益范围比证券的实际收益要大得多。许多关于证券投资的调查也证实了这一现象。那么,如果仍将证券收益的信度函数视为概率分布会怎样?接下来研究一个新的例子。

例1.2 假设投资者有20只独立的收益分布相同的证券,证券收益均匀分布在[−0.2, −0.1]。由于每只证券的最大收益是−10%,所以很容易得到

$$\Pr\{\text{"资金均匀投资于20只证券的收益率"} \leqslant 0\} = 1$$

也就是说,投资组合的收益率肯定小于0。

然而,投资者并不知道真正的情况。正如前面所讨论的,投资者只愿意考虑那些公司利润或其他因素发生有利且明显变化的证券,这样投资者就可以期望获得较高收益。因此,候选证券通常由投资者基于多种信息给出,而不是依据历史数据得到。在现实生活中,人们很少能准确估计出与现实情况相同的收益。假设在本例中,投资者估计出的证券收益的信度函数如图1.1所示,如果将收益的信度函数仍视为概率分布,则通过模拟可以得到

$$\Pr\{\text{"资金均匀投资于20只证券的收益率"} \leqslant 0\} \approx 0$$

不恰当地使用概率论,确定的事件可以被判断为不可能发生。

进一步假设无风险证券的收益为0.01,投资者考虑如何将资金配置到有风险证券和无风险证券中。投资者很谨慎,并设定了严格的风险控制要求,即投资组合收益小于0的概率必须等于或小于0.1%。那么如果将图1.1中的收益分布视为概率分布,则由于

$$E[\text{"资金均匀投资于20只证券的收益率"}] = 0.3$$

远远高于0.01的无风险收益率,并且

$$\Pr\{\text{"资金均匀投资于20只证券的收益率"} \leqslant 0\} < 0.001$$

投资者应将所有资金配置到这20只风险证券上,而不是无风险证券。然而,如果投资者遵循这一决定,他们将遭受至少10%的损失,因为每只证券的最大实际收益只有−10%。由此可见,当由投资者估计得到的收益分布与未来累积频率不够接近时,将其作为概率分布是不恰当的,并会导致投资者蒙受巨大损失。因此,将投资者估计得到的收益分布视为概率分布是不合适的。值得注意的是,在现实中人们很可能会乐观地估计股票收益,这样的例子比比皆是,例如1.3节描述的暴风集团的股票。如果决策时间是在2015年6月10日,那么面对此前的收益数据,对收益的估计是[−0.2,0.8]已经非常"准确"了。

除了随机变量,能否用其他方式来刻画人们对证券收益的估计?有些人认为可以使用模糊变量。投资者会以模糊变量的方式估计收益吗?投资者可以用模糊集理论选择证券组合吗?让我们用一个例子来回答这些问题。

在模糊集理论中,隶属函数是一个基本概念,可能性是一个基本测度,每个模糊数都应该有一个隶属函数。根据模糊集理论,隶属函数与可能性测度的关系为

$$\text{Pos}\{\xi \in \mathbf{R}\} = \sup_{x \in \mathbf{R}} \mu(x) \tag{1.3}$$

其中,ξ 为模糊变量;μ 为隶属函数;$\mathbf{R}$ 为实数集。

例1.3 首先假设可以用模糊变量来描述投资者对证券收益的估计,那么模糊证券收益应该有其隶属函数。假设证券收益的隶属函数如图1.2所示,通过图1.2和式(1.3)可以推出

$$\text{Pos}\{\text{"证券收益恰好是}0.10\text{"}\} = 1 \tag{1.4}$$
$$\text{Pos}\{\text{"证券收益不是}0.10\text{"}\} = 1 \tag{1.5}$$

通过式(1.4)和式(1.5)可得

$$\text{Pos}\{\text{"证券收益恰好是}0.10\text{"}\} = \text{Pos}\{\text{"证券收益不是}0.10\text{"}\} \tag{1.6}$$

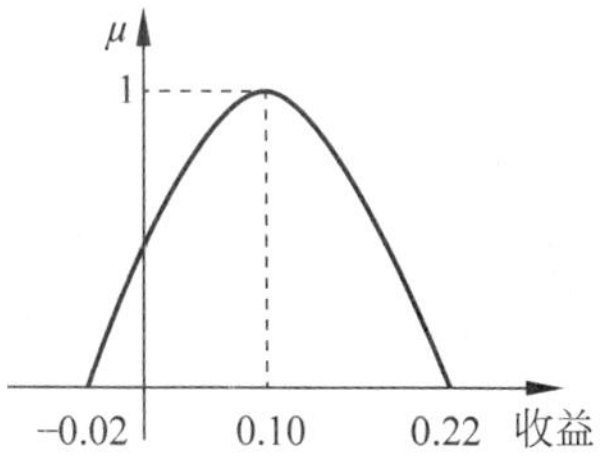

让我们来理解一下式(1.4)和式(1.6)的含义。式(1.4)表示,证券收益正好是0.10,不多也不少,可能性值为1。但这也

图1.2 证券收益的隶属函数

太巧了,证券收益率能不多不少正好是0.10!从常识来看,人们会认为"证券收益恰好是0.10"的可能性应该几乎为零,这意味着人们没有用模糊的方式思考。式(1.6)表明事件"证券收益恰好是0.10"和事件"证券收益不是0.10"发生的可能性相同。假设有一个赌局,如果证券收益率正好是0.10,会得到100美元;如果证券收益率不是0.10,需要支付100美元。你愿意接受这样的赌注吗?在调查了中国银行股票的收益率之后,告诉那些至少有一年股票投资经验的受访者,专家认为中国银行股票的月收益率在0.08%～2.6%之间,他们可以在0.08%～2.6%之间选择他们认为最有可能是股票收益率的任何数字。然后打赌:如果股票回报率恰好是受访者选择的数字,将付给受访者100美元;否则,受访者将支付100美元。调查了30位受访者,问他们是否愿意接受这样的赌注。他们中没有人接受这个赌注,因为他们都觉得,收益率恰好是他们选择的数字发生的可能性要比不是这个数字发生的可能性小得多,这个赌注太不公平了。调查结果再次表明,人们并没有以模糊的方式进行估计。此外,图书 *Uncertainty Theory*[4]分析指出了模糊集理论的基础存在缺陷。因此,模糊集理论不适用于刻画证券收益的估计值,也不适合处理基于这些证券估计所进行的投资组合选择问题。

1.5 不确定投资组合选择

本书使用不确定理论作为工具来描述证券收益的估计值。不确定理论[5]创立于2007年,随后被许多学者研究,现在,它已发展成为一个基于公理体系的数学分支[6],用于分析和处理不确定性问题。不确定测度是不确定理论的核心概念,被解释为一个人相信不确定事件可能发生的机会。不确定变量是不确定理论的另一个核心概念,用于刻画不确定数量。不确定分布在实践中称为信度函数,用来描述不确定变量可能的取值及机会。

不确定理论不同于模糊集理论,尽管它们都试图刻画人们的估计,但不确定理论在数学上是自洽的,而模糊集理论在数学上不是自洽的,在实践中容易导致错误的结果。模糊集理论不一致的例子可以在图书 *Uncertainty Theory*[4] 中找到,用模糊集理论推导出的错误结果也在 1.4 节的例 1.3 中给出。

不确定理论与概率论的区别在于发展这两种理论所依据的公理体系不同,其中最核心的区别在于乘积测度的定义。不确定理论的基本原理将在第 2 章介绍。粗略地说,乘积概率测度是单个事件的概率测度的乘积,而乘积不确定测度是单个事件不确定测度中的最小值。换句话说,不确定理论是一个最小化数学系统,而概率论是一个乘积数学系统。概率论和不确定理论源于不同的乘积测度,因而有不同的运算法则。概率论是处理真实频率的数学分支,而不确定理论是处理人们估计值的数学分支。当人们估计值的信度函数不接近真实的累积频率时,概率论的运算法则会放大估计值与真实频率之间的误差,然而,不确定理论不会进一步放大估计值的误差。

再来思考 1.4 节中的例 1.2,将图 1.1 所示的 20 只风险证券收益的信度函数视为不确定分布,根据不确定理论,可以得到

$$\mathcal{M}\{\text{"资金均匀投资于 20 只证券的收益率"} \leq 0\} = 0.2 \quad (1.7)$$

其中,$\mathcal{M}$ 代表不确定测度,表明不确定事件发生的机会。利用不确定理论,某一确定发生的事件不会被判定为不可能事件。可以看到,投资于 20 只风险证券的投资组合收益率小于等于 0 的不确定测度值(机会)为 20%。虽然 20% 的机会与实际情况相差甚远,但差异来自输入的误差。不确定理论没有进一步放大估计的误差,而概率论会进一步放大误差。在这种情况下,收益率小于等于 0 的机会为 20%。这一结果可以提醒到投资者。如果投资者设定的风险控制要求与例 1.2 一样,即投资组合收益小于等于 0 的机会必须等于或小于 0.1%,根据式(1.7)的结果,投资者不能将资金均匀投资于风险证券。事实上,由第 2 章将介绍的不确定理论的知识我们可以得到,投资者应该将他们所有的钱配置到无风险证券,那么他们肯定可以获得 1% 的收益率。

一般认为,一个适合解决决策问题的工具,理论上应该是自洽的,同时比其他工具更好地解决某类问题。在处理基于人们对证券的估计来选择证券组合的问题上,不确定理论满足这两个条件。因此,黄晓霞以不确定理论为工具,在 2010 年率先提出了不确定投资组合理论。[7]

本书将介绍不确定投资组合选择的理论与方法。如果把随机投资组合定义为一种基于证券收益的频率,应用概率论来选择证券组合的方法,那么,不确定投资组合选择可以定义为一种基于证券收益的不确定分布,运用不确定理论进行投资组合选择的方法。不确定投

资组合选择与随机投资组合选择有三个区别：第一，输入是不同的。随机投资组合理论的输入是过去收益数据的频率，它被认为与证券未来收益的频率足够接近，而不确定投资组合选择的输入是人依据多种信息估计得到的证券收益的不确定分布，也称信度函数。第二，随机投资组合选择和不确定投资组合选择采用不同的数学工具，前者使用概率论，后者使用不确定理论。第三个区别源于第二个区别，即两种理论中投资组合选择问题的数学性质和求解方法不同。

也许读者会问什么时候应该使用不确定投资组合选择。为了选择一个投资组合，首先需要得到证券未来收益的分布。如果你相信得到的分布足够接近未来收益的频率，那么应该使用随机投资组合选择；否则，必须把得到的分布作为信度函数，并使用不确定投资组合选择(参见图 1.3)。

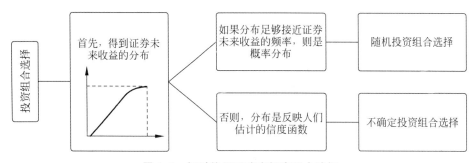

图 1.3　何时使用不确定投资组合选择

工具：不确定理论

要理解不确定投资组合选择理论，首先要理解使用的数学工具。该工具是不确定理论，由刘宝碇[5]在2007年提出，并经由许多学者进一步研究补充[6]。它是一个基于规范性、自对偶性、次可加性和乘积公理的数学分支，用于描述和分析人们不精确的估计值。本章介绍在不确定投资组合选择中使用到的不确定理论的基本知识，重点讨论不确定测度、不确定变量、不确定分布和逆不确定分布、五种特殊的不确定变量、独立性、运算法则、期望值、方差、半方差、绝对下偏差、关键值和熵。

2.1 不确定测度

不确定测度是不确定理论的核心概念，它表示人们认为不确定事件会发生的信度，这种信度也可以理解为人们相信不确定事件会发生的机会水平。为了合理地测量信度，不确定测度必须具有一定的数学性质。刘宝碇[5]根据以下三条公理定义了不确定测度。

定义 2.1[5] 设 Γ 是一个非空集合（也称全集），$\mathcal{L}$ 是 Γ 上的 σ 代数。称任意元素 $\Lambda \in \mathcal{L}$ 为事件。若集函数 $\mathcal{M}\{\Lambda\}$ 满足如下三条公理：

公理 1 （规范性）$\mathcal{M}\{\Gamma\} = 1$。

公理 2 （自对偶性）$\mathcal{M}\{\Lambda\} + \mathcal{M}\{\Lambda^c\} = 1$。

公理 3 （次可加性）对于任意一个可数的事件序列 $\{\Lambda_i\}$，有

$$\mathcal{M}\left\{\bigcup_{i=1}^{\infty}\Lambda_i\right\} \leqslant \sum_{i=1}^{\infty}\mathcal{M}\{\Lambda_i\}$$

则称集函数 $\mathcal{M}\{\Lambda\}$ 为一个不确定测度。称三元组 $(\Gamma, \mathcal{L}, \mathcal{M})$ 为不确定空间。

注 2.1 设 Γ 是一个非空集合，由 Γ 的子集组成的集合 $\mathcal{L}$ 如果满足以下三个条件：

(1) $\Gamma \in \mathcal{L}$。

(2) 如果 $\Lambda \in \mathcal{L}$，那么 $\Lambda^c \in \mathcal{L}$。

(3) 当 $\Lambda_1, \Lambda_2, \cdots \in \mathcal{L}$，有 $\bigcup_{i=1}^{\infty}\Lambda_i \in \mathcal{L}$。

则称集合 $\mathcal{L}$ 为 Γ 上的 σ 代数。

例 2.1 集合 $\{\varnothing, \Gamma\}$ 是 Γ 上最小的 σ 代数，幂集（即 Γ 的所有子集构成的集合）是最大的 σ 代数。

例 2.2 σ 代数 $\mathcal{L}$ 对可数并、可数交、差运算、极限是封闭的。也就是说，如果 $\Lambda_1, \Lambda_2, \cdots \in \mathcal{L}$，有

$$\bigcup_{i=1}^{\infty} \Lambda_i \in \mathcal{L}, \quad \bigcap_{i=1}^{\infty} \Lambda_i \in \mathcal{L}, \quad \Lambda_1 \backslash \Lambda_2 \in \mathcal{L}, \quad \lim_{i \to \infty} \Lambda_i \in \mathcal{L}$$

注 2.2 包含所有开区间的最小 σ 代数 $\mathcal{B}$ 称为实数集上的 Borel 代数,$\mathcal{B}$ 中的所有元素都称为 Borel 集。

例 2.3 已经证明区间、开集、闭集、有理数集、无理数集都是 Borel 集。

注 2.3 Γ 是全集,"事件"是 Γ 的子集。在自然语言中,事件称为命题。Γ 上的 σ 代数 $\mathcal{L}$ 包含所有相关事件。

注 2.4 不确定测度是不确定事件可能发生的信度,或者说,人们相信不确定事件可能发生的机会(而不是频率)。需要指出的是,不确定测度取决于个人对事件的了解程度。也就是说,不同的人对同一事件的不确定测度可能是不同的,因为他们对该事件的认识不同。

注 2.5 如果相信不确定事件一定会发生,则不确定事件的不确定测度为 1。相反,如果认为不确定事件不可能发生,则不确定事件的不确定测度为 0。一个人相信一个不确定事件发生的机会越大,这个不确定事件的不确定测度就越大。如果一个人相信不确定事件有 80% 的机会发生,那么该事件的不确定测度为 0.8。

注 2.6 对偶性公理保证了不确定理论符合矛盾律和排中律。矛盾律指出,矛盾命题不可能同时为真,排中律指出,对于任何命题,要么命题为真,要么其否命题为真。对偶性公理保证,如果不确定事件发生的机会为 α,可以推断出其对立事件发生的机会为 $1-\alpha$。例如,如果一位专家认为股价不高于 10 美元发生的机会为 80%,那么可知这位专家认为股价高于 10 美元发生的机会为 20%。由于人们总是以对偶的方式来判断两个相反的事件,对偶性公理与我们的思维是一致的。

注 2.7 基于两个事件发生的机会,次可加性有助于回答"两个事件的并集发生的机会是多少"的问题。概率测度假设两个不相交事件的并集发生的概率是概率之和,不确定测度的次可加公理放宽了概率公理里关于并集测度的假设,即两个事件的并集发生的机会在单个事件机会值和两个事件的机会值之和之间。次可加公理可以确保测度的合理性,如果没有次可加公理,就会发生悖论。例如[8],假设全集由三个元素组成,即 $\Gamma = \{\gamma_1, \gamma_2, \gamma_3\}$。定义集函数 $\mathcal{M}$,对于单元素的集合,其值为 0,对于至少有两个元素的集合,其值为 1,即 $\mathcal{M}\{\gamma_1\}=0, \mathcal{M}\{\gamma_2\}=0, \mathcal{M}\{\gamma_3\}=0, \mathcal{M}\{\gamma_1, \gamma_2\}=1, \mathcal{M}\{\gamma_1, \gamma_3\}=1, \mathcal{M}\{\gamma_2, \gamma_3\}=1, \mathcal{M}\{\varnothing\}=0, \mathcal{M}\{\Gamma\}=1$。这样的集函数满足前两个公理,不满足第三个公理。在全集中每个单元素的测度值都是零,而全集的测度值却大于零,这不是很奇怪吗?这就好比说我的出生地或者在北京,或者在天津,或者在浙江,出生地在北京的测度值为零,出生地在天津的测度值为零,出生地在浙江的测度值为零,而我的出生地或者在北京或者在天津或者在浙江的测度值居然就是 1 了,那不是很奇怪吗?可以看到,如果把没有次可加性的集函数作为测度,将会出现悖论。因此,合理的测度需要次可加性。

注 2.8 当我们说有一个不确定空间 $(\Gamma, \mathcal{L}, \mathcal{M})$ 时,就意味着我们已知全集 Γ、包含 Γ 里所有相关事件的 σ 代数 $\mathcal{L}$ 和每个事件的不确定测度值。

注 2.9 虽然概率测度满足上述三条公理,但它不是不确定测度,由于乘积概率不满足后面要介绍的公理 4,即不满足不确定理论的第四条公理,因此,概率论并不是不确定理论的特例。

例 2.4 Lebesgue 测度是以法国数学家亨利·勒贝格(Henri Lebesgue)命名的,实数区间$[a,b]$的Lebesgue测度是长度$b-a$。令$\Gamma=[0,1]$，$\mathcal{M}$是Lebesgue测度，那么可以证明$\mathcal{M}\{\Gamma\}=1$，Γ上的任意子集Λ有$\mathcal{M}\{\Lambda\}+\mathcal{M}\{\Lambda^c\}=1$，同时，可以证明$\mathcal{M}$也满足不确定测度的第三条公理。因此，$\mathcal{M}$是不确定测度。还可以证明当$\Gamma$改为$\Gamma=(0,1)$时，$\mathcal{M}$仍然是不确定测度。

定理2.1(单调性定理)[5] 不确定测度$\mathcal{M}$是单调递增的集函数，即对于任意$\Lambda_1\subset\Lambda_2$，有
$$\mathcal{M}\{\Lambda_1\}\leqslant\mathcal{M}\{\Lambda_2\} \tag{2.1}$$

证明：由规范性公理可知$\mathcal{M}\{\Gamma\}=1$，由对偶性公理知$\mathcal{M}\{\Lambda_1^c\}=1-\mathcal{M}\{\Lambda_1\}$。因为$\Lambda_1\subset\Lambda_2$，可知$\Gamma=\Lambda_1^c\cup\Lambda_2$。那么，由次可加公理，可得
$$1=\mathcal{M}\{\Gamma\}\leqslant\mathcal{M}\{\Lambda_1^c\}+\mathcal{M}\{\Lambda_2\}=1-\mathcal{M}\{\Lambda_1\}+\mathcal{M}\{\Lambda_2\}$$
因此，$\mathcal{M}\{\Lambda_1\}\leqslant\mathcal{M}\{\Lambda_2\}$。

定理2.2 假定$\mathcal{M}$是不确定测度，则空集$\varnothing$的不确定测度为0，即
$$\mathcal{M}\{\varnothing\}=0 \tag{2.2}$$

证明：由于$\varnothing=\Gamma^c$和$\mathcal{M}\{\Gamma\}=1$，根据对偶性定理有
$$\mathcal{M}\{\varnothing\}=1-\mathcal{M}\{\Gamma\}=1-1=0$$

定理2.3 假定$\mathcal{M}$是不确定测度，则对于任意事件Λ，有
$$0\leqslant\mathcal{M}\{\Lambda\}\leqslant1 \tag{2.3}$$

证明：因为$\varnothing\subset\Lambda\subset\Gamma$，$\mathcal{M}\{\varnothing\}=0$，$\mathcal{M}\{\Gamma\}=1$，根据单调性定理有$0\leqslant\mathcal{M}\{\Lambda\}\leqslant1$。

乘积公理

乘积不确定测度和乘积公理由刘宝碇在2009年[9]提出。

公理4(乘积公理[9]) 设$(\Gamma_k,\mathcal{L}_k,\mathcal{M}_k)$，$k=1,2,\cdots$是不确定空间，乘积不确定测度$\mathcal{M}$是满足
$$\mathcal{M}\left\{\prod_{k=1}^{\infty}\Lambda_k\right\}=\bigwedge_{k=1}^{\infty}\mathcal{M}_k\{\Lambda_k\} \tag{2.4}$$
的不确定测度，其中，Λ_k是$\mathcal{L}_k$，$k=1,2,\cdots$中的任意事件。

注2.10 式(2.4)仅定义了矩形的乘积不确定测度。在式(2.4)的基础上，刘宝碇[9]将乘积不确定测度$\mathcal{M}$从矩形扩展到如下的乘积σ代数$\mathcal{L}$。对于任意事件$\Lambda\in\mathcal{L}$，有

$$\mathcal{M}\{\Lambda\}=\begin{cases}\sup\limits_{\Lambda_1\times\Lambda_2\times\cdots\subset\Lambda}\min\limits_{1\leqslant k<\infty}\mathcal{M}_k\{\Lambda_k\},\\\qquad\text{如果}\sup\limits_{\Lambda_1\times\Lambda_2\times\cdots\subset\Lambda}\min\limits_{1\leqslant k<\infty}\mathcal{M}_k\{\Lambda_k\}>0.5\\1-\sup\limits_{\Lambda_1\times\Lambda_2\times\cdots\subset\Lambda^c}\min\limits_{1\leqslant k<\infty}\mathcal{M}_k\{\Lambda_k\},\\\qquad\text{如果}\sup\limits_{\Lambda_1\times\Lambda_2\times\cdots\subset\Lambda^c}\min\limits_{1\leqslant k<\infty}\mathcal{M}_k\{\Lambda_k\}>0.5\\0.5,\qquad\text{其他}\end{cases} \tag{2.5}$$

扩展出来的乘积不确定测度，即由式(2.5)得到的测度必须是不确定测度才能与不确定理论的四条公理保持一致。那么，通过公理4扩展的乘积不确定测度(2.5)是不确定测度吗？以下定理回答了该问题。

定理2.4[10] 由式(2.5)定义的乘积不确定测度是不确定测度。

该定理的证明过程有些复杂。因为本书的重点不是定理的证明，所以省略了该过程。

有兴趣的读者可参考论文 *Some properties of product uncertain measure*[10] 和书籍 *Uncertainty Theory*[6]。

注 2.11 式(2.4)和式(2.5)指出计算多个不确定空间中的多个不确定事件的乘法。定理 2.4 确保了由式(2.4)和式(2.5)定义的乘法是正确的。即根据式(2.4)式(2.5)定义的乘法,乘积不确定测度仍然是不确定测度。

注 2.12 由乘积不确定测度(2.4)及其扩展(2.5)推出的不确定变量的运算法则与随机变量截然不同。我们并不使用乘积不确定测度(2.4)及其扩展(2.5)来对不确定变量进行运算,而是使用源自式(2.4)和式(2.5)的运算法则进行运算。接下来将介绍不确定变量和不确定变量的运算法则。

注 2.13 不确定理论与概率论的区别不在于测度是否可加,而在于乘积测度如何定义。概率测度也满足次可加公理,但不满足不确定理论的乘积公理。由于不确定理论和概率论的乘积公理不同,这两种理论的运算法则也截然不同。

2.2 不确定变量

定义 2.2[5] 一个不确定变量是从不确定空间$(\Gamma, \mathcal{L}, \mathcal{M})$到实数集的函数,使得对于任何实数的 Borel 集 B,集合

$$\{\xi \in B\} = \{\gamma \in \Gamma \mid \xi(\gamma) \in B\}$$

是一个事件。

注 2.14 从定义 2.2 可得,$\{\xi \in B\}$等价于集合$\{\gamma \in \Gamma \mid \xi(\gamma) \in B\}$是定义 2.1 中的一个事件。在实践中,投资者关注"投资组合收益不大于特定值 t"或者"投资组合收益不小于特定值 t"。用 ξ 表示投资组合收益,那么投资者的关注点可以用$\{\xi \leqslant t\}$或$\{\xi \geqslant t\}$表示。可以看出,$\{\xi \leqslant t\}$和$\{\xi \geqslant t\}$是$\{\xi \in B\}$的两种情况,因此就定义 2.1 而言,它们是两个事件。由于$\{\xi \leqslant t\}$和$\{\xi \geqslant t\}$是事件,可以用不确定测度衡量其发生的机会。

注 2.15 投资者对定义不确定变量 ξ 的具体函数形式并不感兴趣。相反,感兴趣的是$\{\xi \in B\}$的一些事件以及事件的不确定测度,通常这些事件以$\{\xi \leqslant t\}$或$\{\xi \geqslant t\}$的方式表示。

定义 2.3[5] 设ξ_1和ξ_2是不确定空间$(\Gamma, \mathcal{L}, \mathcal{M})$上的不确定变量。如果对于几乎所有的$\gamma \in \Gamma$有$\xi_1(\gamma) = \xi_2(\gamma)$,则$\xi_1 = \xi_2$。

定义 2.4 设$\xi_1, \xi_2, \cdots, \xi_n$是不确定变量,$f$为实值可测函数,那么$\xi = f(\xi_1, \xi_2, \cdots, \xi_n)$是由式(2.6)定义的不确定变量:

$$\xi(\gamma) = f(\xi_1(\gamma), \xi_2(\gamma), \cdots, \xi_n(\gamma)), \quad \forall \gamma \in \Gamma \tag{2.6}$$

注 2.16 由定义 2.4 定义的变量是否确实是不确定变量?或者说定义 2.4 是否合理?下面的定理 2.5 回答了这个问题。

定理 2.5[5] 设$\xi_1, \xi_2, \cdots, \xi_n$是不确定变量,$f$为实值可测函数,那么$f(\xi_1, \xi_2, \cdots, \xi_n)$是不确定变量。

证明:由于不确定变量$\xi_1, \xi_2, \cdots, \xi_n$是从不确定空间$(\Gamma, \mathcal{L}, \mathcal{M})$到实数集的可测函数,那么,$f(\xi_1, \xi_2, \cdots, \xi_n)$也是从不确定空间$(\Gamma, \mathcal{L}, \mathcal{M})$到实数集的可测函数,因此,$f(\xi_1, \xi_2, \cdots, \xi_n)$是不确定变量。

注 2.17 定理 2.5 指出,如果证券收益率$\xi_i, i = 1, 2, \cdots, n$是不确定变量,那么,

$$\sum_{i=1}^{n} a_i \xi_i$$

也是不确定变量,其中,a_i 是投资在证券 i, $i=1,2,\cdots,n$ 的资金比例。

2.3 不确定分布和逆不确定分布

定义 2.5[5] 对任意实数 t,不确定变量 ξ 的不确定分布 Φ 为
$$\Phi(t) = \mathcal{M}\{\xi \leqslant t\} \tag{2.7}$$

注 2.18 因为 $\{\xi \leqslant t\}$ 是事件,所以 $\Phi(t)$ 给出了对应于任何实数 t 的所有事件 $\{\xi \leqslant t\}$ 的不确定测度。也就是说,$\Phi(t)$ 给出了所有事件 $\{\xi \leqslant t\}$ 发生的机会。

注 2.19 不确定分布用于描述不确定变量,一个不确定变量具有特定的不确定分布,但一个不确定分布可能对应多个不确定变量。例如,设 $\Gamma = \{\gamma_1, \gamma_2\}$, $\mathcal{M}\{\gamma_1\} = \mathcal{M}\{\gamma_2\} = 0.5$, $(\Gamma, \mathcal{L}, \mathcal{M})$ 是不确定空间。定义两个不确定变量:
$$\xi_1(\gamma) = \begin{cases} -1, & \gamma = \gamma_1 \\ 1, & \gamma = \gamma_2 \end{cases}, \quad \xi_2(\gamma) = \begin{cases} 1, & \gamma = \gamma_1 \\ -1, & \gamma = \gamma_2 \end{cases}$$

可得 ξ_1 和 ξ_2 具有相同的分布,即
$$\Phi(t) = \begin{cases} 0, & t < -1 \\ 0.5, & -1 \leqslant t < 1 \\ 1, & t \geqslant 1 \end{cases}$$

但是很明显,按照定义 2.3,ξ_1 和 ξ_2 是不同的不确定变量。可以看出,一个不确定分布可能对应多个不确定变量,因此,不能通过分布来定义一个不确定变量,而需要通过一个公理系统来定义不确定变量,然后讨论关于不确定变量的性质,从而使讨论对象准确、一致。然而,在应用中,我们只需从不确定分布开始来研究包含不确定变量的决策问题就足够了。

注 2.20 在不确定投资组合选择中,证券收益的不确定分布是专家估计出的证券收益的信度函数。获得证券收益的不确定分布的方法将在第 3 章介绍。

定理 2.6[6] 设不确定变量 ξ 的不确定分布是 Φ。如果对于任意实数 t,Φ 在实数 t 上是连续的,则有
$$\mathcal{M}\{\xi < t\} = \Phi(t), \quad \mathcal{M}\{\xi \geqslant t\} = 1 - \Phi(t) \tag{2.8}$$

证明:根据不确定测度的单调性和不确定分布的定义,有
$$\mathcal{M}\{\xi < t\} \leqslant \mathcal{M}\{\xi \leqslant t\} = \Phi(t)$$

对于任意小的数 $\varepsilon > 0$,有
$$\mathcal{M}\{\xi < t\} \geqslant \mathcal{M}\{\xi \leqslant t - \varepsilon\} = \Phi(t - \varepsilon)$$

令 $\varepsilon \to 0$,有
$$\mathcal{M}\{\xi < t\} \geqslant \lim_{y \uparrow t} \Phi(y)$$

当 Φ 在实数 t 上是连续时,可得
$$\lim_{y \uparrow t} \Phi(y) = \Phi(t)$$

由于 $\mathcal{M}\{\xi < t\} \leqslant \Phi(t)$ 和 $\mathcal{M}\{\xi < t\} \geqslant \Phi(t)$,可得
$$\mathcal{M}\{\xi < t\} = \Phi(t)$$

根据不确定测度的自对偶性,有
$$\mathcal{M}\{\xi \geq t\} = 1 - \mathcal{M}\{\xi < t\}$$
当 Φ 在实数 t 上是连续时,已得 $\mathcal{M}\{\xi < t\} = \Phi(t)$,因此,
$$\mathcal{M}\{\xi \geq t\} = 1 - \Phi(t)$$
定理得证。

定理 2.7[6] 设不确定变量 ξ 的不确定分布是 Φ。那么,对于满足 $a < b$ 的任意实数 a 和 b,有
$$\mathcal{M}\{a < \xi \leq b\} \geq \Phi(b) - \Phi(a) \tag{2.9}$$

证明:因为 $\{\xi \leq b\} = \{\xi \leq a\} \cup \{a < \xi \leq b\}$,根据次可加公理,有
$$\mathcal{M}\{\xi \leq b\} \leq \mathcal{M}\{\xi \leq a\} + \mathcal{M}\{a < \xi \leq b\}$$
即
$$\Phi(b) - \Phi(a) \leq \mathcal{M}\{a < \xi \leq b\}$$
定理得证。

注 2.21 由于不确定测度不具有可加性,一般来说,
$$\mathcal{M}\{a < \xi \leq b\} \neq \int_a^b \Phi'(t) dt$$
即导数 $\Phi'(t)$ 是不确定密度函数这种说法是不恰当的。

定理 2.8(不确定分布的充要条件)[11,12] 在 $\Re$ 上的实值函数 $\Phi(t)$ 是不确定分布,当且仅当它是单调递增函数且满足
$$0 \leq \Phi(t) \leq 1 \tag{2.10}$$
$$\Phi(t) \not\equiv 0 \tag{2.11}$$
$$\Phi(t) \not\equiv 1 \tag{2.12}$$
$$\text{如果对于任意 } t > t_0, \Phi(t) = 1, \text{ 有 } \Phi(t_0) = 1 \tag{2.13}$$

注 2.22 根据定理 2.8,图 2.1(a)分布是不确定分布,而图 2.1(b)分布不是不确定分布。

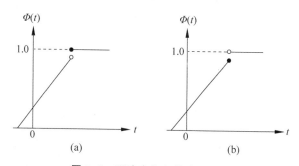

图 2.1 不确定分布的充要条件
(a) 分布是不确定分布;(b) 分布不是不确定分布

例 2.5 实数 b 是特殊的不确定变量 $\xi \equiv b$,它的不确定分布是
$$\Phi(t) = \begin{cases} 0, & t < b \\ 1, & t \geq b \end{cases}$$

定义 2.6[8] 如果不确定分布 $\Phi(t)$ 是关于 t 的连续严格递增函数,$0 < \Phi(t) < 1$,且

$$\lim_{t \to -\infty} \Phi(t) = 0, \quad \lim_{t \to +\infty} \Phi(t) = 1$$

那么,不确定分布 $\Phi(t)$ 是正则的。

定义 2.7[8] 设不确定变量 ξ 的正则不确定分布是 $\Phi(t)$,那么,逆函数 $\Phi^{-1}(\alpha)$ 是 ξ 的逆不确定分布。

值得注意的是,逆不确定分布 $\Phi^{-1}(\alpha)$ 的定义域为开区间 $(0,1)$。但是,通过

$$\Phi^{-1}(0) = \lim_{\alpha \downarrow 0} \Phi^{-1}(\alpha), \quad \Phi^{-1}(1) = \lim_{\alpha \uparrow 1} \Phi^{-1}(\alpha)$$

可以将区间扩展为 $[0,1]$。

定理 2.9[6] 函数 Φ^{-1} 是不确定变量 ξ 的逆不确定分布,当且仅当它是连续的且对于所有 $\alpha \in (0,1)$ 满足

$$\mathcal{M}\{\xi \leqslant \Phi^{-1}(\alpha)\} = \alpha \tag{2.14}$$

证明:假定 Φ^{-1} 是 ξ 的逆不确定分布,那么,它是连续的,且对于任意 α 有

$$\mathcal{M}\{\xi \leqslant \Phi^{-1}(\alpha)\} = \Phi\{\Phi^{-1}(\alpha)\} = \alpha$$

相反,假定 Φ^{-1} 是连续的且满足式(2.14),则它关于 $\alpha \in (0,1)$ 是严格递增的,且有逆函数,记作 Φ。记 $x = \Phi^{-1}(\alpha)$。那么 $\alpha = \Phi(x)$,并且

$$\mathcal{M}\{\xi \leqslant x\} = \mathcal{M}\{\xi \leqslant \Phi^{-1}(\alpha)\} = \alpha = \Phi(x)$$

即 Φ 是 ξ 的不确定分布,并且 Φ^{-1} 是它的逆不确定分布。定理得证。

定理 2.10(充要条件)[13] 函数 $\Phi^{-1}(\alpha):(0,1) \to \mathbf{R}$ 是逆不确定分布,当且仅当它是关于 α 的连续严格递增函数。

证明:假定 $\Phi^{-1}(\alpha)$ 是逆不确定分布,由逆不确定分布的定义可知 $\Phi^{-1}(\alpha)$ 是关于 $\alpha \in (0,1)$ 的连续严格递增函数。

反过来,假定 $\Phi^{-1}(\alpha)$ 在 $(0,1)$ 上是连续严格递增函数。令不确定空间为 $(\Gamma, \mathcal{L}, \mathcal{M})$,其中,$\Gamma$ 是区间 $(0,1)$,$\mathcal{L}$ 是区间 $(0,1)$ 上的 Borel 代数,$\mathcal{M}$ 是 Lebesgue 测度。定义不确定变量:

$$\xi(\gamma) = \Phi^{-1}(\gamma)$$

对于任意 $\alpha \in (0,1)$,有

$$\mathcal{M}\{\xi \leqslant \Phi^{-1}(\alpha)\} = \mathcal{M}\{\gamma \in (0,1) \mid \Phi^{-1}(\gamma) \leqslant \Phi^{-1}(\alpha)\}$$
$$= \mathcal{M}\{\gamma \in (0,1) \mid \gamma \leqslant \alpha\}$$
$$= \mathcal{M}\{(0,\alpha]\}$$
$$= \alpha$$

由定理 2.9 可知,ξ 具有逆不确定分布 Φ^{-1}。定理得证。

注 2.23 从定理 2.10 的证明中可得,对于一个连续且严格递增的函数 $\Phi^{-1}(\alpha):(0,1) \to \Re$,总能找到一个不确定变量,使其逆不确定分布为 $\Phi^{-1}(\alpha)$。也就是说,令不确定空间为 $(\Gamma, \mathcal{L}, \mathcal{M})$,其中,$\Gamma$ 是区间 $(0,1)$,$\mathcal{L}$ 是区间 $(0,1)$ 上的 Borel 代数,$\mathcal{M}$ 是 Lebesgue 测度,并令 $\xi(\gamma) = \Phi^{-1}(\gamma)$,那么 $\Phi^{-1}(\alpha)$ 是不确定变量的逆不确定分布。

例 2.6 构造一个不确定变量,它的不确定分布为

$$\Phi(t) = \left(1 + \exp\left(\frac{-\pi t}{\sqrt{3}}\right)\right)^{-1}, \quad t \in R$$

令不确定空间为 $(\Gamma, \mathcal{L}, \mathcal{M})$,其中,$\Gamma$ 是区间 $(0,1)$,$\mathcal{L}$ 是区间 $(0,1)$ 上的 Borel 代数,$\mathcal{M}$

是 Lebesgue 测度。因为 $\Phi(t)$ 的逆不确定分布为

$$\Phi^{-1}(\alpha) = \frac{\sqrt{3}}{\pi} \ln \frac{\alpha}{1-\alpha}$$

不确定变量

$$\xi(\gamma) = \Phi^{-1}(\gamma) = \frac{\sqrt{3}}{\pi} \ln \frac{\gamma}{1-\gamma}$$

有不确定分布

$$\Phi(t) = \left(1 + \exp\left(\frac{-\pi t}{\sqrt{3}}\right)\right)^{-1}, \quad t \in R$$

2.4 五种特殊的不确定变量

定义 2.8[8] 如果不确定变量 ξ 具有如下线性不确定分布：

$$\Phi(t) = \begin{cases} 0, & t \leqslant a \\ \dfrac{t-a}{b-a}, & a < t \leqslant b \\ 1, & \text{其他} \end{cases}$$

那么，称 ξ 为线性不确定变量，记作 $\xi \sim \mathcal{L}(a,b)$，其中，$a$ 和 b 是实数并且 $a<b$。

例 2.7 显然，线性不确定分布是正则不确定分布。线性不确定变量 $\mathcal{L}(a,b)$ 的逆不确定分布是

$$\Phi^{-1}(\alpha) = (1-\alpha)a + \alpha b \tag{2.15}$$

线性不确定变量的不确定分布如图 2.2 所示。

定义 2.9[8] 如果不确定变量 ξ 具有如下之字不确定分布：

$$\Phi(t) = \begin{cases} 0, & t \leqslant a \\ \dfrac{t-a}{2(b-a)}, & a < t \leqslant b \\ \dfrac{t+c-2b}{2(c-b)}, & b < t \leqslant c \\ 1, & t > c \end{cases}$$

那么称 ξ 为之字不确定变量，记作 $\xi \sim \mathcal{Z}(a,b,c)$，其中，$a,b,c$ 是实数且 $a<b<c$。

例 2.8 之字不确定变量 $\mathcal{Z}(a,b,c)$ 的逆不确定分布是

$$\Phi^{-1}(\alpha) = \begin{cases} (1-2\alpha)a + 2\alpha b, & \alpha < 0.5 \\ (2-2\alpha)b + (2\alpha-1)c, & \alpha \geqslant 0.5 \end{cases} \tag{2.16}$$

之字不确定变量的不确定分布如图 2.3 所示。

定义 2.10[8] 如果不确定变量 ξ 具有如下正态不确定分布：

$$\Phi(t) = \left(1 + \exp\left(\frac{\pi(e-t)}{\sqrt{3}\sigma}\right)\right)^{-1}, \quad t \in R, \quad \sigma > 0$$

那么，称 ξ 为正态不确定变量，记作 $\xi \sim \mathcal{N}(e,\sigma)$。

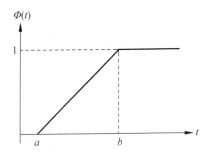
图 2.2 线性不确定变量的不确定分布

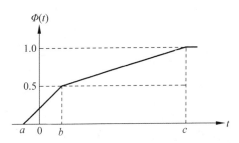
图 2.3 之字不确定变量的不确定分布

正态不确定分布是以 $t=e$ 为中心对称的，由后面的介绍我们可知，e 是正态不确定变量的期望值，σ 是它的标准差。当两个正态不确定分布的期望 e 相同而标准差 σ 不同时，σ 值越小的不确定分布越窄，见图 2.4。当两个正态不确定分布具有相同的 σ 值但 e 值不同时，两个不确定分布的形状相同只是沿水平轴移动，见图 2.5。对 $\xi \sim \mathcal{N}(e,\sigma)$ 计算可得

$$\mathcal{M}\{\xi \leqslant e+\sigma\}=86.0\%$$
$$\mathcal{M}\{\xi \leqslant e+2\sigma\}=97.4\%$$
$$\mathcal{M}\{\xi \leqslant e+3\sigma\}=99.6\%$$

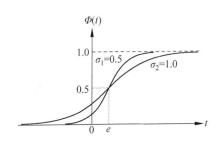
图 2.4 e 相同 σ 不同的正态不确定变量的不确定分布

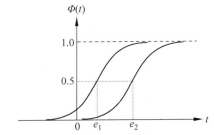
图 2.5 σ 相同 e 不同的正态不确定变量的不确定分布

例 2.9 正态不确定变量 $\mathcal{N}(e,\sigma)$ 的逆不确定分布是

$$\Phi^{-1}(\alpha)=e+\frac{\sigma\sqrt{3}}{\pi}\ln\frac{\alpha}{1-\alpha} \tag{2.17}$$

定义 2.11[8] 如果 $\ln\xi$ 是正态不确定变量 $\mathcal{N}(e,\sigma)$，那么，称不确定变量 ξ 为对数正态不确定变量。对数正态不确定变量的分布函数为

$$\Phi(t)=\left(1+\exp\left(\frac{\pi(e-\ln t)}{\sqrt{3}\sigma}\right)\right)^{-1}, \quad t>0$$

其中，e 和 σ 为实数且 $\sigma>0$，记作 $\xi \sim \mathcal{LOGN}(e,\sigma)$。

对数正态不确定变量的不确定分布如图 2.6 所示。

定义 2.12[8] 如果 ξ 具有如下的经验不确定分布：

$$\Phi(t)=\begin{cases}0, & t<t_1 \\ \alpha_i+\dfrac{(\alpha_{i+1}-\alpha_i)(t-t_i)}{t_{i+1}-t_i}, & t_i \leqslant t<t_{i+1}, 1 \leqslant i<n \\ 1, & t_n \leqslant t\end{cases}$$

那么,称 ξ 为经验不确定变量。其中,$t_1 < t_2 < \cdots < t_n$ 且 $0 \leqslant \alpha_1 \leqslant \alpha_2 \leqslant \cdots \leqslant \alpha_n \leqslant 1$。

经验不确定分布如图 2.7 所示。

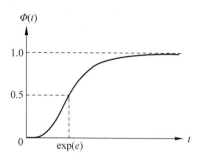

图 2.6 对数正态不确定变量的不确定分布

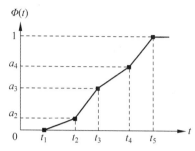

图 2.7 经验不确定分布

2.5 独立性

定义 2.13[9] 对于任意实数的 Borel 集 $B_1, B_2, \cdots, B_n$,如果

$$\mathcal{M}\left\{\bigcap_{i=1}^{n} \{\xi_i \in B_i\}\right\} = \min_{1 \leqslant i \leqslant n} \mathcal{M}\{\xi_i \in B_i\} \tag{2.18}$$

则 $\xi_1, \xi_2, \cdots, \xi_n$ 是独立的。

例 2.10 $\xi_1(\gamma_1)$ 和 $\xi_2(\gamma_2)$ 分别是不确定空间 $(\Gamma_1, \mathcal{L}_1, \mathcal{M}_1)$ 和 $(\Gamma_2, \mathcal{L}_2, \mathcal{M}_2)$ 上的不确定变量,显然它们也是乘积不确定空间 $(\Gamma_1, \mathcal{L}_1, \mathcal{M}_1) \times (\Gamma_2, \mathcal{L}_2, \mathcal{M}_2)$ 上的不确定变量。对于任意 Borel 集 B_1 和 B_2,有

$$\mathcal{M}\{(\xi_1 \in B_1) \cap (\xi_2 \in B_2)\}$$
$$= \mathcal{M}\{(\gamma_1, \gamma_2) \mid \xi_1(\gamma_1) \in B_1, \xi_2(\gamma_2) \in B_2\}$$
$$= \mathcal{M}\{(\gamma_1 \mid \xi_1(\gamma_1) \in B_1) \times (\gamma_2 \mid \xi_2(\gamma_2) \in B_2)\}$$
$$= \mathcal{M}_1\{\gamma_1 \mid \xi_1(\gamma_1) \in B_1\} \wedge \mathcal{M}_2\{\gamma_2 \mid \xi_2(\gamma_2) \in B_2\}$$
$$= \mathcal{M}\{\xi_1 \in B_1\} \wedge \mathcal{M}\{\xi_2 \in B_2\}$$

因此,ξ_1 和 ξ_2 是相互独立的。

例 2.11 把常数 c 看作特殊的不确定变量 $\xi(\gamma) \equiv c$,η 是任意不确定变量,B_1 和 B_2 是 Borel 集。

(1) 如果 $c \in B_1$,则

$$\mathcal{M}\{(\xi \in B_1) \cap (\eta \in B_2)\}$$
$$= \mathcal{M}\{\Gamma \cap (\eta \in B_2)\}$$
$$= \mathcal{M}\{\eta \in B_2\}$$
$$= \mathcal{M}\{\xi \in B_1\} \wedge \mathcal{M}\{\eta \in B_2\}$$

(2) 如果 $c \notin B_1$,则

$$\mathcal{M}\{(\xi \in B_1) \cap (\eta \in B_2)\}$$
$$= \mathcal{M}\{\emptyset \cap (\eta \in B_2)\}$$

$$= \mathcal{M}\{\emptyset\} = 0 = \mathcal{M}\{\xi \in B_1\} \wedge \mathcal{M}\{\eta \in B_2\}$$

可得
$$\mathcal{M}\{(\xi \in B_1) \bigcap (\eta \in B_2)\} = \mathcal{M}\{\xi \in B_1\} \wedge \mathcal{M}\{\eta \in B_2\}$$

因此，常数与任意不确定变量是相互独立的。

例 2.12 令不确定空间为 $(\Gamma, \mathcal{L}, \mathcal{M})$，其中，$\Gamma$ 是区间 $(0,1)$，$\mathcal{L}$ 是区间 $(0,1)$ 上的 Borel 代数，$\mathcal{M}$ 是 Lebesgue 测度。$\xi(\gamma) = \gamma$ 是不确定空间 $(\Gamma, \mathcal{L}, \mathcal{M})$ 上的不确定变量，对于 Borel 集 $B_1 = [0, 0.2]$ 和 $B_2 = [0.4, 0.7]$，有

$$\mathcal{M}\{(\xi \in B_1) \bigcap ((1-\xi) \in B_2)\}$$
$$= \mathcal{M}\{\gamma \mid \gamma \in B_1, (1-\gamma) \in B_2\}$$
$$= \mathcal{M}\{\gamma \mid \gamma \in [0, 0.2], \gamma \in [0.3, 0.6]\}$$
$$= \mathcal{M}\{[0, 0.2] \bigcap [0.3, 0.6]\}$$
$$= \mathcal{M}\{\emptyset\} = 0$$
$$\neq 0.2 = 0.2 \wedge 0.3$$
$$= \mathcal{M}\{[0, 0.2]\} \wedge \mathcal{M}\{[0.3, 0.6]\}$$
$$= \mathcal{M}\{\xi \in B_1\} \wedge \mathcal{M}\{(1-\xi) \in B_2\}$$

因此，通常来说，不确定变量 ξ 与 $1-\xi$ 是不独立的。

定理 2.11[9] 不确定变量 $\xi_1, \xi_2, \cdots, \xi_n$ 是独立的，当且仅当

$$\mathcal{M}\left\{\bigcup_{i=1}^{n} \{\xi_i \in B_i\}\right\} = \max_{1 \leqslant i \leqslant n} \mathcal{M}\{\xi_i \in B_i\} \tag{2.19}$$

证明： 由于不确定测度是自对偶的，所以不确定变量 $\xi_1, \xi_2, \cdots, \xi_n$ 是相互独立的，当且仅当

$$\mathcal{M}\left\{\bigcup_{i=1}^{n} \{\xi_i \in B_i\}\right\} = 1 - \mathcal{M}\left\{\bigcap_{i=1}^{n} \{\xi_i \in B_i^c\}\right\}$$
$$= 1 - \min_{1 \leqslant i \leqslant n} \mathcal{M}\{\xi_i \in B_i^c\} = \max_{1 \leqslant i \leqslant n} \mathcal{M}\{\xi_i \in B_i\}$$

因此，定理得证。

2.6 运算法则

不确定变量的严格递增函数

如果，当 $x_i \leqslant y_i, i = 1, 2, \cdots, n$ 时，满足

$$f(x_1, x_2, \cdots, x_n) \leqslant f(y_1, y_2, \cdots, y_n) \tag{2.20}$$

并且，当 $x_i < y_i, i = 1, 2, \cdots, n$ 时，满足

$$f(x_1, x_2, \cdots, x_n) < f(y_1, y_2, \cdots, y_n) \tag{2.21}$$

那么，实值函数 $f(x_1, x_2, \cdots, x_n)$ 是严格递增的。

定理 2.12[8] 设 $\xi_1, \xi_2, \cdots, \xi_n$ 是独立的不确定变量，且分别具有正则不确定分布 Φ_1，$\Phi_2, \cdots, \Phi_n$。如果函数

$$f(t_1, t_2, \cdots, t_n)$$

关于 $t_1, t_2, \cdots, t_n$ 是连续且严格递增的，那么，不确定变量
$$\xi = f(\xi_1, \xi_2, \cdots, \xi_n)$$
的逆分布是
$$\Psi^{-1}(\alpha) = f(\Phi_1^{-1}(\alpha), \Phi_2^{-1}(\alpha), \cdots, \Phi_n^{-1}(\alpha)), \quad 0 < \alpha < 1 \tag{2.22}$$

证明：为简单起见，这里证明 $n=2$ 的情况，$n>2$ 的情况也可以用类似的方法证明。

为了证明
$$\Psi^{-1}(\alpha) = f(\Phi_1^{-1}(\alpha), \Phi_2^{-1}(\alpha))$$
是 $\xi = f(\xi_1, \xi_2)$ 的逆不确定分布，需要证明 $\Psi^{-1}(\alpha)$ 是连续函数，且对于任意 α，有
$$\mathcal{M}\{\xi \leqslant \Psi^{-1}(\alpha)\} = \alpha$$

（1）显然函数 $\Psi^{-1}(\alpha) = f(\Phi_1^{-1}(\alpha), \Phi_2^{-1}(\alpha))$ 关于 α 是连续的。令
$$\gamma \in \{\xi_1 \leqslant \Phi_1^{-1}(\alpha)\} \bigcap \{\xi_2 \leqslant \Phi_2^{-1}(\alpha)\}$$
那么，
$$\xi_1(\gamma) \leqslant \Phi_1^{-1}(\alpha), \quad \xi_2(\gamma) \leqslant \Phi_2^{-1}(\alpha)$$
由于 f 是严格递增函数，有
$$f(\xi_1(\gamma), \xi_2(\gamma)) \leqslant f(\Phi_1^{-1}(\alpha), \Phi_2^{-1}(\alpha))$$
即
$$\xi(\gamma) \leqslant \Psi^{-1}(\alpha)$$
因此，
$$\gamma \in \{\xi \leqslant \Psi^{-1}(\alpha)\}$$
可得
$$\{\xi \leqslant \Psi^{-1}(\alpha)\} \supset \{\xi_1 \leqslant \Phi_1^{-1}(\alpha)\} \bigcap \{\xi_2 \leqslant \Phi_2^{-1}(\alpha)\}$$
根据不确定测度的单调性（见定理 2.1），有
$$\mathcal{M}\{\xi \leqslant \Psi^{-1}(\alpha)\} \geqslant \mathcal{M}\{(\xi_1 \leqslant \Phi_1^{-1}(\alpha)) \bigcap (\xi_2 \leqslant \Phi_2^{-1}(\alpha))\}$$
由于 ξ_1 和 ξ_2 是相互独立的，可得
$$\mathcal{M}\{\xi \leqslant \Psi^{-1}(\alpha)\} \geqslant \mathcal{M}\{(\xi_1 \leqslant \Phi_1^{-1}(\alpha)) \bigcap (\xi_2 \leqslant \Phi_2^{-1}(\alpha))\}$$
$$= \mathcal{M}\{\xi_1 \leqslant \Phi_1^{-1}(\alpha)\} \wedge \mathcal{M}\{\xi_2 \leqslant \Phi_2^{-1}(\alpha)\}$$
$$= \alpha \wedge \alpha = \alpha$$

（2）设 $\gamma \in \{\xi \leqslant \Psi^{-1}(\alpha)\}$。那么，
$$\xi(\gamma) \leqslant \Psi^{-1}(\alpha)$$
也就是说，
$$f(\xi_1(\gamma), \xi_2(\gamma)) \leqslant f(\Phi_1^{-1}(\alpha), \Phi_2^{-1}(\alpha))$$
由于 f 是严格递增函数，有
$$\xi_1(\gamma) \leqslant \Phi_1^{-1}(\alpha) \quad \text{或} \quad \xi_2(\gamma) \leqslant \Phi_2^{-1}(\alpha)$$
即
$$\gamma \in \{\xi_1 \leqslant \Phi_1^{-1}(\alpha)\} \quad \text{或} \quad \gamma \in \{\xi_2 \leqslant \Phi_2^{-1}(\alpha)\}$$
因此，
$$\gamma \in \{\xi_1 \leqslant \Phi_1^{-1}(\alpha)\} \bigcup \{\xi_2 \leqslant \Phi_2^{-1}(\alpha)\}$$
可得

$$\{\xi \leqslant \Psi^{-1}(\alpha)\} \subset \{\xi_1 \leqslant \Phi_1^{-1}(\alpha)\} \bigcup \{\xi_2 \leqslant \Phi_2^{-1}(\alpha)\}$$

根据不确定测度的单调性(见定理2.1),有

$$\mathcal{M}\{\xi \leqslant \Psi^{-1}(\alpha)\} \leqslant \mathcal{M}\{\xi_1 \leqslant \Phi_1^{-1}(\alpha)\} \bigcup \{\xi_2 \leqslant \Phi_2^{-1}(\alpha)\}$$

由于ξ_1和ξ_2是相互独立的,根据定理2.11,可得

$$\mathcal{M}\{\xi \leqslant \Psi^{-1}(\alpha)\} \leqslant \mathcal{M}\{(\xi_1 \leqslant \Phi_1^{-1}(\alpha)) \bigcup (\xi_2 \leqslant \Phi_2^{-1}(\alpha))\}$$
$$= \mathcal{M}\{\xi_1 \leqslant \Phi_1^{-1}(\alpha)\} \vee \mathcal{M}\{\xi_2 \leqslant \Phi_2^{-1}(\alpha)\}$$
$$= \alpha \vee \alpha = \alpha$$

通过(1)和(2)的结果,可以得到$\mathcal{M}\{\xi \leqslant \Psi^{-1}(\alpha)\} = \alpha$。换言之,$\Psi^{-1}$是$\xi$的逆不确定分布。定理得证。

注 2.24 由定理2.12的证明可知,定理2.12成立要求作为自变量的不确定变量之间是相互独立的。一般来说,当不确定变量不独立时,定理2.12不成立。例如令不确定空间为$(\Gamma, \mathcal{L}, \mathcal{M})$,其中,$\Gamma$是区间$(0,1)$,$\mathcal{L}$是$(0,1)$上的Borel代数,$\mathcal{M}$是Lebesgue测度,则$\xi_1(\gamma) = \gamma$具有逆不确定分布:

$$\Phi_1^{-1}(\alpha) = \alpha$$

并且$\xi_2(\gamma) = 1 - \gamma$的不确定分布为

$$\Phi_2^{-1}(\alpha) = \alpha$$

注意ξ_1和ξ_2不是独立的,并且$\xi_1 + \xi_2 \equiv 1$的逆不确定分布是$\Psi^{-1}(\alpha) \equiv 1$,即

$$\Psi^{-1}(\alpha) \neq \Phi_1^{-1}(\alpha) + \Phi_2^{-1}(\alpha)$$

因此,定理2.12中的独立性条件不能去掉。

定理 2.13[14] 设不确定变量$\xi_1, \xi_2, \cdots, \xi_n$是相互独立的,且分别具有正则不确定分布$\Phi_1, \Phi_2, \cdots, \Phi_n$。那么,

$$S_i = \xi_1 + \xi_2 + \cdots + \xi_i$$

的逆不确定分布是:$\Psi_i^{-1}(\alpha) = \Phi_1^{-1}(\alpha) + \cdots + \Phi_i^{-1}(\alpha), i=1,2,\cdots,n$。取大函数

$$S = S_1 \vee S_2 \vee \cdots \vee S_n$$

的逆不确定分布是

$$r^{-1}(\alpha) = \Psi_1^{-1}(\alpha) \vee \Psi_2^{-1}(\alpha) \vee \cdots \vee \Psi_n^{-1}(\alpha)$$

证明:由于

$$f(t_1, t_2, \cdots, t_n) = t_1 \vee (t_1 + t_2) \vee \cdots \vee (t_1 + t_2 + \cdots + t_n)$$

是连续的严格递增函数,且

$$S = f(\xi_1, \xi_2, \cdots, \xi_n)$$

根据运算法则(见定理2.12),S的逆不确定分布为

$$r^{-1}(\alpha) = f(\Phi_1^{-1}(\alpha), \Phi_2^{-1}(\alpha), \cdots, \Phi_n^{-1}(\alpha))$$
$$= \max_{1 \leqslant i \leqslant n} (\Phi_1^{-1}(\alpha) + \Phi_2^{-1}(\alpha) + \cdots + \Phi_i^{-1}(\alpha))$$
$$= \max_{1 \leqslant i \leqslant n} \Psi_i^{-1}(\alpha)$$

定理得证。

例 2.13 设不确定变量ξ具有正则不确定分布Φ,由定理2.12可知,不确定变量$k\xi (k>0)$的逆不确定分布是

$$\Psi^{-1}(\alpha) = k\Phi^{-1}(\alpha)$$

例 2.14 设不确定变量 $\xi_1, \xi_2, \cdots, \xi_n$ 独立且具有正则不确定分布 $\Phi_1, \Phi_2, \cdots, \Phi_n$。根据定理 2.12,

$$\xi = \xi_1 + \xi_2 + \cdots + \xi_n$$

的逆不确定分布是

$$\Psi^{-1}(\alpha) = \Phi_1^{-1}(\alpha) + \Phi_2^{-1}(\alpha) + \cdots + \Phi_n^{-1}(\alpha)$$

例 2.15 设不确定变量 $\xi_1, \xi_2, \cdots, \xi_n$ 独立且具有正则不确定分布 $\Phi_1, \Phi_2, \cdots, \Phi_n$。根据定理 2.12,对于 $k_i > 0, i = 1, 2, \cdots, n$,不确定变量

$$\xi = k_1 \xi_1 + k_2 \xi_2 + \cdots + k_n \xi_n$$

的逆不确定分布是

$$\Psi^{-1}(\alpha) = k_1 \Phi_1^{-1}(\alpha) + k_2 \Phi_2^{-1}(\alpha) + \cdots + k_n \Phi_n^{-1}(\alpha)$$

例 2.16 设不确定变量 $\xi_1, \xi_2, \cdots, \xi_n$ 独立且具有正则不确定分布 $\Phi_1, \Phi_2, \cdots, \Phi_n$。根据定理 2.12,对于 $k_i > 0, i = 1, 2, \cdots, n$,不确定变量

$$\xi = k_1 \xi_1 \vee k_2 \xi_2 \vee \cdots \vee k_n \xi_n$$

的逆不确定分布是

$$\Psi^{-1}(\alpha) = k_1 \Phi_1^{-1}(\alpha) \vee k_2 \Phi_2^{-1}(\alpha) \vee \cdots \vee k_n \Phi_n^{-1}(\alpha)$$

例 2.17 设不确定变量 $\xi_1, \xi_2, \cdots, \xi_n$ 独立且具有正则不确定分布 $\Phi_1, \Phi_2, \cdots, \Phi_n$。根据定理 2.12,对于 $k_i > 0, i = 1, 2, \cdots, n$,不确定变量

$$\xi = k_1 \xi_1 \wedge k_2 \xi_2 \wedge \cdots \wedge k_n \xi_n$$

的逆不确定分布是

$$\Psi^{-1}(\alpha) = k_1 \Phi_1^{-1}(\alpha) \wedge k_2 \Phi_2^{-1}(\alpha) \wedge \cdots \wedge k_n \Phi_n^{-1}(\alpha)$$

例 2.18 设对于 $i = 1, 2, \cdots, n$,不确定变量 ξ_i 和 η_i 是相互独立的且取值为正;Φ_i 是 ξ_i 的不确定分布,Ψ_i 是 η_i 的不确定分布。对于 $k_i > 0, i = 1, 2, \cdots, n$,不确定变量

$$\xi = \sum_{i=1}^{n} k_i \xi_i \eta_i$$

的逆不确定分布是

$$\Upsilon^{-1}(\alpha) = \sum_{i=1}^{n} k_i \Phi_i^{-1}(\alpha) \Psi_i^{-1}(\alpha)$$

定理 2.14 设 ξ_1 和 ξ_2 是独立的线性不确定变量 $\mathcal{L}(a_1, b_1)$ 和 $\mathcal{L}(a_2, b_2)$,那么,$\xi_1 + \xi_2$ 也是线性不确定变量,并且

$$\mathcal{L}(a_1, b_1) + \mathcal{L}(a_2, b_2) = \mathcal{L}(a_1 + a_2, b_1 + b_2) \tag{2.23}$$

线性不确定变量 $\mathcal{L}(a, b)$ 与常数 $k > 0$ 的乘积也是线性不确定变量,且

$$k \cdot \mathcal{L}(a, b) = \mathcal{L}(ka, kb) \tag{2.24}$$

证明: 假定 Φ_1 和 Φ_2 分别是线性不确定变量 ξ_1 和 ξ_2 的不确定分布,那么有

$$\Phi_1^{-1}(\alpha) = (1 - \alpha) a_1 + \alpha b_1$$

$$\Phi_2^{-1}(\alpha) = (1 - \alpha) a_2 + \alpha b_2$$

根据定理 2.12,$\xi_1 + \xi_2$ 的逆不确定分布 Ψ^{-1} 为

$$\Psi^{-1}(\alpha) = \Phi_1^{-1}(\alpha) + \Phi_2^{-1}(\alpha) = (1 - \alpha)(a_1 + a_2) + \alpha(b_1 + b_2)$$

这意味着线性不确定变量之和也是线性不确定变量,并且
$$\mathcal{L}(a_1,b_1)+\mathcal{L}(a_2,b_2)=\mathcal{L}(a_1+a_2,b_1+b_2)$$
等式(2.23)得证。

同理可得,等式(2.24)成立。

定理 2.15 设 ξ_1 和 ξ_2 是独立的之字不确定变量 $\mathcal{Z}(a_1,b_1,c_1)$ 和 $\mathcal{Z}(a_2,b_2,c_2)$,那么,$\xi_1+\xi_2$ 也是之字不确定变量,并且
$$\mathcal{Z}(a_1,b_1,c_1)+\mathcal{Z}(a_2,b_2,c_2)=\mathcal{Z}(a_1+a_2,b_1+b_2,c_1+c_2) \quad (2.25)$$
之字不确定变量 $\mathcal{Z}(a,b,c)$ 和常数 $k>0$ 的乘积也是之字不确定变量,并且
$$k \cdot \mathcal{Z}(a,b,c)=\mathcal{Z}(ka,kb,kc) \quad (2.26)$$

证明: 假定 Φ_1 和 Φ_2 分别是之字不确定变量 ξ_1 和 ξ_2 的不确定分布,那么有
$$\Phi_1^{-1}(\alpha)=\begin{cases}(1-2\alpha)a_1+2\alpha b_1, & \alpha<0.5 \\ (2-2\alpha)b_1+(2\alpha-1)c_1, & \alpha\geqslant 0.5\end{cases}$$

$$\Phi_2^{-1}(\alpha)=\begin{cases}(1-2\alpha)a_2+2\alpha b_2, & \alpha<0.5 \\ (2-2\alpha)b_2+(2\alpha-1)c_2, & \alpha\geqslant 0.5\end{cases}$$

根据定理 2.12, $\xi_1+\xi_2$ 的逆不确定分布 Ψ^{-1} 为
$$\Psi^{-1}(\alpha)=\begin{cases}(1-2\alpha)(a_1+a_2)+2\alpha(b_1+b_2), & \alpha<0.5 \\ (2-2\alpha)(b_1+b_2)+(2\alpha-1)(c_1+c_2), & \alpha\geqslant 0.5\end{cases}$$

这意味着之字不确定变量之和也是之字不确定变量,并且
$$\mathcal{Z}(a_1,b_1,c_1)+\mathcal{Z}(a_2,b_2,c_2)=\mathcal{Z}(a_1+a_2,b_1+b_2,c_1+c_2)$$
等式(2.25)得证。

同理可得,等式(2.26)成立。

定理 2.16 设 ξ_1 和 ξ_2 是独立的正态不确定变量 $\mathcal{N}(e_1,\sigma_1)$ 和 $\mathcal{N}(e_2,\sigma_2)$。那么,$\xi_1+\xi_2$ 也是正态不确定变量,并且
$$\mathcal{N}(e_1,\sigma_1)+\mathcal{N}(e_2,\sigma_2)=\mathcal{N}(e_1+e_2,\sigma_1+\sigma_2) \quad (2.27)$$
正态不确定变量 $\mathcal{N}(e,\sigma)$ 和常数 $k>0$ 的乘积也是正态不确定变量,并且
$$k \cdot \mathcal{N}(e,\sigma)=\mathcal{N}(ke,k\sigma) \quad (2.28)$$

证明: 假定 Φ_1 和 Φ_2 分别是正态不确定变量 ξ_1 和 ξ_2 的不确定分布,那么有
$$\Phi_1^{-1}(\alpha)=e_1+\frac{\sqrt{3}\sigma_1}{\pi}\ln\frac{\alpha}{1-\alpha}$$

$$\Phi_2^{-1}(\alpha)=e_2+\frac{\sqrt{3}\sigma_2}{\pi}\ln\frac{\alpha}{1-\alpha}$$

根据定理 2.12, $\xi_1+\xi_2$ 的逆不确定分布 Ψ^{-1} 为
$$\Psi^{-1}(\alpha)=\Phi_1^{-1}(\alpha)+\Phi_2^{-1}(\alpha)=(e_1+e_2)+\frac{\sqrt{3}(\sigma_1+\sigma_2)}{\pi}\ln\frac{\alpha}{1-\alpha}$$

这意味着正态不确定变量之和也是正态不确定变量,并且等式(2.27)成立。

同理可得,等式(2.28)成立。

定理 2.17 设 ξ_1 和 ξ_2 是独立的对数正态不确定变量 $\mathcal{LOGN}(\mu_1,\sigma_1)$ 和 $\mathcal{LOGN}(\mu_2,\sigma_2)$,

乘积 $\xi_1 \cdot \xi_2$ 也是对数正态不确定变量,并且
$$\mathcal{LOGN}(\mu_1,\sigma_1) \cdot \mathcal{LOGN}(\mu_2,\sigma_2) = \mathcal{LOGN}(\mu_1+\mu_2,\sigma_1+\sigma_2) \tag{2.29}$$
对数不确定变量 $\mathcal{LOGN}(\mu,\sigma)$ 和常数 $k>0$ 的乘积也是对数正态不确定变量,并且
$$k \cdot \mathcal{LOGN}(\mu,\sigma) = \mathcal{LOGN}(\mu+\ln k,\sigma) \tag{2.30}$$
证明:假定 Φ_1 和 Φ_2 分别是对数正态不确定变量 ξ_1 和 ξ_2 的不确定分布,那么有
$$\Phi_1^{-1}(\alpha) = \exp\left(\mu_1 + \frac{\sqrt{3}\sigma_1}{\pi}\ln\frac{\alpha}{1-\alpha}\right)$$
$$\Phi_2^{-1}(\alpha) = \exp\left(\mu_2 + \frac{\sqrt{3}\sigma_2}{\pi}\ln\frac{\alpha}{1-\alpha}\right)$$
根据定理 2.12,$\xi_1 \cdot \xi_2$ 的逆不确定分布 Ψ^{-1} 为
$$\Psi^{-1}(\alpha) = \Phi_1^{-1}(\alpha) \cdot \Phi_2^{-1}(\alpha) = \exp\left((\mu_1+\mu_2) + \frac{\sqrt{3}(\sigma_1+\sigma_2)}{\pi}\ln\frac{\alpha}{1-\alpha}\right)$$
这意味着对数正态不确定变量的乘积也是对数正态不确定变量,并且等式(2.29)成立。

同理可得,等式(2.30)成立。

值得注意的是,对数正态不确定变量之和不再是对数正态不确定变量。

99-方法

在计算机上通过逆不确定分布表示 $\xi_i, i=1,2,\cdots,n$ 的正则不确定分布 Φ_i,并根据定理 2.12,在计算机上通过逆不确定分布计算严格递增函数 $f(\xi_1,\xi_2,\cdots,\xi_n)$ 的逆不确定分布 Ψ^{-1}。这样,即使函数 f 很复杂,仍然可以很容易地在计算机上通过逆不确定分布得到 f 的不确定分布。这种方法称为 99-方法。

99-方法 A 不确定变量 ξ_i 具有正则不确定分布 $\Phi_i, i=1,2,\cdots,n$,Ψ^{-1} 是严格递增函数 $f(\xi_1,\xi_2,\cdots,\xi_n)$ 的逆不确定分布。由于
$$\Psi^{-1}(\alpha) = f(\Phi_1^{-1}(\alpha),\Phi_2^{-1}(\alpha),\cdots,\Phi_n^{-1}(\alpha))$$
$f(\xi_1,\xi_2,\cdots,\xi_n)$ 的不确定分布 Ψ 可以在计算机上通过它的逆不确定分布表示为

α	0.01	0.02	$\cdots$	0.99
Φ_1^{-1}	t_1^1	t_1^2	$\cdots$	t_1^{99}
Φ_2^{-1}	t_2^1	t_2^2	$\cdots$	t_2^{99}
Φ_3^{-1}	t_3^1	t_3^2	$\cdots$	t_3^{99}
$\cdots$	$\cdots$	$\cdots$	$\cdots$	$\cdots$
Φ_n^{-1}	t_n^1	t_n^2	$\cdots$	t_n^{99}
Ψ^{-1}	$f(t_1^1,t_2^1,\cdots,t_n^1)$	$f(t_1^2,t_2^2,\cdots,t_n^2)$	$\cdots$	$f(t_1^{99},t_2^{99},\cdots,t_n^{99})$

(2.31)

注 2.25 根据研究人员的精确度要求,99-方法 A 也可以是 999-方法 A 或更精确的方法。如果精确度要求更高,则上述引入的 99-方法可变为 9999-方法,$f(\xi_1,\xi_2,\cdots,\xi_n)$ 的逆不确定分布如下:

0.0001	0.0002	$\cdots$	0.9999
$f(t_1^1,t_2^1,\cdots,t_n^1)$	$f(t_1^2,t_2^2,\cdots,t_n^2)$	$\cdots$	$f(t_1^{9999},t_2^{9999},\cdots,t_n^{9999})$

(2.32)

其中,第一行的 $0.0001, 0.0002, \cdots, 0.9999$ 是不确定分布 Ψ 的值,即 α 的值,第二行的值

是 $\Psi^{-1}(0.0001), \Psi^{-1}(0.0002), \cdots, \Psi^{-1}(0.9999)$ 相应的值。实际上,式(2.31)是不确定分布 $\Phi_i, i=1,2,\cdots,n$ 和 Ψ 的离散形式,式(2.32)是不确定分布 Ψ 在不同精度要求下的另一个离散形式。因此,99-方法是用离散的不确定分布来逼近连续的不确定分布。

例 2.19 不确定变量 ξ_i 具有正则不确定分布 Φ_i,且 $k_i, i=1,2,\cdots,n$ 是任意正数,Ψ 是 $k_1\xi_1+k_2\xi_2+\cdots+k_n\xi_n$ 的不确定分布,那么有

$$\Psi^{-1}(\alpha) = \sum_{i=1}^{n} k_i \Phi_i^{-1}(\alpha)$$

即,$k_1\xi_1+k_2\xi_2+\cdots+k_n\xi_n$ 的不确定分布 Ψ 可以在计算机上表示如下:

α_i	0.01	0.02	0.03	$\cdots$	0.99
$\Phi_1^{-1}(\alpha_i)$	t_1^1	t_1^2	t_1^3	$\cdots$	t_1^{99}
$\Phi_2^{-1}(\alpha_i)$	t_2^1	t_2^2	t_2^3	$\cdots$	t_2^{99}
$\Phi_3^{-1}(\alpha_i)$	t_3^1	t_3^2	t_3^3	$\cdots$	t_3^{99}
$\cdots$	$\cdots$	$\cdots$	$\cdots$	$\cdots$	$\cdots$
$\Phi_n^{-1}(\alpha_i)$	t_n^1	t_n^2	t_n^3	$\cdots$	t_n^{99}
$\Psi^{-1}(\alpha_i)$	$\sum_{i=1}^{n} k_i t_i^1$	$\sum_{i=1}^{n} k_i t_i^2$	$\sum_{i=1}^{n} k_i t_i^3$	$\cdots$	$\sum_{i=1}^{n} k_i t_i^{99}$

不确定变量的严格递减函数

如果,当 $x_i \leqslant y_i, i=1,2,\cdots,n$ 时,满足

$$f(x_1,x_2,\cdots,x_n) \geqslant f(y_1,y_2,\cdots,y_n) \tag{2.33}$$

并且,当 $x_i < y_i, i=1,2,\cdots,n$ 时,满足

$$f(x_1,x_2,\cdots,x_n) > f(y_1,y_2,\cdots,y_n) \tag{2.34}$$

那么,实值函数 $f(x_1,x_2,\cdots,x_n)$ 是严格递减函数。

定理 2.18[8] 设不确定变量 $\xi_1,\xi_2,\cdots,\xi_n$ 是独立的且具有正则不确定分布 $\Phi_1,\Phi_2,\cdots,\Phi_n$,函数 $f(t_1,t_2,\cdots,t_n)$ 关于 $t_1,t_2,\cdots,t_n$ 是严格递减的,那么

$$\xi = f(\xi_1,\xi_2,\cdots,\xi_n)$$

也是不确定变量且具有逆不确定分布:

$$\Psi^{-1}(\alpha) = f(\Phi_1^{-1}(1-\alpha), \Phi_2^{-1}(1-\alpha), \cdots, \Phi_n^{-1}(1-\alpha)), \quad 0<\alpha<1 \tag{2.35}$$

证明: 为了简单起见,这里证明 $n=2$ 的情况,$n>2$ 的情况可以用类似的方法证明。

为了证明

$$\Psi^{-1}(\alpha) = f(\Phi_1^{-1}(1-\alpha), \Phi_2^{-1}(1-\alpha))$$

是 $\xi = f(\xi_1,\xi_2)$ 的逆不确定分布,需要证明 $\Psi^{-1}(\alpha)$ 是连续函数,并且对于任何 α,有

$$\mathcal{M}\{\xi \leqslant \Psi^{-1}(\alpha)\} = \alpha$$

(1) 显然函数 $\Psi^{-1}(\alpha)$ 是关于 α 的连续函数。令

$$\gamma \in \{\xi_1 \geqslant \Phi_1^{-1}(1-\alpha)\} \cap \{\xi_2 \geqslant \Phi_2^{-1}(1-\alpha)\}$$

那么,

$$\xi_1(\gamma) \geqslant \Phi_1^{-1}(1-\alpha), \quad \xi_2(\gamma) \geqslant \Phi_2^{-1}(1-\alpha)$$

由于 f 是严格递减函数,有

$$f(\xi_1(\gamma),\xi_2(\gamma)) \leqslant f(\Phi_1^{-1}(1-\alpha),\Phi_2^{-1}(1-\alpha))$$

即
$$\xi(\gamma) \leqslant \Psi^{-1}(\alpha)$$

因此,
$$\gamma \in \{\xi \leqslant \Psi^{-1}(\alpha)\}$$

那么,
$$\{\xi \leqslant \Psi^{-1}(\alpha)\} \supset \{\xi_1 \geqslant \Phi_1^{-1}(1-\alpha)\} \bigcap \{\xi_2 \geqslant \Phi_2^{-1}(1-\alpha)\}$$

根据不确定测度的单调性定理 2.1,有
$$\mathcal{M}\{\xi \leqslant \Psi^{-1}(\alpha)\} \geqslant \mathcal{M}\{(\xi_1 \geqslant \Phi_1^{-1}(1-\alpha)) \bigcap (\xi_2 \geqslant \Phi_2^{-1}(1-\alpha))\}$$

由 ξ_1 和 ξ_2 是相互独立的,可得
$$\mathcal{M}\{\xi \leqslant \Psi^{-1}(\alpha)\} \geqslant \mathcal{M}\{(\xi_1 \geqslant \Phi_1^{-1}(1-\alpha)) \bigcap (\xi_2 \geqslant \Phi_2^{-1}(1-\alpha))\}$$
$$= \mathcal{M}\{\xi_1 \geqslant \Phi_1^{-1}(1-\alpha)\} \wedge \mathcal{M}\{\xi_2 \geqslant \Phi_2^{-1}(1-\alpha)\}$$
$$= \alpha \wedge \alpha = \alpha$$

(2) 令
$$\gamma \in \{\xi \leqslant \Psi^{-1}(\alpha)\}$$

那么,
$$\xi(\gamma) \leqslant \Psi^{-1}(\alpha)$$

即
$$f(\xi_1(\gamma),\xi_2(\gamma)) \leqslant f(\Phi_1^{-1}(1-\alpha),\Phi_2^{-1}(1-\alpha))$$

由于 f 是严格递减函数,有
$$\xi_1(\gamma) \geqslant \Phi_1^{-1}(1-\alpha) \quad \text{或} \quad \xi_2(\gamma) \geqslant \Phi_2^{-1}(1-\alpha)$$

即
$$\gamma \in \{\xi_1 \geqslant \Phi_1^{-1}(1-\alpha)\} \quad \text{或} \quad \gamma \in \{\xi_2 \geqslant \Phi_2^{-1}(1-\alpha)\}$$

因此,
$$\gamma \in \{\xi_1 \geqslant \Phi_1^{-1}(1-\alpha)\} \bigcup \{\xi_2 \geqslant \Phi_2^{-1}(1-\alpha)\}$$

那么,
$$\{\xi \leqslant \Psi^{-1}(\alpha)\} \subset \{\xi_1 \geqslant \Phi_1^{-1}(1-\alpha)\} \bigcup \{\xi_2 \geqslant \Phi_2^{-1}(1-\alpha)\}$$

根据不确定测度的单调性定理 2.1,有
$$\mathcal{M}\{\xi \leqslant \Psi^{-1}(\alpha)\} \leqslant \mathcal{M}\{(\xi_1 \geqslant \Phi_1^{-1}(1-\alpha)) \bigcup (\xi_2 \geqslant \Phi_2^{-1}(1-\alpha))\}$$

由于 ξ_1 和 ξ_2 是相互独立的,根据定理 2.11,可得
$$\mathcal{M}\{\xi \leqslant \Psi^{-1}(\alpha)\} \leqslant \mathcal{M}\{(\xi_1 \geqslant \Phi_1^{-1}(1-\alpha)) \bigcup (\xi_2 \geqslant \Phi_2^{-1}(1-\alpha))\}$$
$$= \mathcal{M}\{\xi_1 \geqslant \Phi_1^{-1}(1-\alpha)\} \vee \mathcal{M}\{\xi_2 \geqslant \Phi_2^{-1}(1-\alpha)\}$$
$$= \alpha \vee \alpha = \alpha$$

由(1)和(2)得 $\mathcal{M}\{\xi \leqslant \Psi^{-1}(\alpha)\} = \alpha$,换句话说,$\Psi^{-1}$ 是 ξ 的逆不确定分布,定理得证。

例 2.20 设不确定变量 ξ 具有正则不确定分布 Φ,由定理 2.18 可得,$k\xi(k<0)$ 是不确定变量且其逆不确定分布是
$$\Psi^{-1}(\alpha) = k\Phi^{-1}(1-\alpha)$$

例 2.21 设不确定变量 $\xi_1,\xi_2,\cdots,\xi_n$ 是相互独立的且具有正则不确定分布 Φ_1,

$\Phi_2,\cdots,\Phi_n$。根据定理 2.18,对于 $k_i<0, i=1,2,\cdots,n$,函数
$$\xi=k_1\xi_1+k_2\xi_2+\cdots+k_n\xi_n$$
的逆不确定分布是
$$\Psi^{-1}(\alpha)=k_1\Phi_1^{-1}(1-\alpha)+k_2\Phi_2^{-1}(1-\alpha)+\cdots+k_n\Phi_n^{-1}(1-\alpha)$$

定理 2.19 设 ξ_1 和 ξ_2 是相互独立的线性不确定变量 $\mathcal{L}(a_1,b_1)$ 和 $\mathcal{L}(a_2,b_2)$,那么,函数 $-\xi_1-\xi_2$ 也是线性不确定变量,且
$$-\mathcal{L}(a_1,b_1)-\mathcal{L}(a_2,b_2)=\mathcal{L}(-b_1-b_2,-a_1-a_2) \tag{2.36}$$
线性不确定变量 $\mathcal{L}(a,b)$ 和常数 $k<0$ 的乘积也是线性不确定变量,且
$$k\cdot\mathcal{L}(a,b)=\mathcal{L}(kb,ka) \tag{2.37}$$

证明: 假定 Φ_1 和 Φ_2 分别是线性不确定变量 ξ_1 和 ξ_2 的不确定分布,那么,
$$\Phi_1^{-1}(1-\alpha)=\alpha a_1+(1-\alpha)b_1$$
$$\Phi_2^{-1}(1-\alpha)=\alpha a_2+(1-\alpha)b_2$$
根据定理 2.18,$-\xi_1-\xi_2$ 的不确定分布 Ψ 可以表示为
$$\Psi^{-1}(\alpha)=-\Phi_1^{-1}(1-\alpha)-\Phi_2^{-1}(1-\alpha)=(1-\alpha)(-b_1-b_2)+\alpha(-a_1-a_2)$$
即函数 $-\xi_1-\xi_2$ 也是线性不确定变量,且
$$-\mathcal{L}(a_1,b_1)-\mathcal{L}(a_2,b_2)=\mathcal{L}(-b_1-b_2,-a_1-a_2)$$
等式(2.36)得证。

同理可得,等式(2.37)成立。

定理 2.20 设 ξ_1 和 ξ_2 是相互独立的之字不确定变量 $\mathcal{Z}(a_1,b_1,c_1)$ 和 $\mathcal{Z}(a_2,b_2,c_2)$,那么,函数 $-\xi_1-\xi_2$ 也是之字不确定变量,且
$$-\mathcal{Z}(a_1,b_1,c_1)-\mathcal{Z}(a_2,b_2,c_2)=\mathcal{Z}(-c_1-c_2,-b_1-b_2,-a_1-a_2) \tag{2.38}$$
之字不确定变量 $\mathcal{Z}(a,b,c)$ 和常数 $k<0$ 的乘积也是之字不确定变量,且
$$k\cdot\mathcal{Z}(a,b,c)=\mathcal{Z}(kc,kb,ka) \tag{2.39}$$

证明: 假定 Φ_1 和 Φ_2 分别是之字不确定变量 ξ_1 和 ξ_2 的不确定分布,那么,
$$\Phi_1^{-1}(1-\alpha)=\begin{cases}2\alpha b_1+(1-2\alpha)c_1, & \alpha<0.5 \\ (-1+2\alpha)a_1+2(1-\alpha)b_1, & \alpha\geqslant 0.5\end{cases}$$
$$\Phi_2^{-1}(1-\alpha)=\begin{cases}2\alpha b_2+(1-2\alpha)c_2, & \alpha<0.5 \\ (-1+2\alpha)a_2+2(1-\alpha)b_2, & \alpha\geqslant 0.5\end{cases}$$
根据定理 2.18,$-\xi_1-\xi_2$ 的不确定分布 Ψ 可以表示为
$$\Psi^{-1}(\alpha)=\begin{cases}(1-2\alpha)(-c_1-c_2)+2\alpha(-b_1-b_2), & \alpha<0.5 \\ (2-2\alpha)(-b_1-b_2)+(2\alpha-1)(-a_1-a_2), & \alpha\geqslant 0.5\end{cases}$$
即之字不确定变量的和也是之字不确定变量,且
$$-\mathcal{Z}(a_1,b_1,c_1)-\mathcal{Z}(a_2,b_2,c_2)=\mathcal{Z}(-c_1-c_2,-b_1-b_2,-a_1-a_2)$$
等式(2.38)得证。

同理可得,等式(2.39)成立。

定理 2.21 设 ξ_1 和 ξ_2 是独立的正态不确定变量 $\mathcal{N}(e_1,\sigma_1)$ 和 $\mathcal{N}(e_2,\sigma_2)$,那么,函数 $-\xi_1-\xi_2$ 也是正态不确定变量,且

$$-\mathcal{N}(e_1,\sigma_1)-\mathcal{N}(e_2,\sigma_2)=\mathcal{N}(-e_1-e_2,\sigma_1+\sigma_2) \tag{2.40}$$

正态不确定变量$\mathcal{N}(e,\sigma)$和常数$k<0$的乘积也是正态不确定变量,且

$$k\cdot\mathcal{N}(e,\sigma)=\mathcal{N}(ke,|k|\sigma) \tag{2.41}$$

证明:假定Φ_1和Φ_2分别是正态不确定变量ξ_1和ξ_2的不确定分布,那么,

$$\Phi_1^{-1}(1-\alpha)=e_1-\frac{\sqrt{3}\sigma_1}{\pi}\ln\frac{\alpha}{1-\alpha}$$

$$\Phi_2^{-1}(1-\alpha)=e_2-\frac{\sqrt{3}\sigma_2}{\pi}\ln\frac{\alpha}{1-\alpha}$$

根据定理2.18,$-\xi_1-\xi_2$的不确定分布Ψ可以表示为

$$\Psi^{-1}(\alpha)=-\Phi_1^{-1}(1-\alpha)-\Phi_2^{-1}(1-\alpha)=(-e_1-e_2)+\frac{\sqrt{3}(\sigma_1+\sigma_2)}{\pi}\ln\frac{\alpha}{1-\alpha}$$

即正态不确定变量的和也是正态不确定变量,且等式(2.40)成立。

同理可得,等式(2.41)成立。

99-方法 B 设不确定变量$\xi_i,i=1,2,\cdots,n$具有正则不确定分布Φ_i,Ψ^{-1}是严格递减函数$f(\xi_1,\xi_2,\cdots,\xi_n)$的逆不确定分布。由于$\Psi^{-1}(\alpha)=f(\Phi_1^{-1}(1-\alpha),\Phi_2^{-1}(1-\alpha),\cdots,\Phi_n^{-1}(1-\alpha))$,$f(\xi_1,\xi_2,\cdots,\xi_n)$的不确定分布$\Psi$可以在计算机上通过它的逆不确定分布表示为

α	0.01	0.02	$\cdots$	0.99
Φ_1^{-1}	t_1^1	t_1^2	$\cdots$	t_1^{99}
Φ_2^{-1}	t_2^1	t_2^2	$\cdots$	t_2^{99}
Φ_3^{-1}	t_3^1	t_3^2	$\cdots$	t_3^{99}
$\cdots$	$\cdots$	$\cdots$	$\cdots$	$\cdots$
Φ_n^{-1}	t_n^1	t_n^2	$\cdots$	t_n^{99}
Ψ^{-1}	$f(t_1^{99},t_2^{99},\cdots,t_n^{99})$	$f(t_1^{98},t_2^{98},\cdots,t_n^{98})$	$\cdots$	$f(t_1^1,t_2^1,\cdots,t_n^1)$

注2.26 根据研究人员的精确度要求,99-方法 B 也可以是999-方法 B 或更精确的方法。

例2.22 设对于$i=1,2,\cdots,n$,不确定变量ξ_i具有正则不确定分布Φ_i,且k_i是任意负数,Ψ是$k_1\xi_1+k_2\xi_2+\cdots+k_n\xi_n$的不确定分布,那么有

$$\Psi^{-1}(\alpha)=\sum_{i=1}^{n}k_i\Phi_i^{-1}(1-\alpha)$$

即$k_1\xi_1+k_2\xi_2+\cdots+k_n\xi_n$的不确定分布$\Psi$可以在计算机上表示如下:

α_i	0.01	0.02	0.03	$\cdots$	0.99
$\Phi_1^{-1}(\alpha_i)$	t_1^1	t_1^2	t_1^3	$\cdots$	t_1^{99}
$\Phi_2^{-1}(\alpha_i)$	t_2^1	t_2^2	t_2^3	$\cdots$	t_2^{99}
$\Phi_3^{-1}(\alpha_i)$	t_3^1	t_3^2	t_3^3	$\cdots$	t_3^{99}
$\cdots$	$\cdots$	$\cdots$	$\cdots$	$\cdots$	$\cdots$
$\Phi_n^{-1}(\alpha_i)$	t_n^1	t_n^2	t_n^3	$\cdots$	t_n^{99}
$\Psi^{-1}(\alpha_i)$	$\sum_{i=1}^{n}k_i t_i^{99}$	$\sum_{i=1}^{n}k_i t_i^{98}$	$\sum_{i=1}^{n}k_i t_i^{97}$	$\cdots$	$\sum_{i=1}^{n}k_i t_i^1$

不确定变量的严格单调函数

如果实值函数 $f(x_1, x_2, \cdots, x_n)$ 关于 $x_1, x_2, \cdots, x_m$ 严格递增,且关于 $x_{m+1}, x_{m+2}, \cdots, x_n$ 严格递减,则称该函数为严格单调函数,即当 $x_i \leqslant y_i, i=1,2,\cdots,m$ 且 $x_i \geqslant y_i, i=m+1, m+2, \cdots, n$ 时,满足
$$f(x_1, \cdots, x_m, x_{m+1}, \cdots, x_n) \leqslant f(y_1, \cdots, y_m, y_{m+1}, \cdots, y_n)$$
当 $x_i < y_i, i=1,2,\cdots,m$ 且 $x_i > y_i, i=m+1, m+2, \cdots, n$ 时,满足
$$f(x_1, \cdots, x_m, x_{m+1}, \cdots, x_n) < f(y_1, \cdots, y_m, y_{m+1}, \cdots, y_n)$$
那么,实值函数 $f(x_1, x_2, \cdots, x_n)$ 是严格单调的。

定理 2.22[8] 设不确定变量 $\xi_1, \xi_2, \cdots, \xi_n$ 是相互独立的且具有正则不确定分布 $\Phi_1, \Phi_2, \cdots, \Phi_n$,如果 $f(\xi_1, \xi_2, \cdots, \xi_n)$ 关于 $\xi_1, \xi_2, \cdots, \xi_m$ 是严格递增的,且关于 $\xi_{m+1}, \xi_{m+2}, \cdots, \xi_n$ 是严格递减的,那么
$$\xi = f(\xi_1, \xi_2, \cdots, \xi_n)$$
是不确定变量且逆不确定分布是
$$\Psi^{-1}(\alpha) = f(\Phi_1^{-1}(\alpha), \cdots, \Phi_m^{-1}(\alpha), \Phi_{m+1}^{-1}(1-\alpha), \cdots, \Phi_n^{-1}(1-\alpha)) \tag{2.42}$$

证明: 为了简单起见,这里证明 $n=2$ 的情况。

为了证明
$$\Psi^{-1}(\alpha) = f(\Phi_1^{-1}(\alpha), \Phi_2^{-1}(1-\alpha))$$
是 $\xi = f(\xi_1, \xi_2)$ 的逆不确定分布,需要证明 $\Psi^{-1}(\alpha)$ 是连续函数,且对于任意 α,有
$$\mathcal{M}\{\xi \leqslant \Psi^{-1}(\alpha)\} = \alpha$$

(1) 显然 $\Psi^{-1}(\alpha)$ 关于 α 是连续的。设
$$\gamma \in \{\xi_1 \leqslant \Phi_1^{-1}(\alpha)\} \cap \{\xi_2 \geqslant \Phi_2^{-1}(1-\alpha)\}$$
那么,
$$\xi_1(\gamma) \leqslant \Phi_1^{-1}(\alpha), \xi_2(\gamma) \geqslant \Phi_2^{-1}(1-\alpha)$$
由于 f 是严格单调函数,有
$$f(\xi_1(\gamma), \xi_2(\gamma)) \leqslant f(\Phi_1^{-1}(\alpha), \Phi_2^{-1}(1-\alpha))$$
即
$$\xi(\gamma) \leqslant \Psi^{-1}(\alpha)$$
因此,
$$\gamma \in \{\xi \leqslant \Psi^{-1}(\alpha)\}$$
可得
$$\{\xi \leqslant \Psi^{-1}(\alpha)\} \supset \{\xi_1 \leqslant \Phi_1^{-1}(\alpha)\} \cap \{\xi_2 \geqslant \Phi_2^{-1}(1-\alpha)\}$$
由于 ξ_1 和 ξ_2 是相互独立的,有
$$\mathcal{M}\{\xi \leqslant \Psi^{-1}(\alpha)\} \geqslant M\{(\xi_1 \leqslant \Phi_1^{-1}(\alpha)) \cap (\xi_2 \geqslant \Phi_2^{-1}(1-\alpha))\}$$
$$= \mathcal{M}\{\xi_1 \leqslant \Phi_1^{-1}(\alpha)\} \wedge \mathcal{M}\{\xi_2 \geqslant \Phi_2^{-1}(1-\alpha)\}$$
$$= \alpha \wedge \alpha = \alpha$$

(2) 设
$$\gamma \in \{\xi \leqslant \Psi^{-1}(\alpha)\}$$

那么，
$$\xi(\gamma) \leqslant \Psi^{-1}(\alpha)$$
即
$$f(\xi_1(\gamma), \xi_2(\gamma)) \leqslant f(\Phi_1^{-1}(\alpha), \Phi_2^{-1}(1-\alpha))$$
由于 f 是严格单调函数，有
$$\xi_1(\gamma) \leqslant \Phi_1^{-1}(\alpha) \quad \text{或} \quad \xi_2(\gamma) \geqslant \Phi_2^{-1}(1-\alpha)$$
即
$$\gamma \in \{\xi_1 \leqslant \Phi_1^{-1}(\alpha)\} \quad \text{或} \quad \gamma \in \{\xi_2 \geqslant \Phi_2^{-1}(1-\alpha)\}$$
因此，
$$\gamma \in \{\xi_1 \leqslant \Phi_1^{-1}(\alpha)\} \bigcup \{\xi_2 \geqslant \Phi_2^{-1}(1-\alpha)\}$$
可得
$$\{\xi \leqslant \Psi^{-1}(\alpha)\} \subset \{\xi_1 \leqslant \Phi_1^{-1}(\alpha)\} \bigcup \{\xi_2 \geqslant \Phi_2^{-1}(1-\alpha)\}$$
由于 ξ_1 和 ξ_2 是相互独立的，根据定理2.11，有
$$\mathcal{M}\{\xi \leqslant \Psi^{-1}(\alpha)\} \leqslant \mathcal{M}\{(\xi_1 \leqslant \Phi_1^{-1}(\alpha)) \bigcup (\xi_2 \geqslant \Phi_2^{-1}(1-\alpha))\}$$
$$= \mathcal{M}\{\xi_1 \leqslant \Phi_1^{-1}(\alpha)\} \vee \mathcal{M}\{\xi_2 \geqslant \Phi_2^{-1}(1-\alpha)\}$$
$$= \alpha \vee \alpha = \alpha$$
由(1)和(2)可得，$\mathcal{M}\{\xi \leqslant \Psi^{-1}(\alpha)\} = \alpha$。换句话说，$\Psi^{-1}$ 是 ξ 的逆不确定分布。定理得证。

定理 2.23 设 ξ_1 和 ξ_2 是独立的线性不确定变量 $\mathcal{L}(a_1, b_1)$ 和 $\mathcal{L}(a_2, b_2)$，那么，函数 $\xi_1 - \xi_2$ 也是线性不确定变量，且
$$\mathcal{L}(a_1, b_1) - \mathcal{L}(a_2, b_2) = \mathcal{L}(a_1 - b_2, b_1 - a_2) \tag{2.43}$$

证明： 假定 Φ_1 和 Φ_2 分别是线性不确定变量 ξ_1 和 ξ_2 的不确定分布，那么有
$$\Phi_1^{-1}(\alpha) = (1-\alpha)a_1 + \alpha b_1$$
$$\Phi_2^{-1}(1-\alpha) = \alpha a_2 + (1-\alpha)b_2$$
根据定理2.22，$\xi_1 - \xi_2$ 的逆不确定分布 Ψ^{-1} 为
$$\Psi^{-1}(\alpha) = \Phi_1^{-1}(\alpha) - \Phi_2^{-1}(1-\alpha) = (1-\alpha)(a_1 - b_2) + \alpha(b_1 - a_2)$$
即 $\xi_1 - \xi_2$ 也是线性不确定变量，且
$$\mathcal{L}(a_1, b_1) - \mathcal{L}(a_2, b_2) = \mathcal{L}(a_1 - b_2, b_1 - a_2)$$
等式(2.43)得证。

定理 2.24 设 ξ_1 和 ξ_2 是独立的之字不确定变量 $\mathcal{Z}(a_1, b_1, c_1)$ 和 $\mathcal{Z}(a_2, b_2, c_2)$，那么，函数 $\xi_1 - \xi_2$ 也是之字不确定变量，且
$$\mathcal{Z}(a_1, b_1, c_1) - \mathcal{Z}(a_2, b_2, c_2) = \mathcal{Z}(a_1 - c_2, b_1 - b_2, c_1 - a_2) \tag{2.44}$$

证明： 假定 Φ_1 和 Φ_2 分别是之字不确定变量 ξ_1 和 ξ_2 的不确定分布，那么有
$$\Phi_1^{-1}(\alpha) = \begin{cases} 2\alpha b_1 + (1-2\alpha)a_1, & \alpha < 0.5 \\ (-1+2\alpha)c_1 + 2(1-\alpha)b_1, & \alpha \geqslant 0.5 \end{cases}$$
$$\Phi_2^{-1}(1-\alpha) = \begin{cases} 2\alpha b_2 + (1-2\alpha)c_2, & \alpha < 0.5 \\ (-1+2\alpha)a_2 + 2(1-\alpha)b_2, & \alpha \geqslant 0.5 \end{cases}$$
根据定理2.22，$\xi_1 - \xi_2$ 的逆不确定分布 Ψ^{-1} 为

$$\Psi^{-1}(\alpha) = \begin{cases} (1-2\alpha)(a_1-c_2)+2\alpha(b_1-b_2), & \alpha < 0.5 \\ (2-2\alpha)(b_1-b_2)+(2\alpha-1)(c_1-a_2), & \alpha \geqslant 0.5 \end{cases}$$

即 $\xi_1 - \xi_2$ 也是之字不确定变量，且

$$\mathcal{Z}(a_1,b_1,c_1) - \mathcal{Z}(a_2,b_2,c_2) = \mathcal{Z}(a_1-c_2, b_1-b_2, c_1-a_2)$$

等式(2.44)得证。

定理 2.25 设 ξ_1 和 ξ_2 是独立的正态不确定变量 $\mathcal{N}(e_1, \sigma_1)$ 和 $\mathcal{N}(e_2, \sigma_2)$，那么，函数 $\xi_1 - \xi_2$ 也是正态不确定变量，且

$$\mathcal{N}(e_1, \sigma_1) - \mathcal{N}(e_2, \sigma_2) = \mathcal{N}(e_1 - e_2, \sigma_1 + \sigma_2) \tag{2.45}$$

证明： 假定 Φ_1 和 Φ_2 分别是正态不确定变量 ξ_1 和 ξ_2 的不确定分布，那么有

$$\Phi_1^{-1}(\alpha) = e_1 + \frac{\sqrt{3}\sigma_1}{\pi} \ln \frac{\alpha}{1-\alpha}$$

$$\Phi_2^{-1}(1-\alpha) = e_2 - \frac{\sqrt{3}\sigma_2}{\pi} \ln \frac{\alpha}{1-\alpha}$$

根据定理 2.22，$\xi_1 - \xi_2$ 的逆不确定分布 Ψ^{-1} 可以表示为

$$\Psi^{-1}(\alpha) = \Phi_1^{-1}(\alpha) - \Phi_2^{-1}(1-\alpha) = (e_1-e_2) + \frac{\sqrt{3}(\sigma_1+\sigma_2)}{\pi} \ln \frac{\alpha}{1-\alpha}$$

即 $\xi_1 - \xi_2$ 也是正态不确定变量，等式(2.45)成立。

99-方法 C 设不确定变量 $\xi_1, \cdots, \xi_m, \xi_{m+1}, \cdots, \xi_n$ 是相互独立的且具有正则不确定分布 $\Phi_1, \cdots, \Phi_m, \Phi_{m+1}, \cdots, \Phi_n$，函数 $f(t_1, t_2, \cdots, t_m, t_{m+1}, \cdots, t_n)$ 关于 $t_1, t_2, \cdots, t_m$ 是严格递增的，且关于 $t_{m+1}, \cdots, t_n$ 是严格递减的，由于 $f(\xi_1, \xi_2, \cdots, \xi_m, \xi_{m+1}, \cdots, \xi_n)$ 的逆不确定分布 Ψ^{-1} 是

$$\Psi^{-1}(\alpha) = f(\Phi_1^{-1}(\alpha) + \Phi_2^{-1}(\alpha) + \cdots + \Phi_m^{-1}(\alpha) + \Phi_{m+1}^{-1}(1-\alpha) + \cdots + \Phi_n^{-1}(1-\alpha)$$

f 的不确定分布可以在计算机上通过它的逆不确定分布表示为

α	0.01	0.02	$\cdots$
Φ_1^{-1}	t_1^1	t_1^2	$\cdots$
Φ_2^{-1}	t_2^1	t_2^2	$\cdots$
Φ_3^{-1}	t_3^1	t_3^2	$\cdots$
$\cdots$	$\cdots$	$\cdots$	$\cdots$
Φ_n^{-1}	t_n^1	t_n^1	$\cdots$
Ψ^{-1}	$f(t_1^1, t_2^1, \cdots, t_m^1, t_{m+1}^{99}, \cdots, t_n^{99})$	$f(t_1^2, t_2^2, \cdots, t_m^2, t_{m+1}^{98}, \cdots, t_n^{98})$	$\cdots$

(2.46)

注 2.27 根据研究人员的精确度要求，99-方法 C 也可以是 999-方法 C 或更精确的方法。

例 2.23 设不确定变量 ξ_i 具有正则不确定分布 Φ_i，且 $k_i, i=1,2,\cdots,n$ 是任意正数，Ψ 是 $k_1\xi_1 + k_2\xi_2 + \cdots + k_m\xi_m - k_{m+1}\xi_{m+1} - \cdots - k_n\xi_n$ 的不确定分布，那么有

$$\Psi^{-1}(\alpha) = \sum_{i=1}^{m} k_i \Phi_i^{-1}(\alpha) - \sum_{i=m+1}^{n} k_i \Phi_i^{-1}(1-\alpha)$$

即 $k_1\xi_1 + k_2\xi_2 + \cdots + k_m\xi_m - k_{m+1}\xi_{m+1} - \cdots - k_n\xi_n$ 的不确定分布 Ψ 可以在计算机上表示为

0.01	0.02	...	0.99
t_1^1	t_1^2	...	t_1^{99}
...	...	...	...
t_m^1	t_m^2	...	t_m^{99}
t_{m+1}^1	t_{m+1}^2	...	t_{m+1}^{99}
...	...	...	...
t_n^1	$t_{n/2}$	...	t_n^{99}
$\sum_{i=1}^{m} k_i t_i^1 - \sum_{i=m+1}^{n} k_i t_i^{99}$	$\sum_{i=1}^{m} k_i t_i^2 - \sum_{i=m+1}^{n} k_i t_i^{98}$	...	$\sum_{i=1}^{m} k_i t_i^{99} - \sum_{i=m+1}^{n} k_i t_i^1$

2.7 期 望 值

期望值是不确定测度意义上的不确定变量的平均值,可以用来判断不确定变量的大小。

定义 2.14[5] 设 ξ 是不确定变量,ξ 的期望值定义为

$$E[\xi] = \int_0^{+\infty} \mathcal{M}\{\xi \geqslant t\} \mathrm{d}t - \int_{-\infty}^{0} \mathcal{M}\{\xi \leqslant t\} \mathrm{d}t \tag{2.47}$$

要求两个积分中至少有一个是有限的。

例 2.24 设 ξ 是线性不确定变量 $\mathcal{L}(a,b)$。它的不确定分布是

$$\Phi(t) = \begin{cases} 0, & t \leqslant a \\ \dfrac{t-a}{b-a}, & a \leqslant t \leqslant b \\ 1, & \text{其他} \end{cases}$$

因此,如果 $a \geqslant 0$,ξ 的期望值是

$$E[\xi] = \left(\int_0^a 1 \mathrm{d}t + \int_a^b \left(1 - \frac{t-a}{b-a}\right) \mathrm{d}t + \int_b^{+\infty} 0 \mathrm{d}t \right) - \int_{-\infty}^{0} 0 \mathrm{d}t = \frac{a+b}{2}$$

如果 $b \leqslant 0$,ξ 的期望值是

$$E[\xi] = \int_0^{+\infty} 0 \mathrm{d}t - \left(\int_{-\infty}^{a} 0 \mathrm{d}t + \int_a^b \frac{t-a}{b-a} \mathrm{d}t + \int_b^{0} 1 \mathrm{d}t \right) = \frac{a+b}{2}$$

如果 $a < 0 < b$,ξ 的期望值是

$$E[\xi] = \int_0^b \left(1 - \frac{t-a}{b-a}\right) \mathrm{d}t - \int_a^0 \frac{t-a}{b-a} \mathrm{d}t = \frac{a+b}{2}$$

因此,ξ 的期望值是

$$E[\xi] = \frac{a+b}{2} \tag{2.48}$$

例 2.25 设 ξ 是之字不确定变量 $\mathcal{Z}(a,b,c)$。它的期望值是

$$E[\xi] = \frac{a+2b+c}{4} \tag{2.49}$$

例 2.26 设 ξ 是正态不确定变量 $\mathcal{N}(e,\sigma)$。它的期望值是
$$E[\xi] = e \tag{2.50}$$

例 2.27 设 ξ 是对数正态不确定变量 $\mathcal{LON}(e,\sigma)$。它的期望值是

$$E[\xi] = \begin{cases} \sqrt{3}\sigma\exp(e)\csc(\sqrt{3}\sigma), & \sigma < \pi/\sqrt{3} \\ +\infty, & \sigma \geqslant \pi/\sqrt{3} \end{cases} \qquad (2.51)$$

定理 2.26[8] 设不确定变量 ξ 具有正则不确定分布 Φ。如果它的期望值存在,那么

$$E[\xi] = \int_0^1 \Phi^{-1}(\alpha)\mathrm{d}\alpha \qquad (2.52)$$

证明：根据期望值和不确定分布的定义,有

$$\begin{aligned} E[\xi] &= \int_0^{+\infty} \mathcal{M}\{\xi \geqslant t\}\mathrm{d}t - \int_{-\infty}^0 \mathcal{M}\{\xi \leqslant t\}\mathrm{d}t \\ &= \int_0^{+\infty} (1-\Phi(t))\mathrm{d}t - \int_{-\infty}^0 \Phi(t)\mathrm{d}t \\ &= \int_{\Phi(0)}^1 \Phi^{-1}(\alpha)\mathrm{d}\alpha + \int_0^{\Phi(0)} \Phi^{-1}(\alpha)\mathrm{d}\alpha = \int_0^1 \Phi^{-1}(\alpha)\mathrm{d}\alpha \end{aligned}$$

也可以借助图 2.8 理解证明,由图 2.8 可知,对同一面积在水平方向上的积分与竖直方向上的积分相同。

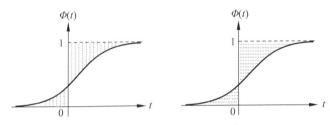

图 2.8 通过积分得到期望值

定理 2.27 设不确定变量 ξ 具有对称的正则不确定分布 Φ,如果它的期望值存在,那么

$$E[\xi] = \Phi^{-1}(0.5) \qquad (2.53)$$

证明：根据定理 2.26,由于 ξ 具有对称的正则不确定分布,由图 2.8 可知 $\int_0^1 \Phi^{-1}(\alpha)\mathrm{d}\alpha$ 的面积等于 $\Phi^{-1}(0.5) \times 1$,故

$$E[\xi] = \int_0^1 \Phi^{-1}(\alpha)\mathrm{d}\alpha = \Phi^{-1}(0.5) \times 1 = \Phi^{-1}(0.5)$$

定理得证。

99-方法 D 设 Φ 是不确定变量 ξ 的正则不确定分布,那么,ξ 的逆不确定分布 Φ^{-1} 可以在计算机上表示为

α_i	0.01	0.02	0.03	$\cdots$	0.99
$\Phi^{-1}(\alpha_i)$	t_1	t_2	t_3	$\cdots$	t_{99}

根据定理 2.26,可以近似计算出 ξ 的期望值为

$$E[\xi] = \frac{t_1 + t_2 + \cdots + t_{99}}{99}$$

注 2.28 99-方法 D 本质上是使用离散方法来逼近连续计算的期望值。

注 2.29 当不确定变量 $\xi_i, i=1,2,\cdots,n$ 的正则不确定分布存在时,可以用 99-方法 A 或 99-方法 B 或 99-方法 C 得到严格递增函数或严格递减函数或严格单调函数 $f(\xi_1,\xi_2,\cdots,\xi_n)$ 的逆不确定分布。那么无论函数 f 有多复杂,都可以用 99-方法 D 得到 $f(\xi_1,\xi_2,\cdots,$

ξ_n)的期望值。

例 2.28 假定 Φ_i 是不确定变量 ξ_i 的正则不确定分布，且 x_i 对于任意 $i, i=1,2,\cdots,n$ 是非负数。那么，$\sum_{i=1}^{n} x_i \xi_i$ 的逆不确定分布 Ψ^{-1} 可以在计算机上表示为

α_i	0.01	0.02	0.03	$\cdots$	0.99
$\Phi_i^{-1}(\alpha_i)$	t_i^1	t_i^2	t_i^3	$\cdots$	t_i^{99}
$\Psi^{-1}(\alpha_i)$	$\sum_{i=1}^{n} x_i t_i^1$	$\sum_{i=1}^{n} x_i t_i^2$	$\sum_{i=1}^{n} x_i t_i^3$	$\cdots$	$\sum_{i=1}^{n} x_i t_i^{99}$

$\sum_{i=1}^{n} x_i \xi_i$ 的期望值可以通过 99- 方法 D 近似计算如下：

$$E[\xi] = \frac{\sum_{i=1}^{n} x_i t_i^1 + \sum_{i=1}^{n} x_i t_i^2 + \cdots + \sum_{i=1}^{n} x_i t_i^{99}}{99}$$

例 2.29 假定 Φ 是不确定变量 ξ 的逆不确定分布，且 f 是严格递增函数，$\Phi^{-1}(0.01i) = t_i, i=1,2,\cdots,99$，$f(\xi)$ 的期望值可以通过 99-方法 D 近似计算如下：

$$E[f(\xi)] = \frac{f(t_1) + f(t_2) + \cdots + f(t_{99})}{99}$$

定理 2.28[8] 假定 ξ_1 和 ξ_2 是两个独立的不确定变量，其期望值有限。那么，对于任何实数 a_1 和 a_2，有

$$E[a_1 \xi_1 + a_2 \xi_2] = a_1 E[\xi_1] + a_2 E[\xi_2] \tag{2.54}$$

证明：假定 ξ_1 和 ξ_2 分别具有正则不确定分布 Φ_1 和 Φ_2。否则，可以给不确定分布一个小的扰动，使其成为正则的。

(1) 证明 $E[a_1 \xi_1] = a_1 E[\xi_1]$。如果 $a_1 = 0$，等式成立。如果 $a_1 > 0$，根据定理 2.12，$a_1 \xi_1$ 的逆不确定分布是

$$\Psi^{-1}(\alpha) = a_1 \Phi_1^{-1}(\alpha)$$

由定理 2.26 可得

$$E[a_1 \xi_1] = \int_0^1 a_1 \Phi_1^{-1}(\alpha) \mathrm{d}\alpha = a_1 \int_0^1 \Phi_1^{-1}(\alpha) \mathrm{d}\alpha = a_1 E[\xi_1]$$

如果 $a_1 < 0$，根据定理 2.18，$a_1 \xi_1$ 的逆不确定分布是

$$\Psi^{-1}(\alpha) = a_1 \Phi_1^{-1}(1-\alpha)$$

由定理 2.26 可得

$$E[a_1 \xi_1] = \int_0^1 a_1 \Phi_1^{-1}(1-\alpha) \mathrm{d}\alpha = a_1 \int_0^1 \Phi_1^{-1}(\alpha) \mathrm{d}\alpha = a_1 E[\xi_1]$$

因此，$E[a_1 \xi_1] = a_1 E[\xi_1]$ 成立。

(2) 证明 $E[\xi_1 + \xi_2] = E[\xi_1] + E[\xi_2]$。根据定理 2.12，$\xi_1 + \xi_2$ 的逆不确定分布是

$$\Upsilon^{-1}(\alpha) = \Phi_1^{-1}(\alpha) + \Phi_2^{-1}(\alpha)$$

根据定理 2.26 可得

$$E[\xi_1 + \xi_2] = \int_0^1 \Upsilon^{-1}(\alpha) \mathrm{d}\alpha = \int_0^1 \Phi_1^{-1}(\alpha) \mathrm{d}\alpha + \int_0^1 \Phi_2^{-1}(\alpha) \mathrm{d}\alpha = E[\xi_1] + E[\xi_2]$$

(3) 对于任意实数 a_1 和 a_2,根据(1)和(2)可得
$$E[a_1\xi_1 + a_2\xi_2] = E[a_1\xi_1] + E[a_2\xi_2] = a_1 E[\xi_1] + a_2 E[\xi_2]$$
定理得证。

注 2.30 定理 2.28 中的独立性条件无法去掉,一般来说,如果不确定变量不独立,则期望值算子不一定具有线性性质。

2.8 方 差

定义 2.15[5] 如果不确定变量 ξ 的期望值 e 是有限的,那么,ξ 的方差可以定义为
$$V[\xi] = E[(\xi - e)^2] \tag{2.55}$$

注 2.31 可以看出,方差是 $(\xi-e)^2$ 的期望值。方差表示分布在期望值周围扩散的平均程度。方差值越小,不确定变量越接近期望值;方差值越大,不确定变量在期望值周围的分布越松散。由于 $(\xi-e)^2$ 是非负不确定变量,可得
$$V[\xi] = \int_0^{+\infty} \mathcal{M}\{(\xi - e)^2 \geqslant t\} \mathrm{d}t \tag{2.56}$$

定理 2.29[8] 设不确定变量 ξ 的期望是有限的,且 a 和 b 是实数,那么
$$V[a\xi + b] = a^2 V[\xi] \tag{2.57}$$

证明:设 e 是 ξ 的期望值,那么 $a\xi+b$ 的期望值是 $ae+b$,根据方差的定义,可得
$$V[a\xi+b] = E[(a\xi+b-(ae+b))^2] = a^2 E[(\xi-e)^2] = a^2 V[\xi]$$
定理得证。

定理 2.30[5] 设不确定变量 ξ 的期望值是 e,那么,$V[\xi]=0$ 当且仅当 $\mathcal{M}\{\xi=e\}=1$,换句话说,此时不确定变量 ξ 本质上是常数 e。

证明:首先,假定 $V[\xi]=0$,由等式(2.56)
$$\int_0^{+\infty} \mathcal{M}\{(\xi-e)^2 \geqslant x\} \mathrm{d}x = 0$$
可得,对于任意 $x>0, \mathcal{M}\{(\xi-e)^2 \geqslant x\}=0$。因此,有
$$\mathcal{M}\{(\xi-e)^2 = 0\} = 1$$
即 $\mathcal{M}\{\xi=e\}=1$。

接下来,假定 $\mathcal{M}\{\xi=e\}=1$。可得 $\mathcal{M}\{(\xi-e)^2=0\}=1$,则对于任意 $x>0$,$\mathcal{M}\{(\xi-e)^2 \geqslant x\}=0$。因此,
$$V[\xi] = \int_0^{+\infty} \mathcal{M}\{(\xi-e)^2 \geqslant x\} \mathrm{d}x = 0$$
定理得证。

设不确定变量 ξ 的不确定分布是 Φ,那么
$$V[\xi] = \int_0^{+\infty} \mathcal{M}\{(\xi-e)^2 \geqslant t\} \mathrm{d}t$$
$$= \int_0^{+\infty} \mathcal{M}\{(\xi \geqslant e+\sqrt{t}) \cup (\xi \leqslant e-\sqrt{t})\} \mathrm{d}t$$
$$\leqslant \int_0^{+\infty} (\mathcal{M}\{\xi \geqslant e+\sqrt{t}\} + \mathcal{M}\{\xi \leqslant e-\sqrt{t}\}) \mathrm{d}t$$

$$=\int_0^{+\infty}(1-\Phi(e+\sqrt{t})+\Phi(e-\sqrt{t}))\mathrm{d}t$$

在这种情况下,做如下规定计算方差值。

规定:设不确定变量 ξ 的不确定分布是 Φ 且期望值是 e,那么

$$V[\xi]=\int_0^{+\infty}(1-\Phi(e+\sqrt{t})+\Phi(e-\sqrt{t}))\mathrm{d}t \tag{2.58}$$

定理 2.31[15] 设不确定变量 ξ 的正则不确定分布是 Φ 且有限期望值是 e,那么

$$V[\xi]=\int_0^1(\Phi^{-1}(\alpha)-e)^2\mathrm{d}\alpha \tag{2.59}$$

证明:该定理的证明基于规定(2.58)。由于在 $(0,+\infty)$ 上的 $\alpha=\Phi(e+\sqrt{t})$ 和在 $(\Phi(e),1)$ 上的 $t=(\Phi^{-1}(\alpha)-e)^2$ 在直角坐标系 (t,α) 中表示相同的曲线,$\int_0^{+\infty}(1-\Phi(e+\sqrt{t}))\mathrm{d}t$ 与 $\int_{\Phi(e)}^1(\Phi^{-1}(\alpha)-e)^2\mathrm{d}\alpha$ 得到的是同一块图形的面积,所以有

$$\int_0^{+\infty}(1-\Phi(e+\sqrt{t}))\mathrm{d}t=\int_{\Phi(e)}^1(\Phi^{-1}(\alpha)-e)^2\mathrm{d}\alpha$$

由于在 $(0,+\infty)$ 上的 $\alpha=\Phi(e-\sqrt{t})$ 和在 $(0,\Phi(e))$ 上的 $t=(\Phi^{-1}(\alpha)-e)^2$ 代表相同的曲线,$\int_0^{+\infty}\Phi(e-\sqrt{t})\mathrm{d}t$ 与 $\int_0^{\Phi(e)}(\Phi^{-1}(\alpha)-e)^2\mathrm{d}\alpha$ 的积分得到的是同一块图形的面积,所以有

$$\int_0^{+\infty}\Phi(e-\sqrt{t})\mathrm{d}t=\int_0^{\Phi(e)}(\Phi^{-1}(\alpha)-e)^2\mathrm{d}\alpha$$

于是有

$$V[\xi]=\int_0^{+\infty}(1-\Phi(e+\sqrt{t})+\Phi(e-\sqrt{t}))\mathrm{d}t$$
$$=\int_{\Phi(e)}^1(\Phi^{-1}(\alpha)-e)^2\mathrm{d}\alpha+\int_0^{\Phi(e)}(\Phi^{-1}(\alpha)-e)^2\mathrm{d}\alpha$$
$$=\int_0^1(\Phi^{-1}(\alpha)-e)^2\mathrm{d}\alpha$$

定理得证。

99-方法 E 假定 Φ 是不确定变量 ξ 的正则不确定分布,那 ξ 在计算机上可以表示为

α_i	0.01	0.02	0.03	$\cdots$	0.99
$\Phi^{-1}(\alpha_i)$	t_1	t_2	t_3	$\cdots$	t_{99}

根据定理2.31,ξ 的方差值可近似计算为

$$V[\xi]=\frac{(t_1-e)^2+(t_2-e)^2+\cdots+(t_{99}-e)^2}{99}$$

其中,e 为 ξ 的期望值。

注 2.32 当不确定变量 $\xi_i,i=1,2,\cdots,n$ 的正则不确定分布存在时,可以用 99-方法 A 或 99-方法 B 或 99-方法 C 得到严格递增函数、严格递减函数、严格单调函数 $f(\xi_1,\xi_2,\cdots,\xi_n)$ 的逆不确定分布,并用 99-方法 D 得到期望值。然后,无论函数 f 有多复杂,都可以用 99-方法 E 得到 $f(\xi_1,\xi_2,\cdots,\xi_n)$ 的方差值。

例 2.30 假定 ξ 是线性不确定变量 $\mathcal{L}(a,b)$,那么它的方差是

$$V[\xi] = \frac{(b-a)^2}{12} \tag{2.60}$$

例 2.31 假定 ξ 是正态不确定变量 $\mathcal{N}(e,\sigma)$，那么它的方差是
$$V[\xi] = \sigma^2 \tag{2.61}$$

例 2.32 假定 ξ 是之字不确定变量 $\mathcal{Z}(a,b,c)$，那么它的方差是
$$V[\xi] = \frac{5}{48}(a^2+c^2) + \frac{1}{12}b^2 - \frac{1}{12}ab - \frac{1}{12}bc - \frac{1}{8}ac \tag{2.62}$$

2.9 半 方 差

定义 2.16[16] 设不确定变量 ξ 的有限期望值是 e，那么 ξ 的半方差定义为
$$\mathrm{SV}[\xi] = E[((\xi-e)^-)^2] \tag{2.63}$$

其中，
$$(\xi-e)^- = \begin{cases} e-\xi, & \xi \leqslant e \\ 0, & \xi > e \end{cases}$$

定理 2.32 如果不确定变量 ξ 的有限期望值是 e，且 a 和 b 是实数，那么
$$\mathrm{SV}[a\xi+b] = a^2 \mathrm{SV}[\xi] \tag{2.64}$$

证明：设 ξ 的期望值是 e，可知 $a\xi+b$ 的期望值是 $ae+b$，根据半方差的定义，可得
$$\begin{aligned}
\mathrm{SV}[a\xi+b] &= E[((a\xi+b-(ae+b))^-)^2] \\
&= E[(a(\xi-e)^-)^2] \\
&= a^2 E[((\xi-e)^-)^2] \\
&= a^2 \mathrm{SV}[\xi]
\end{aligned}$$

定理 2.33 设不确定变量 ξ 的期望值是 e，那么，$\mathrm{SV}[\xi]=0$ 当且仅当 $\mathcal{M}\{\xi=e\}=1$，即此时不确定变量 ξ 本质上是常数。

证明：首先，假设 $\mathrm{SV}[\xi]=0$，由半方差的定义(2.63)可知
$$\int_0^{+\infty} \mathcal{M}\{((\xi-e)^-)^2 \geqslant t\} \mathrm{d}t = 0$$

那么可得，对于任意 $t>0$，$\mathcal{M}\{((\xi-e)^-)^2 \geqslant t\}=0$。因此，有
$$\mathcal{M}\{((\xi-e)^-)^2 = 0\} = 1$$

即 $\mathcal{M}\{\xi=e\}=1$。

接下来，假定 $\mathcal{M}\{\xi=e\}=1$，那么，有 $\mathcal{M}\{((\xi-e)^-)^2=0\}=1$，则对于任意 $t>0$，$\mathcal{M}\{((\xi-e)^-)^2 \geqslant t\}=0$。因此，
$$\mathrm{SV}[\xi] = \int_0^{+\infty} \mathcal{M}\{((\xi-e)^-)^2 \geqslant t\} \mathrm{d}t = 0$$

定理得证。

定理 2.34 设不确定变量 ξ 具有正则不确定分布 Φ 和有限期望值 e，那么，
$$\mathrm{SV}[\xi] = \int_0^\beta (\Phi^{-1}(\alpha)-e)^2 \mathrm{d}\alpha \tag{2.65}$$

其中，$\Phi^{-1}(\beta)=e$。

证明：通过等式(2.63)可得
$$\mathrm{SV}[\xi] = \int_0^{+\infty} \mathcal{M}\{((\xi-e)^-)^2 \geqslant t\} \mathrm{d}t = \int_0^{+\infty} \mathcal{M}\{\xi \leqslant e - \sqrt{t}\} \mathrm{d}t$$

由于在$(0, +\infty)$上的$\alpha = \Phi(e-\sqrt{t})$和在$(0, \Phi(e))$上的$t = (\Phi^{-1}(\alpha) - e)^2$表示相同的曲线，$\int_0^{+\infty} \Phi(e-\sqrt{t})\mathrm{d}t$与$\int_0^{\Phi(e)} (\Phi^{-1}(\alpha) - e)^2 \mathrm{d}\alpha$得到的是同一块图形的面积，故有

$$\mathrm{SV}[\xi] = \int_0^{+\infty} \mathcal{M}\{\xi \leqslant e - \sqrt{t}\} \mathrm{d}t = \int_0^{+\infty} \Phi(e - \sqrt{t}) \mathrm{d}t = \int_0^{\Phi(e)} (\Phi^{-1}(\alpha) - e)^2 \mathrm{d}\alpha$$

定理得证。

定理 2.35 设$\mathrm{SV}[\xi]$和$V[\xi]$分别是不确定变量ξ的半方差和方差，那么
$$0 \leqslant \mathrm{SV}[\xi] \leqslant V[\xi] \tag{2.66}$$

证明：方差和半方差是非负的，根据定理 2.31 和定理 2.34 得
$$\mathrm{SV}[\xi] \leqslant V[\xi]$$
因此，定理得证。

定理 2.36 设不确定变量ξ的期望值是e，那么，$\mathrm{SV}[\xi] = V[\xi]$当且仅当$\mathcal{M}\{\xi = e\} = 1$，即此时不确定变量$\xi$本质上是常数$e$。

证明：由定理 2.30 和定理 2.33 可推得本定理。

定理 2.37 设不确定变量ξ具有对称的正则不确定分布Φ，那么
$$\mathrm{SV}[\xi] = \frac{1}{2} V[\xi] \tag{2.67}$$

证明：因为ξ有对称的不确定分布Φ，$\Phi(e) = 0.5$，而且$(\Phi^{-1}(\alpha) - e)^2$在$(0, 0.5)$上和在$(1, 0.5)$上的值相等，那么$\int_0^{0.5}(\Phi^{-1}(\alpha) - e)^2 \mathrm{d}\alpha$和$\int_{0.5}^1 (\Phi^{-1}(\alpha) - e)^2 \mathrm{d}\alpha$所构成的面积相同，因此，

$$\begin{aligned} V[\xi] &= \int_0^1 (\Phi^{-1}(\alpha) - e)^2 \mathrm{d}\alpha \\ &= \int_0^{0.5} (\Phi^{-1}(\alpha) - e)^2 \mathrm{d}\alpha + \int_{0.5}^1 (\Phi^{-1}(\alpha) - e)^2 \mathrm{d}\alpha \\ &= 2\int_0^{0.5} (\Phi^{-1}(\alpha) - e)^2 \mathrm{d}\alpha \\ &= 2\int_0^{\Phi(e)} (\Phi^{-1}(\alpha) - e)^2 \mathrm{d}\alpha \\ &= 2\mathrm{SV}[\xi] \end{aligned}$$

定理得证。

99-方法 F 假设Φ是不确定变量ξ的正则不确定分布，令k为使$t_k \leqslant e$成立的最大的那个值，那么，ξ可以用计算机表示为

α_i	0.01	0.02	0.03	$\cdots$	$0.01 \cdot k$	$\cdots$	0.99
$\Phi^{-1}(\alpha_i)$	t_1	t_2	t_3	$\cdots$	t_k	$\cdots$	t_{99}

根据定理 2.34，ξ的半方差可以近似计算为
$$\mathrm{SV}[\xi] = \frac{(t_1 - e)^2 + (t_2 - e)^2 + \cdots + (t_k - e)^2}{99}$$

其中，e 为 ξ 的期望值。

注 2.33 当不确定变量 $\xi_i, i=1,2,\cdots,n$ 的正则不确定分布存在时，可以用 99-方法 A 或 99-方法 B 或 99-方法 C 得到严格递增函数、严格递减函数、严格单调函数 $f(\xi_1,\xi_2,\cdots,\xi_n)$ 的逆不确定分布，并用 99-方法 D 得到期望值。然后，无论函数 f 有多复杂，都可以用 99-方法 F 得到 $f(\xi_1,\xi_2,\cdots,\xi_n)$ 的半方差。

例 2.33 假定 ξ 是线性不确定变量 $\mathcal{L}(a,b)$，它的半方差是

$$\text{SV}[\xi] = \frac{(b-a)^2}{24} \tag{2.68}$$

例 2.34 假定 ξ 是正态不确定变量 $\mathcal{N}(e,\sigma)$，它的半方差是

$$\text{SV}[\xi] = \frac{1}{2}\sigma^2 \tag{2.69}$$

例 2.35 假定 ξ 是之字不确定变量 $\mathcal{Z}(a,b,c)$ 且 $b-a > c-b$，它的半方差是

$$\text{SV}[\xi] = \frac{(-3a+2b+c)^3}{384(b-a)} \tag{2.70}$$

例 2.36 假定 ξ 是之字不确定变量 $\mathcal{Z}(a,b,c)$ 且 $b-a < c-b$，它的半方差是

$$\text{SV}[\xi] = \frac{(-a+2b-c)^3}{384(b-c)} + \frac{7a^2+4b^2+3c^2-8ab-6ac}{96} \tag{2.71}$$

2.10 绝对下偏差

定义 2.17[17] 设不确定变量 ξ 的期望值是 e，那么，ξ 的绝对下偏差（ADD）定义为

$$\text{ADD}[\xi] = E[(\xi-e)^-] \tag{2.72}$$

其中，

$$(\xi-e)^- = \begin{cases} e-\xi, & \xi \leqslant e \\ 0, & \xi > e \end{cases}$$

定理 2.38 如果不确定变量 ξ 有有限期望值，且 $a > 0$ 和 b 是实数，那么

$$\text{ADD}[a\xi+b] = a\,\text{ADD}[\xi] \tag{2.73}$$

证明：若 e 是 ξ 的期望值，可知 $a\xi+b$ 的期望值是 $ae+b$。根据绝对下偏差的定义，同时因为 $a > 0$，可得

$$\begin{aligned}
\text{ADD}[a\xi+b] &= E[(a\xi+b-(ae+b))^-] \\
&= E[(a\xi-ae)^-] \\
&= aE[(\xi-e)^-] \\
&= a\,\text{ADD}[\xi]
\end{aligned}$$

定理 2.39 设不确定变量 ξ 具有正则不确定分布 Φ 和有限期望值 e，那么

$$\text{ADD}[\xi] = \int_0^\beta (e-\Phi^{-1}(\alpha))\,\mathrm{d}\alpha \tag{2.74}$$

其中，$\Phi^{-1}(\beta) = e$。

证明：由等式（2.72）可得

$$\text{ADD}[\xi] = \int_0^{+\infty} \mathcal{M}\{(\xi-e)^- \geqslant t\}\,\mathrm{d}t = \int_0^{+\infty} \mathcal{M}\{e-\xi \geqslant t\}\,\mathrm{d}t = \int_{-\infty}^e \Phi(t)\,\mathrm{d}t$$

由于在$(-\infty,e)$上的$\alpha=\Phi(t)$和在$(0,\Phi(e))$上的$t=\Phi^{-1}(\alpha)$代表相同的曲线,$\int_{-\infty}^{e}\Phi(t)\mathrm{d}t$ 与$\int_{0}^{\Phi(e)}(e-\Phi^{-1}(\alpha))\mathrm{d}\alpha$得到的是同一块图形的面积,故有

$$\mathrm{ADD}[\xi]=\int_{-\infty}^{e}\Phi(t)\mathrm{d}t=\int_{0}^{\Phi(e)}(e-\Phi^{-1}(\alpha))\mathrm{d}\alpha$$

99-方法 G 假定Φ是不确定变量ξ的正则不确定分布,设k是使$t_k\leqslant e$成立的最大指数,那么,ξ可以用计算机表示为

α_i	0.01	0.02	0.03	$\cdots$	$0.01\cdot k$	$\cdots$	0.99
$\Phi^{-1}(\alpha_i)$	t_1	t_2	t_3	$\cdots$	t_k	$\cdots$	t_{99}

根据定理2.39,ξ的绝对下偏差可以近似计算为

$$\mathrm{ADD}[\xi]=\frac{(e-t_1)+(e-t_2)+\cdots+(e-t_k)}{99}$$

其中,e为ξ的期望值。

注 2.34 当不确定变量$\xi_i,i=1,2,\cdots,n$的正则不确定分布存在时,可以用99-方法A或99-方法B或99-方法C得到严格递增函数、严格递减函数、严格单调函数$f(\xi_1,\xi_2,\cdots,\xi_n)$的逆不确定度分布,并用99-方法D得到期望值。然后,无论函数f有多复杂,都可以用99-方法G得到$f(\xi_1,\xi_2,\cdots,\xi_n)$的绝对下偏差。

例 2.37 假定ξ是线性不确定变量$\mathcal{L}(a,b)$,那么它的绝对下偏差是

$$\mathrm{ADD}[\xi]=\frac{b-a}{8} \tag{2.75}$$

2.11 关 键 值

定义 2.18[5] ξ是不确定变量,且$\beta\in(0,1]$,那么

$$\xi_{\sup}(\beta)=\sup\{t\mid\mathcal{M}\{\xi\geqslant t\}\geqslant\beta\} \tag{2.76}$$

称为ξ的β-乐观值,

$$\xi_{\inf}(\beta)=\inf\{t\mid\mathcal{M}\{\xi\leqslant t\}\geqslant\beta\} \tag{2.77}$$

称为ξ的β-悲观值。β-乐观值和β-悲观值都称为β值。

定理 2.40 设不确定变量ξ具有正则不确定分布且$\beta\in(0,1)$,那么

$$\xi_{\sup}(\beta)=\xi_{\inf}(1-\beta) \tag{2.78}$$

证明:定理由不确定测度的自对偶性得出。

不确定变量ξ的正则不确定分布是Φ,那么,它的β值是

$$\xi_{\sup}(\beta)=\xi_{\inf}(1-\beta)=\Phi^{-1}(1-\beta)$$

详见图2.9。

例 2.38 ξ是线性不确定变量$\mathcal{L}(a,b)$,它的β-乐观值是

$$\xi_{\sup}(\beta)=a\beta+b(1-\beta)$$

例 2.39 ξ是之字不确定变量$\mathcal{Z}(a,b,c)$,它的β-乐观值是

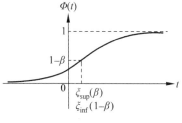

图 2.9 β值

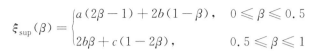

例 2.40 ξ 是正态不确定变量 $\mathcal{N}(e,\sigma)$，它的 β-乐观值是

$$\xi_{\sup}(\beta) = e - \frac{\sqrt{3}\sigma}{\pi}\ln\frac{\beta}{1-\beta}$$

2.12 熵

定义 2.19[9] 设不确定变量 ξ 具有不确定分布 Φ，它的熵定义为

$$H[\xi] = \int_{-\infty}^{\infty} h(\Phi(r))\mathrm{d}r \tag{2.79}$$

其中，$h(t) = -t\ln t - (1-t)\ln(1-t)$。

注 2.35 函数 $h(t) = -t\ln t - (1-t)\ln(1-t)$ 在区间 $[0,0.5]$ 上是 t 的单调增函数，在区间 $[0.5,1]$ 上是 t 的单调减函数，在 $t = 0.5$ 处达到最大值。

注 2.36 我们知道，对于一个不确定事件 $\{\xi \leqslant r\}$，当它的不确定测度值为 0.5，即 $\mathcal{M}\{\xi \leqslant r\} = 0.5$ 时，我们最难猜测该事件是否会发生。当 $\mathcal{M}\{\xi \leqslant r\} > 0.5$ 时，其值越大，事件 $\{\xi \leqslant r\}$ 发生的机会越大；$\mathcal{M}\{\xi \leqslant r\} < 0.5$ 时，其值越小，该事件的对立事件，即 $\{\xi \geqslant r\}$ 发生的机会就越大。由函数 $h(t)$ 的性质可知，熵值越大，意味着我们预测某一不确定事件是否会发生就越难；当不确定分布值 $\Phi(r)$ 对于每个 r 都为 0.5 时，熵值达到最大，我们预测某一不确定事件 $\{\xi \leqslant r\}$ 是否会发生也变得最困难。换句话说，当熵达到最大值，预测不确定变量的取值是最困难的。

例 2.41 设不确定变量 ξ 的不确定分布是

$$\Phi(r) = \begin{cases} 0, & r < a \\ 1, & r \geqslant a \end{cases} \tag{2.80}$$

本质上，ξ 是常数 a，根据熵的定义

$$H[\xi] = -\int_{-\infty}^{a}(0\ln 0 + 1\ln 1)\mathrm{d}r - \int_{a}^{+\infty}(1\ln 1 + 0\ln 0)\mathrm{d}r = 0$$

注 2.37 例 2.41 中的不确定变量本质上是一个常数，对于常数，可以确切地知道它的值，也不难判断它的取值，这与它的熵值是零的结果是一致的。

例 2.42 设 ξ 是线性不确定变量 $\mathcal{L}(a,b)$，则它的熵是

$$H[\xi] = -\int_{a}^{b}\left(\frac{r-a}{b-a}\ln\frac{r-a}{b-a} + \frac{b-r}{b-a}\ln\frac{b-r}{b-a}\right)\mathrm{d}r = \frac{b-a}{2} \tag{2.81}$$

例 2.43 设 ξ 是之字不确定变量 $\xi \sim \mathcal{Z}(a,b,c)$，则它的熵是

$$H[\xi] = \frac{c-a}{2} \tag{2.82}$$

例 2.44 设 ξ 是正态不确定变量 $\xi \sim \mathcal{N}(e,\sigma)$，则它的熵是

$$H[\xi] = \frac{\pi\sigma}{\sqrt{3}} \tag{2.83}$$

定理 2.41 设 ξ 是不确定变量，c 是实数，那么

$$H[\xi+c]=H[\xi] \tag{2.84}$$

也就是说,不确定变量任意平移时,熵是不变的。

证明:用 Φ 表示 ξ 的不确定分布,那么,不确定变量 $\xi+c$ 的不确定分布是 $\Phi(r-c)$,由熵的定义可得

$$H[\xi+c]=\int_{-\infty}^{+\infty}h(\Phi(r-c))\mathrm{d}r=\int_{-\infty}^{+\infty}h(\Phi(r))\mathrm{d}r=H[\xi]$$

定理得证。

注 2.38 熵反映了预测不确定变量取特定值的困难程度。对于不确定变量 ξ 和实数 c,由于 $\xi+c$ 的不确定分布与 ξ 的不确定分布形状相同,预测 ξ 和 $\xi+c$ 的具体取值是同样困难的。因此,很容易理解 ξ 和 $\xi+c$ 的熵是相同的。

定理 2.42[18] 设不确定变量 ξ 的正则不确定分布是 Φ,那么

$$H[\xi]=\int_0^1 \Phi^{-1}(\alpha)\ln\frac{\alpha}{1-\alpha}\mathrm{d}\alpha \tag{2.85}$$

证明:可以看出,$h(\alpha)$ 是可导函数,其导数形式具体如下:

$$h'(\alpha)=-\ln\frac{\alpha}{1-\alpha}$$

由于

$$h(\Phi(r))=\int_0^{\Phi(r)}h'(\alpha)\mathrm{d}\alpha=-\int_{\Phi(r)}^1 h'(\alpha)\mathrm{d}\alpha$$

有

$$H[\xi]=\int_{-\infty}^{+\infty}h(\Phi(r))\mathrm{d}r=\int_{-\infty}^0\int_0^{\Phi(r)}h'(\alpha)\mathrm{d}\alpha\mathrm{d}r-\int_0^{+\infty}\int_{\Phi(r)}^1 h'(\alpha)\mathrm{d}\alpha\mathrm{d}r$$

根据 Fubini 定理,可得

$$\begin{aligned}H[\xi]&=\int_0^{\Phi(0)}\int_{\Phi^{-1}(\alpha)}^0 h'(\alpha)\mathrm{d}r\mathrm{d}\alpha-\int_{\Phi(0)}^1\int_0^{\Phi^{-1}(\alpha)}h'(\alpha)\mathrm{d}r\mathrm{d}\alpha\\&=-\int_0^{\Phi(0)}\Phi^{-1}(\alpha)h'(\alpha)\mathrm{d}\alpha-\int_{\Phi(0)}^1\Phi^{-1}(\alpha)h'(\alpha)\mathrm{d}\alpha\\&=-\int_0^1 \Phi^{-1}(\alpha)h'(\alpha)\mathrm{d}\alpha=\int_0^1\Phi^{-1}(\alpha)\ln\frac{\alpha}{1-\alpha}\mathrm{d}\alpha\end{aligned}$$

定理得证。

定理 2.43[19] 设不确定变量 ξ 具有任意的不确定分布,其期望值为 e,方差值为 σ^2,那么

$$H[\xi]\leqslant\frac{\pi\sigma}{\sqrt{3}} \tag{2.86}$$

如果 ξ 是正态不确定变量 $\xi\sim\mathcal{N}(e,\sigma)$,则等式成立。

在此省略了证明,有兴趣的读者可以参考论文 *Maximum entropy principle for uncertain variables*[19]。

注 2.39 定理2.43指出,在具有相同期望值 e 和方差 σ^2 的各种不确定分布中,正态不确定变量的熵值最大,这意味着预测正态不确定变量的不确定事件是否发生是最困难的。因此,在估计证券收益时,如果专家只能给出证券收益的期望值和方差的估计,出于决策的安全性考虑,会将证券收益视为正态不确定变量。

定理 2.44[18] 设不确定变量 $\xi_1,\cdots,\xi_m,\xi_{m+1},\cdots,\xi_n$ 是相互独立的,且具有正则不确

定分布 $\Phi_1, \cdots, \Phi_m, \Phi_{m+1}, \cdots, \Phi_n$，如果 $f(\xi_1, \cdots, \xi_m, \xi_{m+1}, \cdots, \xi_n)$ 关于 $\xi_1, \cdots, \xi_m$ 是严格递增的，且关于 $\xi_{m+1}, \cdots, \xi_n$ 是严格递减的，那么

$$\xi = f(\xi_1, \cdots, \xi_m, \xi_{m+1}, \cdots, \xi_n) \tag{2.87}$$

的熵是

$$H[\xi] = \int_0^1 f(\Phi_1^{-1}(\alpha), \cdots, \Phi_m^{-1}(\alpha), \Phi_{m+1}^{-1}(1-\alpha), \cdots, \Phi_n^{-1}(1-\alpha)) \ln \frac{\alpha}{1-\alpha} d\alpha$$

证明：由于 $f(\xi_1, \cdots, \xi_m, \xi_{m+1}, \cdots, \xi_n)$ 关于 $\xi_1, \cdots, \xi_m$ 是严格递增的，且关于 $\xi_{m+1}, \cdots, \xi_n$ 是严格递减的，根据运算法则，即定理 2.22，ξ 的逆不确定分布是

$$f(\Phi_1^{-1}(\alpha), \cdots, \Phi_m^{-1}(\alpha), \Phi_{m+1}^{-1}(1-\alpha), \cdots, \Phi_n^{-1}(1-\alpha))$$

那么，根据定理 2.42，定理得证。

综合训练

1. 什么是不确定测度？
2. 简述不确定测度与概率测度最核心的不同。
3. 不确定理论的几个核心概念和定理是什么？

即 测 即 练

收益的不确定分布

获得证券收益的不确定分布,即证券收益的信度函数,是不确定投资组合选择的开始。也就是说,选择不确定投资组合的第一步是得到证券收益的不确定分布。这可以根据专家的估计得到,对此,刘宝碇[8]提出了获得专家估计数据的方法,陈孝伟和 Dan A. Ralescu[20]、王小胜等[21]、王小胜和彭子雄[22]、黄晓霞[16]介绍了如何根据专家估计数据得到不确定分布。廖伟骏和刘宝碇[23]、姚凯和刘宝碇[24]提出了一种不确定回归方法,即根据过去的数据得到不确定分布,有兴趣的读者可以参考。本章主要介绍如何根据专家估计得到不确定分布,并介绍确定证券收益不确定分布的三种方法。为此,本章首先介绍如何获取专家对证券收益的估计,然后介绍基于专家估计得到证券收益不确定分布的方法,同时举例说明每种方法的应用。

3.1 证券收益的专家估计

为了得到证券收益的不确定分布,需要专家对证券收益进行估计,证券收益事件通常以证券收益率不小于某一特定值或不大于某一特定值的方式表示。专家估计是专家认为某一收益事件发生的信度或者机会。事实上,请专家来估计所有可能的收益事件是不可能的,只需要请专家估计他们认为可能发生的收益事件。不失一般性,下面通过对一只证券收益的估计来介绍一种获得专家收益估计的方法。

假设有 m 位专家,专家估计是通过问卷调查得到的,就某一证券的收益,对第 i 位专家的调查过程如下。

问题 1:您认为证券的最低收益率是多少?

用 t_{i1} 表示第 i 个专家的答案,由答案可以得到一对用 $(t_{i1}, 0)$ 表示的估计值,这意味着认为证券收益小于 t_{i1} 的信度是 0。

问题 2:您认为证券的最高收益率是多少?

用 t_{i2} 表示第 i 个专家的答案,由答案可以得到一对用 $(t_{i2}, 1)$ 表示的估计值,这意味着认为证券收益小于等于 t_{i2} 的信度是 1。

问题 3:您认为可能的证券收益率是多少?

用 t_{i3} 表示第 i 个专家的答案。

问题 4:您认为证券收益小于等于 t_{i3} 的信度多大?

用 α_{i3} 表示答案。由答案可以得到第三对估计 (t_{i3}, α_{i3}),这意味着认为证券收益小于等于 t_{i3} 的信度在 α_{i3} 水平。

问题 5：您认为证券收益还可能是其他值吗？如果是，您认为收益小于等于这个值的信度是多少？

用 (t_{i4}, α_{i4}) 表示专家的答案，这意味着认为证券收益小于等于 t_{i4} 的信度在 α_{i4} 水平上。

问题 6：证券收益还有可能是其他值吗？如果有，是什么？

用 $t_{ij}, j = 5, 6, \cdots, n_i$ 表示答案。

问题 7：您认为证券收益率分别小于等于 $t_{ij}, j = 5, 6, \cdots, n_i$ 的信度是多少？

用 $\alpha_{ij}, j = 5, 6, \cdots, n_i$ 表示答案。于是得到更多对数据 $(t_{ij}, \alpha_{ij}), j = 5, 6, \cdots, n_i$。当专家认为证券收益率不可能取其他取值时，结束调查过程。

需要强调的是，在调查过程中，不能先定下来 t_{ij}, α_{ij} 或 n_i 再去问专家。专家在估计时必须有充分的自由给出其认为证券收益的可能取值，这样专家才能充分利用自己的知识或经验来给出证券的收益值和问题的答案。

接下来，重新排列数据，使

$$(t_{ij}, \alpha_{ij}), \quad j = 1, 2, \cdots, n_i$$

其中，$t_{i1} < t_{i2} < \cdots < t_{in_i}, 0 = \alpha_{i1} \leqslant \alpha_{i2} \leqslant \cdots \alpha_{in_i} = 1$。

以类似的方式，可以得到所有 m 位专家的估计，然后有以下几组专家的估计：

$$(t_{ij}, \alpha_{ij}), \quad j = 1, 2, \cdots, n_i, i = 1, 2, \cdots, m \tag{3.1}$$

其中，

$$t_{i1} < t_{i2} < \cdots < t_{in_i}, \quad 0 = \alpha_{i1} \leqslant \alpha_{i2} \leqslant \cdots \alpha_{in_i} = 1 \tag{3.2}$$

需要指出的是，不同的专家可能会给出不同数量的数据对。

3.2 得出收益的不确定分布

在得到专家估计的基础上，本节介绍三种基于专家估计得出证券收益不确定分布的方法。

方法一：利用线性插值法得到经验不确定分布

用 m 组的估计数据

$$(t_{ij}, \alpha_{ij}), \quad j = 1, 2, \cdots, n_i, i = 1, 2, \cdots, m$$

其中，

$$t_{i1} < t_{i2} < \cdots < t_{in_i}, \quad 0 = \alpha_{i1} \leqslant \alpha_{i2} \leqslant \cdots \alpha_{in_i} = 1$$

可以得到证券收益的经验不确定分布如下所示：

$$\Phi_i(t) = \begin{cases} 0, & t \leqslant t_{i1} \\ \alpha_{ij} + \dfrac{(\alpha_{ij+1} - \alpha_{ij})(t - t_{ij})}{t_{ij+1} - t_{ij}}, & t_{ij} < t \leqslant t_{ij+1}, 1 \leqslant j \leqslant n_i - 1 \\ 1, & t > t_{in_i} \end{cases} \tag{3.3}$$

其中，$i = 1, 2, \cdots, m$。基于专家 i 估计的证券收益的经验不确定分布如图 3.1 所示。

接下来，将 m 个经验不确定分布整合为一个综合的经验不确定分布，通过

$$\Phi(t) = \omega_1 \Phi_1(t) + \omega_2 \Phi_2(t) + \cdots + \omega_m \Phi_m(t) \tag{3.4}$$

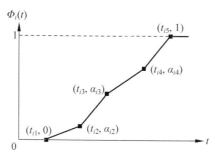

图 3.1　基于专家 i 估计的证券收益的经验不确定分布

其中，$\omega_1,\omega_2,\cdots,\omega_m$ 为领域专家的权重，且 $\omega_1+\omega_2+\cdots+\omega_m=1$。

例 3.1　为预测宁波联合集团股份有限公司(NUG)股票的月收益，邀请了两位专家独立给出他们的预测。评估数据是通过 3.1 节介绍的问卷调查获得的。以下是与第一位专家的咨询流程。

Q1：您认为该股票下个月的最低收益率是多少？
A1：1%。（获得估计数据(0.01,0)。）
Q2：您认为该股票下个月的最高收益率是多少？
A2：7%。（获得估计数据(0.07,1)。）
Q3：除了最低收益率和最高收益率，您认为可能的收益率是多少？
A3：6%。
Q4：您认为收益率低于6%的概率是多少？
A4：90%。（获得估计数据(0.06,0.9)。）
Q5：还有其他可能的收益率吗？是多少？
A5：4.5%。
Q6：您认为收益率低于4.5%的概率是多少？
A6：70%。（获得估计数据 (0.045,0.7)。）
Q7：还有其他可能的收益率吗？是多少？
A7：2.5%。
Q8：您认为收益率低于2.5%的概率是多少？
A8：30%。（获得估计数据(0.025,0.3)。）
Q9：还有其他可能的收益率吗？是多少？
A9：没有了。
调查结束。

通过提问和回答的过程，得到了第一位专家的估计数据，并将其整理如下：
专家 1：(1%,0),(2.5%,0.3),(4.5%,0.7),(6%,0.9),(7%,1)
同样，可以得到第二位专家的估计数据，并将其排列如下：
专家 2：(2%,0),(4%,0.5),(6%,0.8),(7.5%,1)
根据等式(3.3)，由第一位专家的估计数据，可以得到以下经验不确定分布：

$$\Phi_1(t) = \begin{cases} 0, & t \leqslant 1\% \\ 20t - 0.2, & 1\% < t \leqslant 4.5\% \\ 13.33t + 0.1, & 4.5\% < t \leqslant 6\% \\ 10t + 0.3, & 6\% < t \leqslant 7\% \\ 1, & t > 7\% \end{cases}$$

由第二位专家的估计数据,可以得到如下的经验不确定分布:

$$\Phi_1(t) = \begin{cases} 0, & t \leqslant 2\% \\ 25t - 0.5, & 2\% < t \leqslant 4\% \\ 15t - 0.1, & 4\% < t \leqslant 6\% \\ 13.33t, & 6\% < t \leqslant 7.5\% \\ 1, & t > 7.5\% \end{cases}$$

考虑到两位专家的知识水平相当,令 $\omega_1 = \omega_2 = 0.5$。根据等式(3.4),得到综合经验不确定分布如下:

$$\Phi(t) = \begin{cases} 0, & t \leqslant 1.0\% \\ 0.1t - 0.1, & 1.0\% < t \leqslant 2\% \\ 22t - 0.33, & 2.0\% < t \leqslant 4\% \\ 17.5t - 0.15, & 4\% < t \leqslant 4.5\% \\ 14.17t, & 4.5\% < t \leqslant 6\% \\ 11.67t + 0.15, & 6\% < t \leqslant 7\% \\ 6.62t + 0.5035, & 7\% < t \leqslant 7.5\% \\ 1, & t > 7.5\% \end{cases}$$

如图 3.2 所示,上面的虚线是依据第一位专家估计得到的经验不确定分布,下面的虚线是依据第二位专家估计得到的经验不确定分布,实线是股票 NUG 收益率的综合经验不确定分布。

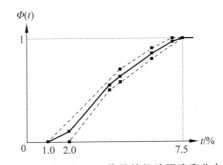

图 3.2 股票 NUG 收益的经验不确定分布

方法二:利用最小二乘原理求不确定分布

通过方法一,可以得到经验不确定分布是一条折线。如果通过估计数据,认为证券收益的不确定分布是一个已知的函数形式但有未知的参数,那么,如何估计该参数并得到不确定分布?刘宝碇[8]运用最小二乘原理求出了不确定分布的已知函数形式中的未知参数。

黄晓霞[16]运用最小二乘原理得到了证券收益的正态不确定分布$N(\mu,\sigma)$中的参数μ和σ。本节介绍根据m位专家的估计,利用最小二乘原理寻找最适合的证券收益不确定分布的已知函数形式的方法。

假设待确定的不确定分布函数形式$\Psi(t\mid\theta)$是已知的,其参数θ未知。根据最小二乘原理,参数θ应该是满足m位专家的估计数据到这个不确定分布的距离的平方和最小的值。最小化可以在垂直方向或水平方向上满足,如果最小化是垂直方向的,则用m组估计数据

$$(t_{ij},\alpha_{ij}),\quad j=1,2,\cdots,n_i, i=1,2,\cdots,m$$

其中,

$$t_{i1}<t_{i2}<\cdots<t_{in_i},\quad 0\leqslant\alpha_{i1}\leqslant\alpha_{i2}\leqslant\cdots\alpha_{in_i}\leqslant 1$$

由式(3.5)可得参数θ(图3.3):

$$\min\sum_{i=1}^{m}\sum_{j=1}^{n_j}(\Psi(t_{ij}\mid\theta)-\alpha_{ij})^2 \tag{3.5}$$

如果采用水平方向,可以通过以下方法得到参数θ:

$$\min\sum_{i=1}^{m}\sum_{j=1}^{n_j}(\Psi^{-1}(\alpha_{ij}\mid\theta)-t_{ij})^2 \tag{3.6}$$

式(3.5)或式(3.6)的最优解$\hat{\theta}$称为θ的最小二乘估计,那么根据最小二乘原理得到的最合适的不确定分布是$\Psi(t\mid\hat{\theta})$。

有时可能不确定哪种函数形式最适合不确定分布,那么利用最小二乘原理,找出所有可能适合不确定分布的函数形式的参数,使用所有被测函数形式中平方和最小的函数形式作为证券收益率的不确定分布。

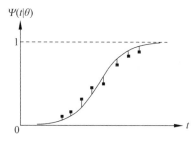

图 3.3 垂直方向的最小二乘原理

例 3.2 为了预测股票 A 的收益,请五位该领域的专家进行估计,通过 3.1 节介绍的问卷调查过程,得到估计数据如下:

专家1:$(1.5\%,0),(2\%,0.3),(5.5\%,0.7),(7\%,0.9),(9\%,1)$
专家2:$(1.0\%,0),(1.5\%,0.1),(3\%,0.5),(6\%,0.8),(9.5\%,1)$
专家3:$(1\%,0),(3.5\%,0.6),(6\%,0.75),(8.5\%,1)$
专家4:$(1.5\%,0),(4.2\%,0.6),(6\%,0.8),(9\%,1)$
专家5:$(1\%,0),(4.5\%,0.6),(6\%,0.8),(9\%,1)$

通过观察估计数据,认为证券收益的分布应该具有之字或线性的不确定分布形式,对于之字不确定分布,函数形式具有3个未知参数a,b和c,即

$$\Phi(t\mid a,b,c)=\begin{cases}0, & t\leqslant a\\ \dfrac{t-a}{2(b-a)}, & a<t\leqslant b\\ \dfrac{t+c-2b}{2(c-b)}, & b<t\leqslant c\\ 1, & t>c\end{cases}$$

对于线性不确定分布,函数形式有两个未知参数 a 和 b,即

$$\Phi(t \mid a,b) = \begin{cases} 0, & t \leqslant a \\ \dfrac{t-a}{b-a}, & a < t \leqslant b \\ 1, & \text{其他} \end{cases}$$

然后根据五位专家的估计,利用最小二乘原理分别找出股票 A 收益的最佳之字不确定分布形式和线性不确定分布形式,并从两种不确定分布形式中选择距离平方和较小的不确定分布。具体而言,利用该领域专家提供的 22 组估计数据找到最佳之字不确定分布 $\mathcal{Z}(a,b,c)$ 的参数 a,b,c,即距离平方和最小的之字不确定分布,以及最好的线性不确定分布 $\mathcal{L}(a,b)$ 的参数 a 和 b,即距离的平方和最小的线性不确定分布。然后比较两个距离平方和的最小值,选择平方和较小的形式作为股票的不确定分布。在本例中,通过运行 Matlab 程序得到了距离平方和最小值为 0.033 2 的最佳之字不确定分布为 $\mathcal{Z}(1.44\%, 2.36\%, 9.5\%)$,距离平方和最小值为 0.111 2 的最佳线性不确定分布为 $\mathcal{L}(0.78\%, 7.21\%)$。因此,股票 A 收益的不确定分布为之字形不确定性分布 $\mathcal{Z}(1.44\%, 2.36\%, 9.5\%)$,如图 3.4 所示。在本章附录中提供了求之字不确定分布参数和线性不确定分布参数的 Matlab 程序。

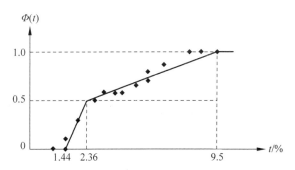

图 3.4 股票 A 收益的之字不确定分布

例 3.3 为了预测股票 B 的收益分布,通过问卷调查,三位专家给出了如下估计:

专家 1:$(1\%, 0), (2\%, 0.1), (4\%, 0.5), (6\%, 0.8), (7\%, 1)$
专家 2:$(1.5\%, 0), (3\%, 0.2), (6.5\%, 0.9), (7\%, 1)$
专家 3:$(1\%, 0), (3.5\%, 0.3), (6\%, 0.8), (7.5\%, 1)$

通过观察估计数据,认为证券收益分布应为正态不确定分布形式。对于正态不确定分布,函数形式具有两个未知参数 e 和 σ,即

$$\Phi(t \mid e, \sigma) = \left(1 + \exp\left(\dfrac{\pi(e-t)}{\sqrt{3}\sigma}\right)\right)^{-1}, \quad t \in R, \sigma > 0$$

利用最小二乘原理,得到正态不确定分布为 $\mathcal{N}(0.042\,6, 0.017\,2)$,距离平方和最小值为 0.024 2,所得正态不确定分布和三位专家的估计如图 3.5 所示。本章附录中提供了求解正态不确定度分布参数的 Matlab 程序。

方法三:采用 Delphi 法得到不确定分布

Delphi 法最初是由兰德公司在 20 世纪 50 年代发展出的一种系统的、交互式的依靠专家的预测方法,这种方法基于集体预测比个人预测更准确的想法。Delphi 法要求领域专家

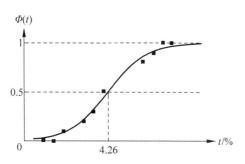

图 3.5 股票 B 收益的正态不确定分布

就问卷调查进行多轮回答,在每一轮之后,主持人会提供一份匿名的总结,内容是专家们在上一轮的预测以及他们作出该预测的原因。主持人鼓励专家们根据总结调整他们先前对问题的回答。人们相信,在这个过程中,群体会趋同于"好的"答案。王小胜等[21]提出了得出不确定分布的 Delphi 法。接下来,我们介绍如何通过 Delphi 法确定证券收益的不确定分布,该方法的流程如下。

步骤 1 根据 3.1 节介绍的问卷调查,m 位专家提供了证券收益的估计数据:

$$(t_{ij}, \alpha_{ij}), \quad j=1,2,\cdots,n_i, i=1,2,\cdots,m$$

步骤 2 如果认为证券收益的不确定分布具有已知函数形式但函数的参数未知,则根据第一步得到的 m 组估计数据,使用上文介绍的方法 2 得到不确定分布 Ψ;否则,根据第一步得到的 m 组估计数据,使用上文介绍的方法 1 得到综合的不确定分布 Ψ。

步骤 3 对于任意 i 和 j,如果 $|\alpha_{ij}-\Psi(t_{ij})|$ 小于事先给定的水平 ε,$\varepsilon>0$,则执行步骤 4。否则,向专家提供一份总结,其中包括上一轮第 2 步得到的不确定分布、$|\alpha_{ij}-\Psi(t_{ij})|$ 值、其他专家的估计数据和他们作出该估计的原因,然后要求专家提供新的估计数据组 $(t_{i1},\alpha_{i1}),(t_{i2},\alpha_{i2}),\cdots,(t_{in_i},\alpha_{in_i}),i=1,2,\cdots,m$。转步骤 2。

步骤 4 采用最后一轮 Ψ 作为证券收益的不确定分布。

附 录

A1:例 3.2 中求之字不确定分布 $\mathcal{Z}(a,b,c)$ 的参数的 Matlab 程序:

```
phi = @(a,x)(x<=a(2)).*(x>=a(1)).*((x-a(1))./(2.*(a(2)-a(1))))+(x>a(2)).*(x<
=a(3)).*((x+a(3)-2.*a(2))./(2.*(a(3)-a(2))));
x = [0.015,0.02,0.055,0.07,0.09,0.01,0.015,0.03,0.06,0.095,0.01,0.035,0.06,0.085,0.015,
0.042,0.06,0.09,0.01,0.045,0.06,0.09];
alpha = [0,0.3,0.7,0.9,1,0,0.1,0.5,0.8,1,0,0.6,0.75,1,0,0.6,0.8,1,0,0.6,0.8,1];
error = 100;
for round = 1:1:100
    a_initial(1) = unifmd(-0.05,0.1);
    a_initial(2) = unifmd(-0.05,0.1);
    a_initial(3) = unifmd(-0.05,0.1);
    a_initial = sort(a_initial);
    [p,r] = lsqcurvefit(phi,a_initial,x,alpha);
    if error > r
        parameter = p;
```

```
            error = r;
        end
    round
    parameter
    error
end
```

A2：例 3.2 中求线性不确定分布 $\mathcal{L}(a,b)$ 的参数的 Matlab 程序：

```
phi = @(a,x)(x >= a(1)).*(x <= a(2)).*((x - a(1))./(a(2) - a(1))) + (x > a(2));
x = [0.015,0.02,0.055,0.07,0.09,0.01,0.015,0.03,0.06,0.095,0.01,0.035,0.06,0.085,0.015,
0.042,0.06,0.09,0.01,0.045,0.06,0.09];
alpha = [0,0.3,0.7,0.9,1,0,0.1,0.5,0.8,1,0,0.6,0.75,1,0,0.6,0.8,1,0,0.6,0.8,1];
error = 100;
for round = 1:1:100
    a_initial(1) = unifrnd(-0.05,0.1);
    a_initial(2) = unifrnd(-0.05,0.1);
    a_initial = sort(a_initial);
    [p,x] = lsqcurvefit(phi,a_initial,x,alpha);
    if error > r
        paramenter = p;
        error = r;
    end
    round
    parameter
    error
end
```

A3：例 3.3 中求正态不确定分布 $\mathcal{N}(e,\sigma)$ 的参数的 Matlab 程序：

```
phi = @(a,x)1./(1 | exp(pi.*(a(1) - x)./(sqrt(3).*a(2))));
x = [0.01,0.02,0.04,0.06,0.07,0.015,0.03,0.065,0.07,0.01,0.035,0.06,0.075];
alpha = [0,0.1,0.5,0.8,1,0,0,0.2,0.9,1,0,0.3,0.8,1];
error = 100;
for round = 1:1:100
a_initial(1) = unifmd(0,0.1);
a_initial(2) = unifmd(0,0.1);
[p,r] = lspeurvefit(phi,a_initial,x,alpha);
if error > r
parameter = p;
error = r;
end round
parameter
error
end
```

第4章 不确定投资组合选择的基础模型

黄晓霞[1]在2010年首次对不确定投资组合选择进行了系统研究,提出了不确定投资组合理论,它是一种基于不确定理论和不确定分布选择投资组合的方法。除了书籍 *Portfolio Analysis: From Probabilistic to Credibilistic and Uncertain Approaches*[1] 中提到的方差和投资组合收益未达到预设阈值水平的信度,黄晓霞还提出了风险曲线[25]、半方差[16]和风险指数[26]作为风险度量方法。后来,许多学者如黄晓霞和应海瑶[27],黄晓霞和赵天翊[28],高建伟和刘会成[29],秦中锋等[30]以及其他一些学者[31,32]进一步研究了不确定投资组合选择问题。本章将从不同视角讨论基础的投资组合问题,即投资者只投资于风险资产,股票和资金无限可分割,且市场不允许卖空。本章的重点是介绍一系列的风险度量方法,包括方差、半方差、信度、风险曲线和风险指数,给出基于这些风险度量方法的投资组合选择原则和投资组合选择模型,讨论这些基础的不确定投资组合选择模型的方法,并分析不同模型的特点。本章介绍的风险度量方法和选择原则可为处理更为复杂的不确定投资组合选择问题提供指导。

4.1 不确定均值-方差模型

马科维茨[2]最先在随机投资组合选择中提出用方差来度量投资风险并提出了随机投资组合的均值-方差模型,之后,方差便成为该领域最广为接受和被广泛研究的风险度量方法。该模型思想认为,人们可以用期望收益来代表投资组合的收益,因为方差反映了投资者无法获得期望收益的平均平方值,所以可以用方差来度量投资组合的风险。在不确定投资组合领域,黄晓霞依据这一思想,提出了不确定均值-方差模型[1]。

4.1.1 均值-方差模型

设 ξ_i 是证券 i 的不确定收益,x_i 是证券 i 的投资比例,$i=1,2,\cdots,n$。如果人们以期望收益为投资收益,方差为投资风险,要求方差不大于预设值 a,并追求期望收益最大,则不确定均值-方差模型为[1]

$$\begin{cases} \max E[x_1\xi_1+x_2\xi_2+\cdots+x_n\xi_n] \\ \text{s. t.:} \\ \quad V[x_1\xi_1+x_2\xi_2+\cdots+x_n\xi_n] \leqslant a \\ \quad x_1+x_2+\cdots+x_n=1 \\ \quad x_i\geqslant 0, \quad i=1,2,\cdots,n \end{cases} \quad (4.1)$$

其中,E 和 V 分别表示不确定变量的期望算子和方差算子。

由模型(4.1)可知,如果改变方差的预设值,将得到不同的最优解。投资组合的有效解是指要想获得比该组合更高的期望收益,就必须接受更大的方差。所有的有效投资组合的均值方差构成了有效边界,有效的投资组合实际上是以下优化模型的解,该模型有两个目标:

$$\begin{cases} \max E[x_1\xi_1 + x_2\xi_2 + \cdots + x_n\xi_n] \\ \min V[x_1\xi_1 + x_2\xi_2 + \cdots + x_n\xi_n] \\ \text{s. t.:} \\ \quad x_1 + x_2 + \cdots + x_n = 1 \\ \quad x_i \geqslant 0, \quad i = 1, 2, \cdots, n \end{cases} \quad (4.2)$$

不同的投资者会根据自己的风险承受程度,即方差和期望收益之间的权衡,从有效边界中寻找最优的投资组合。

4.1.2 模型的等价形式

定理 4.1 设 ξ_i 是相互独立的,Φ_i 表示证券 i 收益的正则不确定分布,$i=1,2,\cdots,n$,则不确定均值-方差模型(4.1)可以转化为以下等价形式:

$$\begin{cases} \max \int_0^1 \sum_{i=1}^n x_i \Phi_i^{-1}(\alpha) \mathrm{d}\alpha \\ \text{s. t.:} \\ \quad \int_0^1 \Big(\sum_{i=1}^n x_i \Phi_i^{-1}(\alpha) - e\Big)^2 \mathrm{d}\alpha \leqslant a \\ \quad x_1 + x_2 + \cdots + x_n = 1 \\ \quad x_i \geqslant 0, \quad i = 1, 2, \cdots, n \end{cases} \quad (4.3)$$

其中,

$$e = \int_0^1 \sum_{i=1}^n x_i \Phi_i^{-1}(\alpha) \mathrm{d}\alpha$$

证明:令 Ψ 表示 $\sum_{i=1}^n x_i \xi_i$ 的不确定分布,由于 $\xi_1, \xi_2, \cdots, \xi_n$ 是相互独立的且具有正则不确定分布,$\sum_{i=1}^n x_i \xi_i$ 关于 $\xi_1, \xi_2, \cdots, \xi_n$ 是严格递增的,故根据运算法则(2.22),$\sum_{i=1}^n x_i \xi_i$ 的逆不确定分布是

$$\Psi^{-1}(\alpha) = \sum_{i=1}^n x_i \Phi_i^{-1}(\alpha)$$

那么,根据定理 2.26 可得

$$E\Big[\sum_{i=1}^n x_i \xi_i\Big] = \int_0^1 \Psi^{-1}(\alpha) \mathrm{d}\alpha = \int_0^1 \sum_{i=1}^n x_i \Phi_i^{-1}(\alpha) \mathrm{d}\alpha$$

根据不确定变量的方差定理 2.31,可得

$$V\left[\sum_{i=1}^{n} x_i \xi_i\right] = \int_0^1 (\Psi^{-1}(\alpha) - E\left[\sum_{i=1}^{n} x_i \xi_i\right])^2 d\alpha = \int_0^1 (\Psi^{-1}(\alpha) - e)^2 d\alpha$$

其中,

$$e = E\left[\sum_{i=1}^{n} x_i \xi_i\right] = \int_0^1 \sum_{i=1}^{n} x_i \Phi_i^{-1}(\alpha) d\alpha$$

定理得证。

注 4.1 当证券收益不是相互独立时,可以用因子法表示证券收益。如果所有因子相互独立,而证券收益又可以表示为这些因子的函数,如线性函数,那么组合的收益就是相互独立的变量间的运算。例如,设 $\eta_j, j=1,2,\cdots,m$ 表示第 j 个因子,当确定了 $\xi_i = c_{i1}\eta_1 + c_{i2}\eta_2 + \cdots + c_{im}\eta_m$,其中,$c_{ik}$ 是证券 i 对应因子 η_k 的系数。由于 $\eta_j, j=1,2,\cdots,m$ 是独立的不确定变量,所以 $\xi_i, i=1,2,\cdots,n$ 是相互独立的。实际上,在随机投资组合选择中,人们也使用因子法将相关证券收益转化为相互独立的收益。在后面的章节中,都假设证券收益是相互独立的。

当证券收益的不确定分布 $\Phi_i, i=1,2,\cdots,n$ 对称时,$\sum_{i=1}^{n} x_i \xi_i$ 的不确定分布也是对称的。根据定理 2.27,可得

$$E\left[\sum_{i=1}^{n} x_i \xi_i\right] = \Psi^{-1}(0.5) = \sum_{i=1}^{n} x_i \Phi_i^{-1}(0.5)$$

因此,有以下定理。

定理 4.2 设 Φ_i 分别表示第 i 只证券收益 ξ_i 的对称正则不确定分布,则不确定均值-方差模型(4.1)可转换为如下等价形式:

$$\begin{cases} \max \sum_{i=1}^{n} x_i \Phi_i^{-1}(0.5) \\ \text{s. t.:} \\ \quad \int_0^1 \left(\sum_{i=1}^{n} x_i \Phi_i^{-1}(\alpha) - \sum_{i=1}^{n} x_i \Phi_i^{-1}(0.5)\right)^2 d\alpha \leqslant a \\ \quad x_1 + x_2 + \cdots + x_n = 1 \\ \quad x_i \geqslant 0, \quad i = 1, 2, \cdots, n \end{cases} \quad (4.4)$$

定理 4.3 设证券收益是相互独立的正态不确定变量 $\xi_i \sim \mathcal{N}(e_i, \sigma_i), i=1,2,\cdots,n$,则不确定均值-方差模型(4.1)可转化为以下形式:

$$\begin{cases} \max e_1 x_1 + e_2 x_2 + \cdots + e_n x_n \\ \text{s. t.:} \\ \quad \sigma_1 x_1 + \sigma_2 x_2 + \cdots + \sigma_n x_n \leqslant \sqrt{a} \\ \quad x_1 + x_2 + \cdots + x_n = 1 \\ \quad x_i \geqslant 0, \quad i = 1, 2, \cdots, n \end{cases} \quad (4.5)$$

证明:因为证券收益是相互独立的正态不确定变量 $\xi_i \sim \mathcal{N}(e_i, \sigma_i)$,且 $x_i \geqslant 0, i=1, 2, \cdots, n$,根据定理 2.16,正态不确定变量的加权和仍然是正态不确定变量,即

$$\sum_{i=1}^{n} x_i \xi_i \sim \mathcal{N}\left(\sum_{i=1}^{n} x_i e_i, \sum_{i=1}^{n} x_i \sigma_i\right)$$

由于对于正态不确定变量 $\xi \sim \mathcal{N}(e,\sigma)$，有 $E[\xi]=e$ 且 $V[\xi]=\sigma^2$。定理得证。

定理 4.4 设证券收益是相互独立的线性不确定变量 $\xi_i \sim \mathcal{L}(a_i,b_i)$，$i=1,2,\cdots,n$，则不确定均值-方差模型(4.1)等价于以下模型：

$$\begin{cases} \max(a_1+b_1)x_1+(a_2+b_2)x_2+\cdots+(a_n+b_n)x_n \\ \text{s. t.:} \\ \quad (b_1-a_1)x_1+(b_2-a_2)x_2+\cdots+(b_n-a_n)x_n \leqslant \sqrt{12a} \\ \quad x_1+x_2+\cdots+x_n=1 \\ \quad x_i \geqslant 0, \quad i=1,2,\cdots,n \end{cases} \quad (4.6)$$

最优投资组合 $(x_1^*,x_2^*,\cdots,x_n^*)$ 的期望收益是

$$\frac{1}{2}(a_1+b_1)x_1^* + \frac{1}{2}(a_2+b_2)x_2^* + \cdots + \frac{1}{2}(a_n+b_n)x_n^*$$

证明：当证券收益是相互独立的线性不确定变量 $\mathcal{L}(a_i,b_i)$，$i=1,2,\cdots,n$，根据定理 2.14，线性不确定变量的加权和也是线性不确定变量，即

$$\sum_{i=1}^n x_i \xi_i \sim \mathcal{L}\left(\sum_{i=1}^n x_i a_i, \sum_{i=1}^n x_i b_i\right)$$

由于对于线性不确定变量 $\xi \sim L(a,b)$，有 $E[\xi]=(a+b)/2$ 和 $V[\xi]=(b-a)^2/12$，模型(4.1)可以进一步转化为以下形式：

$$\begin{cases} \max \dfrac{1}{2}(a_1+b_1)x_1+\dfrac{1}{2}(a_2+b_2)x_2+\cdots+\dfrac{1}{2}(a_n+b_n)x_n \\ \text{s. t.:} \\ \quad (b_1-a_1)x_1+(b_2-a_2)x_2+\cdots+(b_n-a_n)x_n \leqslant \sqrt{12a} \\ \quad x_1+x_2+\cdots+x_n=1 \\ \quad x_i \geqslant 0, \quad i=1,2,\cdots,n \end{cases} \quad (4.7)$$

易得模型(4.7)等价于

$$\begin{cases} \max(a_1+b_1)x_1+(a_2+b_2)x_2+\cdots+(a_n+b_n)x_n \\ \text{s. t.:} \\ \quad (b_1-a_1)x_1+(b_2-a_2)x_2+\cdots+(b_n-a_n)x_n \leqslant \sqrt{12a} \\ \quad x_1+x_2+\cdots+x_n=1 \\ \quad x_i \geqslant 0, \quad i=1,2,\cdots,n \end{cases} \quad (4.8)$$

最优投资组合 $(x_1^*,x_2^*,\cdots,x_n^*)$ 的期望收益是

$$\frac{1}{2}(a_1+b_1)x_1^* + \frac{1}{2}(a_2+b_2)x_2^* + \cdots + \frac{1}{2}(a_n+b_n)x_n^*$$

定理得证。

4.1.3 混合智能算法

当所有的证券收益都是正态不确定变量或线性不确定变量时，可以根据定理 4.3 或定理 4.4 来求解模型。然而，在一般情况下，当证券收益具有不同类型的不确定分布时，模型

(4.3)可能是复杂的非线性规划模型,难以用传统方法求解。本节介绍一种混合智能算法,该算法采用99-方法计算投资组合收益的期望值和方差,然后将计算结果整合到遗传算法(GA)中寻找最优解。下面首先介绍投资组合收益的期望值和方差的计算方法,然后用遗传算法来寻找最优解。

计算投资组合收益期望值的 99-方法

由模型(4.3)可得

$$E\left[\sum_{i=1}^{n} x_i \xi_i\right] = \int_0^1 \sum_{i=1}^{n} x_i \Phi_i^{-1}(\alpha) \mathrm{d}\alpha$$

因此,设计计算投资组合收益期望值

$$E\left[\sum_{i=1}^{n} x_i \xi_i\right]$$

的 99-方法如下:

步骤 1. 设置 $e=0$;

步骤 2. 设置 $j=1$;

步骤 3. 设置 $y_j = \sum_{i=1}^{n} x_i \Phi_i^{-1}(0.01j)$;

步骤 4. 设置 $e=e+y_j$;

步骤 5. 如果 $j<99$,让 $j=j+1$,返回步骤 3;

步骤 6. 返回 $e=e/99$。

注 4.2 根据精度要求,99-方法可为 999-方法或更精确的方法。

注 4.3 当所有的证券收益都对称分布时,根据定理 4.2,通过公式

$$E\left[\sum_{i=1}^{n} x_i \xi_i\right] = \sum_{i=1}^{n} x_i \Phi_i^{-1}(0.5)$$

可以得到投资组合的期望值。

计算投资组合收益方差的 99-方法

根据模型(4.3),可得

$$V\left[\sum_{i=1}^{n} x_i \xi_i\right] = \int_0^1 \left(\sum_{i=1}^{n} x_i \Phi_i^{-1}(\alpha) - e\right)^2 \mathrm{d}\alpha$$

其中,

$$e = \int_0^1 \sum_{i=1}^{n} x_i \Phi_i^{-1}(\alpha) \mathrm{d}\alpha$$

因此,设计计算投资组合收益方差

$$V\left[\sum_{i=1}^{n} x_i \xi_i\right]$$

的 99-方法如下:

步骤 1. 用上面介绍的计算投资组合收益期望值的 99-方法得到期望值 e;

步骤 2. 设置 $v=0$；

步骤 3. 设置 $j=1$；

步骤 4. $y_j = \left(\sum_{i=1}^{n} x_i \Phi_i^{-1}(0.01j) - e \right)^2$;

步骤 5. $v = v + y_j$；

步骤 6. 如果 $j < 99$，让 $j = j+1$，返回步骤 4；

步骤 7. 返回 $v = v/99$。

注 4.4 根据精度要求，99-方法可为 999-方法或更精确的方法。

遗传算法

遗传算法最先由 John H. Holland[33]提出，它是一种基于"优胜劣汰"自然法则来寻找最优解的随机搜索方法。GA 自提出以来，成功解决了许多用传统方法难以解决的复杂的工程优化问题。通过群搜索和群交换，GA 具有很好的鲁棒性，可以避免局部最优。此外，使用 GA 不需要对优化问题进行深入的数学分析，这为那些不擅长数学的使用者提供了便利。

在 GA 中，有一个重要的术语叫染色体，它在算法中的作用就像生物遗传中染色体的作用。染色体通常是一个数组，是问题的解的代码，它可以是解本身，也可以不是解本身，而是解的编码，但必须能够解码为解。在遗传算法中，首先要产生一定数目的染色体，这些初始产生的染色体组成一个种群，种群中染色体的数目称为种群数量，或简称为 pop_size。一般 GA 有五个基本组成：第一，染色体；第二，产生初始染色体种群的方法；第三，评价染色体适应度的评价函数，染色体的适应度是染色体对环境的适应程度，也就是染色体的优劣程度，适应度越高的染色体越优秀；第四，在繁殖过程中改变染色体遗传组成的交叉和变异操作；第五，GA 的参数值。

GA 从随机生成可行种群数量的染色体开始，其生成过程称为初始化。然后利用评价函数对各染色体的适应度进行评价。根据染色体的适应度，通过选择过程形成新的种群，在选择过程中，适应度越高的染色体被选中的机会越大，选择过程的目的是从当前染色体中选出优良的染色体进入新的种群。接下来，新的染色体群经过交叉和变异过程产生后代。交叉是通过结合两条染色体的信息来创造一条新的染色体。变异是通过改变一条染色体来创造一个新的染色体。在交叉和变异之后，种群成为新的一代。新一轮的选择、交叉和变异将继续进行，直到算法收敛到最优染色体或满足给定的循环次数。此时，取最优染色体并将其解码为解，该解被认为是优化问题的最优解。

设 $B(i)$ 表示第 i 代的染色体种群，$C(i)$ 表示第 i 代产生的后代。GA 的一般程序如下。

遗传算法的一般程序：

```
begin
    i ← 0;
    initialize B(i);
    evaluate B(i);
    while (termination condition not satisfied) do
    begin
        crossover and mutate B(i) to produce C(i);
        evaluate C(i);
```

```
            select B(i + 1) from B(i) and C(i);
            i←i + 1;
    end
end
```

本书不详细介绍所有的遗传算法,而是以求解一般情况下的不确定均值-方差模型(4.3)为例,介绍一种有效的遗传算法。该算法还可用于求解其他复杂的不确定投资组合选择模型。

(1) 表示结构:由于解 x_i 满足 $0 \leqslant x_i \leqslant 1, i=1,2,\cdots,n$,故解 $x=(x_1,x_2,\cdots,x_n)$ 可由染色体 $C=(c_1,c_2,\cdots,c_n)$ 表示,其中基因 $c_1,c_2,\cdots,c_n$ 限制在区间 $[0,1]$ 内。由于要求 $x_1+x_2+\cdots+x_n=1$,解与染色体的匹配方式如下:

$$x_i = \frac{c_i}{c_1+c_2+\cdots+c_n}, \quad i=1,2,\cdots,n \tag{4.9}$$

这使得约束条件 $x_1+x_2+\cdots+x_n=1$ 始终成立。

(2) 初始化:在此过程中,从区间 $[0,1]$ 中随机生成染色体,并检验其可行性,重复此操作,直到产生达到种群数量的可行的染色体,详情如下。

首先,从集合 $[0,1]^n$ 中随机抽取一组向量 $(c_1,c_2,\cdots,c_n)$,然后用式(4.9)将染色体解码到解中,用前面介绍的99-方法计算投资组合的方差。之后,检查染色体的可行性。如果染色体通过约束,则为可行染色体。否则,再从集合 $[0,1]^n$ 中随机抽取一组向量 $(c_1,c_2,\cdots,c_n)$,直到找到可行的染色体为止。重复此操作,直到产生的可行的染色体数目达到种群数量。

对于模型(4.3),用如下方式进行可行性检验:

如果 $\int_0^1 \Big(\sum_{i=1}^n x_i \Phi_i^{-1}(\alpha) - \int_0^1 \sum_{i=1}^n x_i \Phi_i^{-1}(\alpha) \mathrm{d}\alpha\Big)^2 \mathrm{d}\alpha > a$,则返回 0;

否则,返回 1。

其中,1代表可行,0代表不可行。

(3) 评价函数:评价函数用 Eval(C) 表示,通过评价函数给每个染色体 C 赋一个繁殖概率,使其被选中去繁殖后代的机会与它的适应度大小成正比。

评价函数有多种,在本算法中采用的是基于序的评价函数,也是最常用的评价函数之一。在该方法中,按照染色体对应解的目标函数值的好坏对染色体重新排序,一个染色体越好,其序号越小。如果模型是最大化目标函数值,则目标函数值越大,染色体越好,其序号越小;如果模型是最小化目标函数值,则目标函数值越小,染色体越好,其序号越小。重新排序后,在染色体的种群 $C_1,C_2,\cdots,C_{\text{pop\_size}}$ 中,C_1 为最佳染色体,$C_{\text{pop\_size}}$ 为最差染色体。对于模型(4.3),在计算不确定投资组合收益的期望值时,利用式(4.9)将染色体解码为解,必要时利用上文介绍的99-方法计算投资组合的期望值。很明显,在模型(4.3)中,对于任意两条染色体,期望收益较高的染色体是更好的染色体,其序号也更小。因此,在模型(4.3)中,期望收益最高的染色体,其序号为1,期望收益最低的染色体,其序号为 pop_size。

在遗传算法中需要给出一个参数 $\nu \in (0,1)$,算法中使用如下的基于序的评价函数:

$$\text{Eval}(C_i) = \nu(1-\nu)^{i-1}, \quad i=1,2,\cdots,\text{pop\_size} \tag{4.10}$$

请注意,$i=1$ 对应最佳染色体,$i=\text{pop\_size}$ 对应最差的染色体。

(4) 选择过程:染色体的选择是通过轮盘赌来完成的,这样更好的染色体就有更多的机会产生后代。选择过程如下。

第一,计算每条染色体 C_i 的累积概率 p_i

$$p_0 = 0, \quad p_i = \sum_{k=1}^{i} \text{Eval}(C_k), \quad k = 1, \cdots, \text{pop\_size} \tag{4.11}$$

在此,可以将所有 $p_k, k = 1, 2, \cdots, \text{pop\_size}$ 除以 $p_{\text{pop\_size}}$,使得 $p_{\text{pop\_size}} = 1$。然后,在区间 $(0, p_{\text{pop\_size}}]$ 内随机生成一个实数 m,该实数 m 落在区间 $(p_{k-1}, p_k]$ 内的概率即为第 k 条染色体被选中的概率,概率与染色体的适应度成正比。但是,如果不将所有 $p_k, k = 1, 2, \cdots, \text{pop\_size}$ 除以 $p_{\text{pop\_size}}$,对遗传过程也没有影响。

第二,从 $(0, p_{\text{pop\_size}}]$ 中随机生成一个实数 r。

第三,选择满足 $p_{i-1} < r \leqslant p_i$ 的第 i 条染色体 $C_i (1 \leqslant i \leqslant \text{pop\_size})$。

第四,重复第二步到第三步 pop_size 次,选出 pop_size 数目的染色体。

(5) 交叉操作:首先需要设定交叉概率 P_c 这一参数值,这个概率值表明种群中有期望值为 $P_c \cdot \text{pop\_size}$ 个数目的染色体进行交叉操作。

交叉操作的母代成员通过重复以下过程来获得:对于 $i, i = 1, 2, \cdots, \text{pop\_size}$,从区间 $[0,1]$ 中随机生成一个实数 r;如果 $r < P_c$,取对应的染色体 C_i 为母代成员。

用 $C_1', C_2', C_3', \cdots$ 表示所选出的母代,随机将它们分成以下几对:$(C_1', C_2'), (C_3', C_4'), (C_5', C_6'), \cdots$,如果选出的母代成员数目是奇数个,可以随机弃掉一个母代成员。下面我们以一对母代成员 (C_1', C_2') 的交叉操作为例来介绍对每对母代成员的交叉操作。首先,从开区间 $(0,1)$ 中生成一个随机数 r,然后通过交叉算子 $X = r \cdot C_1' + (1-r) \cdot C_2'$,$Y = (1-r) \cdot C_1' + r \cdot C_2'$ 得到两条新的染色体 X 和 Y。使用式(4.9)将染色体 X 和 Y 解码为解,然后检验两条染色体 X 和 Y 的可行性。如果 X 和 Y 可行,就把它们当作后代,用其代替它们的双亲;如果只有一条染色体可行,用这条可行的染色体代替其中一个母代,然后重新生成随机数 r 来重做交叉操作,直到获得两个可行后代。在某些特殊情况下,多次循环也无法获得可行的子代,则在完成给定的循环次数后终止交叉操作。无论如何,只用可行的后代替换母代。

(6) 变异操作:首先需要设定遗传系统的变异概率 P_m 这一参数值,这个概率值表明种群中有期望值为 $P_m \cdot \text{pop\_size}$ 个数目的染色体进行变异操作。

以类似交叉操作的方式,重复以下过程来选择进行变异的母代成员:对于 $i, i = 1, 2, \cdots, \text{pop\_size}$,从区间 $[0,1]$ 中随机生成一个实数 r;如果 $r < P_m$,将对应的染色体 C_i 作为变异的母代成员。

下面以 $C = (c_1, c_2, \cdots, c_n)$ 的变异为例来介绍对每个选定的母代的变异操作。随机在 $\mathfrak{R}^n$ 中选择一个变异方向 D,设 M 是一个适当大的正数,如果 $C + M \cdot D$ 是可行的,将新染色体替换母代作为子染色体。否则,将 M 设置为 0 和 M 之间的一个随机数,重复变异操作,直到新的染色体可行为止。如果在预定的迭代次数中找不到可行解,设置 $M = 0$。不管怎样,用变异后可行的染色体 $X = C + M \cdot D$ 替代母代 C 成为子代。

算法程序描述如下:

```
Begin
// Initialization
For i = 1 to pop_size do
    Randomly generate C = (c₁, c₂, ⋯, cₙ) from (0,1);
```

Let $x_i = \dfrac{c_i}{c_1 + c_2 + \cdots + c_n}$;
Use the 99 – Method to calculate the variance of the chromosome;
Do feasibility checking. If pass, go to the next step; otherwise, go back to random generation of C from $(0,1)$;
End for
// Evaluation
Use the 99 – Method to calculate the objective values of the chromosomes;
Rearrange the chromosomes to let the better chromosome take the smaller order;
While (maximum iteration number not being reached) do
    // Selection
    Calculate the value of evaluation function (4.10) for each chromosome;
    Use the formula (4.11) to calculate the selection probability for each chromosome;
    For i = 1 **to** pop_size **do**
        Randomly generate a number r from $(0, p_{pop\_size}]$ and select the chromosome C_i with the order i which lets $p_{i-1} < r \leqslant p_i$ hold to go into the next step;
    End for
    // Crossover
    // Selecting parents for crossover
    For i = 1 **to** pop_size **do**
        Randomly generate a number r from $(0,1)$. If at the i – th time generation, the generated r satisfies $r \leqslant p_c$, take the chromosome C_i with the order i as the parents for crossover;
    End for
    //Crossover process
    For each pair of parents C_1' and C_2', randomly generate a number r from $(0,1)$ and let $X = r \cdot C_1' + (1-r) \cdot C_2'$, $Y = (1-r) \cdot C_1' + r \cdot C_2'$;
    Let $x_i = \dfrac{c_i}{c_1 + c_2 + \cdots + c_n}$;
    Use the 99 – Method to calculate variance of the portfolio;
    Do feasibility checking. Take the chromosome as the child if the chromosome passes the feasibility checking and replace the parent by the child;
    Otherwise, keep the parent chromosome;
    // Mutation
    //Selecting parents for mutation
    For i = 1 to pop_size do
        Randomly generate a number r from $(0,1)$. If at the i – th time generation, the generated r satisfies $r \leqslant p_m$, take the chromosome C_i with the order i as the parents for mutation;
    End for
    //Mutation process
    For each parent C, randomly generate a direction D from $(-1,1)$ and randomly generate a step size M from $(0,1)$;
    Let $C' = C + M \cdot D$;
    Let $x_i = \dfrac{c_i}{c_1 + c_2 + \cdots + c_n}$;
    Use the 99 – Method to calculate the variance.
    Do feasibility checking. Take the chromosome that passes the feasibility checking as the child and replace the parent by the child; otherwise, keep the parent;
    // Evaluation
        Do evaluation process as mentioned afore;
End while
Take the best chromosome as the solution;
End

4.1.4 数值算例

假设投资者想从 10 只证券中选择投资组合,通过对 3.1 节介绍的领域专家进行问卷调查,投资者得到了专家对 10 只证券收益的估计。利用 3.2 节介绍的方法,得到了 10 只证券收益的不确定分布,并在表 4.1 中给出。假设投资者采用均值-方差选择准则,希望在最大可容忍方差 0.025 6 下追求最大预期收益,则可以建立如下不确定均值-方差选择模型:

$$\begin{cases} \max E[x_1\xi_1 + x_2\xi_2 + \cdots + x_{10}\xi_{10}] \\ \text{s. t.:} \\ \quad V[x_1\xi_1 + x_2\xi_2 + \cdots + x_{10}\xi_{10}] \leqslant 0.025\,6 \\ \quad x_1 + x_2 + \cdots + x_{10} = 1 \\ \quad x_i \geqslant 0, \quad i = 1, 2, \cdots, 10 \end{cases} \quad (4.12)$$

表 4.1　10 只证券的不确定收益率

证券 i	$\xi_i = \mathcal{L}(a_i, b_i)$	证券 i	$\xi_i \sim \mathcal{N}(e_i, \sigma_i)$
1	$\mathcal{L}(-0.1, 0.2)$	6	$\mathcal{N}(0.06, 0.1)$
2	$\mathcal{L}(-0.12, 0.26)$	7	$\mathcal{N}(0.09, 0.14)$
3	$\mathcal{L}(-0.2, 0.38)$	8	$\mathcal{N}(0.05, 0.08)$
4	$\mathcal{L}(-0.11, 0.23)$	9	$\mathcal{N}(0.08, 0.12)$
5	$\mathcal{L}(-0.08, 0.18)$	10	$\mathcal{N}(0.1, 0.18)$

由于所有的证券收益都是对称分布的,根据定理 4.2,将模型(4.12)转化为如下形式:

$$\begin{cases} \max 0.05x_1 + 0.07x_2 + 0.09x_3 + 0.06x_4 + 0.05x_5 + 0.06x_6 + \\ \quad 0.09x_7 + 0.05x_8 + 0.08x_9 + 0.1x_{10} \\ \text{s. t.:} \\ \quad \int_0^1 \Big(\sum_{i=1}^{10} x_i \Phi_i^{-1}(\alpha) - (0.05x_1 + 0.07x_2 + 0.09x_3 + 0.06x_4 + \\ \quad 0.05x_5 + 0.06x_6 + 0.09x_7 + 0.05x_8 + 0.08x_9 + 0.1x_{10}) \Big)^2 \mathrm{d}\alpha \leqslant 0.025\,6 \\ \quad x_1 + x_2 + \cdots + x_{10} = 1 \\ \quad x_i \geqslant 0, \quad i = 1, 2, \cdots, 10 \end{cases}$$

采用 99-方法计算投资组合的方差值,并将计算结果集成到遗传算法中。当使用 99-方法计算方差时,α 值每次增加 0.000 1。对 10 000 代的 GA($P_m = 0.2, P_c = 0.3$, pop_size = 30, $\nu = 0.05$)的运行表明,在方差不大于 0.025 6 的约束下,为了追求最大的期望收益,投资者应该按照表 4.2 进行资金配置,最大的期望收益为 0.095。

表 4.2　模型(4.12)中 10 只证券的最优资金分配

证券 i	1	2	3	4	5
资金分配/%	0.00	0.00	0.00	0.00	0.00
证券 i	6	7	8	9	10
资金分配/%	0.00	49.91	0.00	0.00	50.09

4.2 不确定均值-半方差模型

4.2.1 均值-半方差模型

当减小方差时,低于期望收益的偏差和高于期望收益的偏差都减小。因此,当证券收益分布不对称时,方差不是一个很好的风险度量,因为减小方差可能会减少比期望收益更高的收益,而这是投资者所欢迎的。为了测量低于期望收益的偏差,黄晓霞[16]提出用半方差作为替代的风险度量。它遵循的理念是,考虑风险时只考虑低于期望收益的偏差,比期望收益低的收益的期望值才是风险。用半方差代替方差,我们就得到如下的不确定均值-半方差模型[16]:

$$\begin{cases} \max E[x_1\xi_1 + x_2\xi_2 + \cdots + x_n\xi_n] \\ \text{s. t.:} \\ \quad SV[x_1\xi_1 + x_2\xi_2 + \cdots + x_n\xi_n] \leqslant c \\ \quad x_1 + x_2 + \cdots + x_n = 1 \\ \quad x_i \geqslant 0, \quad i = 1, 2, \cdots, n \end{cases} \quad (4.13)$$

其中,SV 为不确定变量的半方差;c 为投资者可容忍的最大风险水平。

4.2.2 模型的等价形式

定理 4.5 设 $\xi_i, i=1,2,\cdots,n$ 是相互独立的,$\Phi_i, i=1,2,\cdots,n$ 表示证券收益 ξ_i 的正则不确定分布,那么,均值-半方差模型(4.13)可以转化为如下等价形式:

$$\begin{cases} \max \int_0^1 \sum_{i=1}^n x_i \Phi_i^{-1}(\alpha) \mathrm{d}\alpha \\ \text{s. t.:} \\ \quad \int_0^\beta \left(\sum_{i=1}^n x_i \Phi_i^{-1}(\alpha) - \int_0^1 \sum_{i=1}^n x_i \Phi_i^{-1}(\alpha) \mathrm{d}\alpha \right)^2 \mathrm{d}\alpha \leqslant c \\ \quad \sum_{i=1}^n x_i \Phi_i^{-1}(\beta) = \int_0^1 \sum_{i=1}^n x_i \Phi_i^{-1}(\alpha) \mathrm{d}\alpha \\ \quad x_1 + x_2 + \cdots + x_n = 1 \\ \quad x_i \geqslant 0, \quad i = 1, 2, \cdots, n \end{cases} \quad (4.14)$$

证明:假定 Ψ 表示下式的不确定分布:

$$\sum_{i=1}^n x_i \xi_i$$

由于 x_i 是非负数,则

$$\sum_{i=1}^n x_i \xi_i$$

关于 ξ_i 是严格递增的。根据运算法则(2.22),有

$$\Psi^{-1}(\alpha) = \sum_{i=1}^{n} x_i \Phi_i^{-1}(\alpha), \quad \alpha \in (0,1)$$

根据定理 2.26，有

$$E\left[\sum_{i=1}^{n} x_i \xi_i\right] = \int_0^1 \Psi^{-1}(\alpha)\mathrm{d}\alpha = \int_0^1 \sum_{i=1}^{n} x_i \Phi_i^{-1}(\alpha)\mathrm{d}\alpha$$

根据不确定变量的半方差定理 2.34，有

$$\mathrm{SV}\left[\sum_{i=1}^{n} x_i \xi_i\right] = \int_0^\beta \left(\Psi^{-1}(\alpha) - E\left[\sum_{i=1}^{n} x_i \xi_i\right]\right)^2 \mathrm{d}\alpha$$

$$= \int_0^\beta \left(\sum_{i=1}^{n} x_i \Phi_i^{-1}(\alpha) - e\right)^2 \mathrm{d}\alpha$$

其中，

$$e = \int_0^1 \sum_{i=1}^{n} x_i \Phi_i^{-1}(\alpha)\mathrm{d}\alpha$$

且 β 由下式得到：

$$\Psi^{-1}(\beta) = \sum_{i=1}^{n} x_i \Phi_i^{-1}(\beta) = E\left[\sum_{i=1}^{n} x_i \xi_i\right] = \int_0^1 \sum_{i=1}^{n} x_i \Phi_i^{-1}(\alpha)\mathrm{d}\alpha$$

因此，定理得证。

4.2.3 均值-方差模型和均值-半方差模型的比较

定理 4.6 设证券收益 $\xi_i, i = 1, 2, \cdots, n$ 都是对称分布的，当 $a = 2c$ 时，不确定均值-方差模型(4.1)和不确定均值-半方差模型(4.13)是等价的。

证明：设 Φ 表示下式的不确定分布：

$$\xi = \sum_{i=1}^{n} x_i \xi_i$$

根据定理 2.31，有

$$V[\xi] = \int_0^1 (\Phi^{-1}(\alpha) - E[\xi])^2 \mathrm{d}\alpha$$

$$= \int_0^{0.5} (\Phi^{-1}(\alpha) - E[\xi])^2 \mathrm{d}\alpha + \int_{0.5}^1 (\Phi^{-1}(\alpha) - E[\xi])^2 \mathrm{d}\alpha \quad (4.15)$$

由于 $\xi_i, i = 1, 2, \cdots, n$ 都是对称分布的，所以 ξ 也是对称分布，那么，

$$\int_0^{0.5} (\Phi^{-1}(\alpha) - E[\xi])^2 \mathrm{d}\alpha = \int_{0.5}^1 (\Phi^{-1}(\alpha) - E[\xi])^2 \mathrm{d}\alpha \quad (4.16)$$

根据定理 2.27，可知

$$\Phi(E[\xi]) = 0.5 \quad (4.17)$$

那么，根据式(4.15)、式(4.16)和式(4.17)，有

$$V[\xi] = 2\int_0^{0.5} (\Phi^{-1}(\alpha) - E[\xi])^2 \mathrm{d}\alpha$$

$$= 2\int_0^{\Phi(E[\xi])} (\Phi^{-1}(\alpha) - E[\xi])^2 \mathrm{d}\alpha$$

根据定理 2.34，有

$$\int_0^{\Phi(E[\xi])} (\Phi^{-1}(\alpha) - E[\xi])^2 \mathrm{d}\alpha = \mathrm{SV}[\xi]$$

即

$$V[\xi] = 2\mathrm{SV}[\xi]$$

因此,当 $a = 2c$ 时,模型(4.1)等价于模型(4.13)。定理得证。

注 4.5 如果证券收益 $\xi_i, i = 1, 2, \cdots, n$ 都是非对称分布的,即使 $a = 2c$,不确定均值-方差模型(4.1)和不确定均值-半方差模型(4.13)通常也会产生不同的最优解。

令 $\boldsymbol{X} = (x_1, x_2, \cdots, x_n)$ 表示投资组合,Φ 表示投资组合收益 $\xi = \sum_{i=1}^{n} x_i \xi_i$ 的不确定分布。根据定理 2.31,有

$$\begin{aligned} V[\xi] &= \int_0^1 (\Phi^{-1}(\alpha) - E[\xi])^2 \mathrm{d}\alpha \\ &= \int_0^\beta (\Phi^{-1}(\alpha) - E[\xi])^2 \mathrm{d}\alpha + \int_\beta^1 (\Phi^{-1}(\alpha) - E[\xi])^2 \mathrm{d}\alpha \end{aligned}$$

其中,$\Phi^{-1}(\beta) = E[\xi]$。

由于所有的证券收益是非对称分布的,一般来说,Φ 是不对称的,则

$$\int_0^\beta (\Phi^{-1}(\alpha) - E[\xi])^2 \mathrm{d}\alpha \neq \int_\beta^1 (\Phi^{-1}(\alpha) - E[\xi])^2 \mathrm{d}\alpha \tag{4.18}$$

(Ⅰ) 假设

$$\int_0^\beta (\Phi^{-1}(\alpha) - E[\xi])^2 \mathrm{d}\alpha > \int_\beta^1 (\Phi^{-1}(\alpha) - E[\xi])^2 \mathrm{d}\alpha \tag{4.19}$$

如果 $\boldsymbol{X}$ 是不确定均值-方差模型(4.1)的最优解,且满足

$$\int_0^\beta (\Phi^{-1}(\alpha) - E[\xi])^2 \mathrm{d}\alpha + \int_\beta^1 (\Phi^{-1}(\alpha) - E[\xi])^2 \mathrm{d}\alpha = a$$

由式(4.19)得

$$2\int_0^\beta (\Phi^{-1}(\alpha) - E[\xi])^2 \mathrm{d}\alpha > a$$

根据定理 2.34,

$$\mathrm{SV}[\xi] = \int_0^\beta (\Phi^{-1}(\alpha) - E[\xi])^2 \mathrm{d}\alpha$$

因此,

$$\mathrm{SV}[\xi] > a/2 = c$$

那么,$\boldsymbol{X}$ 不是不确定均值-半方差模型(4.13)的可行解。

(Ⅱ) 假设

$$\int_0^\beta (\Phi^{-1}(\alpha) - E[\xi])^2 \mathrm{d}\alpha < \int_\beta^1 (\Phi^{-1}(\alpha) - E[\xi])^2 \mathrm{d}\alpha \tag{4.20}$$

由定理 2.34 可知:

$$\mathrm{SV}[\xi] = \int_0^\beta (\Phi^{-1}(\alpha) - E[\xi])^2 \mathrm{d}\alpha$$

如果 $\boldsymbol{X}$ 是不确定均值-半方差模型(4.13)的最优解,且满足

$$\int_0^\beta (\Phi^{-1}(\alpha) - E[\xi])^2 \mathrm{d}\alpha = c$$

由式(4.20)得

$$\int_0^\beta (\Phi^{-1}(\alpha) - E[\xi])^2 d\alpha + \int_\beta^1 (\Phi^{-1}(\alpha) - E[\xi])^2 d\alpha > 2\int_0^\beta (\Phi^{-1}(\alpha) - E[\xi])^2 d\alpha = 2c = a$$

即

$$V[\xi] > a$$

那么 X 不是不确定均值-方差模型(4.1)的可行解。因此,不确定均值-方差模型(4.1)的最优解通常不是不确定均值-半方差模型(4.13)的最优解;反之亦然。

由定理4.6可知,当证券收益的分布都是对称的且 $a = 2c$ 时,不确定均值-方差模型(4.1)和不确定均值-半方差模型(4.13)产生相同的最优解,这意味着不确定均值-半方差模型(4.13)在这种情况下是不确定均值-方差模型(4.1)的完美替代品。然而,当投资组合收益的分布是不对称的,由以上分析可知,即使 $a = 2c$,不确定均值-方差模型(4.1)和不确定均值-半方差模型(4.13)通常也会产生不同的解。由于只有投资组合收益低于预期收益的偏差才是投资者不喜欢的,而高于预期收益的偏差是投资者喜欢的,在投资组合收益不对称时,不确定均值-半方差模型(4.13)在寻找最优投资组合时比不确定均值-方差模型(4.1)更合理,因此,不确定均值-半方差模型(4.13)是对不确定均值-方差模型(4.1)的改进。

4.2.4 混合智能算法

4.1.3节介绍的混合智能算法可以修改为求解一般情况下的不确定均值-半方差模型(4.13)。求解均值-半方差模型(4.13)时,GA的表示结构和解的解码过程与4.1.3节相同,只是投资组合半方差的计算方法和可行性检验与4.1.3节不同。下面介绍半方差的计算方法和可行性检验,并对算法步骤进行总结。

99-方法计算投资组合收益的半方差

根据等价模型(4.14),计算投资组合收益的半方差为

$$\text{SV}\left[\sum_{i=1}^n x_i \xi_i\right] = \int_0^\beta \left(\sum_{i=1}^n x_i \Phi_i^{-1}(\alpha) - e\right)^2 d\alpha \tag{4.21}$$

其中,

$$e = \int_0^1 \sum_{i=1}^n x_i \Phi_i^{-1}(\alpha) d\alpha$$

且

$$\sum_{i=1}^n x_i \Phi_i^{-1}(\beta) = e$$

因此,半方差

$$\text{SV}\left[\sum_{i=1}^n x_i \xi_i\right]$$

可通过以下程序得到:

步骤1. 根据4.1.3节介绍的99-方法计算投资组合的期望收益值 e。

步骤2. 设置 $sv = 0$。

步骤3. 令 K 为满足

$$\sum_{i=1}^{n} x_i \Phi_i^{-1}(0.01K) \leqslant e$$

的最大的正整数。

步骤 4. 令 $y_j = \left(\sum_{i=1}^{n} x_i \Phi_i^{-1}(0.01j) - e\right)^2$。

步骤 5. 令 $sv = sv + y_j$。

步骤 6. 如果 $j < K$，令 $j = j+1$，返回步骤 4。

步骤 7. 返回 $sv = sv/99$。

注 4.6 根据精度要求，99-方法可为 999-方法或更精确的方法。

遗传算法

在得到投资组合收益的期望值和半方差后，可以将它们整合到 4.1.3 节介绍的 GA 中，以找到不确定均值-半方差模型（4.14）的最优解。在检查染色体的可行性时，如果 $\text{SV}\left[\sum_{i=1}^{n} x_i \xi_i\right] > c$，返回 0；否则，返回 1。其中，1 表示可行，0 表示不可行。投资组合收益的半方差 $\text{SV}\left[\sum_{i=1}^{n} x_i \xi_i\right]$ 是根据上面介绍的 99-方法计算的。

图 4.1 给出了混合智能算法的步骤，现总结如下。

步骤 1. 初始化种群数量的可行染色体。其方法与 4.1.3 节 GA 的初始化过程相同。在检验染色体的可行性时，使用本章介绍的 99-方法计算投资组合收益的半方差。

步骤 2. 用 4.1.3 节介绍的方法计算每个染色体的适应度。在计算期望值时，如必要可使用 99-方法。

步骤 3. 如 4.1.3 节通过轮盘赌选择染色体。

步骤 4. 通过 4.1.3 节介绍的交叉和变异操作更新染色体。在交叉和变异操作中检验可行性时，使用 99-方法计算投资组合收益的半方差。

步骤 5. 重复步骤 2 到步骤 4 的操作，直到达到预设的循环次数。

步骤 6. 以最优染色体作为投资组合选择的解。

4.2.5 数值算例

假设投资者想从 6 只证券中选择一个投资组合，经咨询领域专家，投资者得到了 6 只证券收益的分布，见表 4.3。

表 4.3 6 只证券收益的不确定分布

证券 i	不确定收益	证券 i	不确定收益
1	$\mathcal{Z}(-0.1, 0.12, 0.2)$	4	$\mathcal{N}(0.05, 0.08)$
2	$\mathcal{Z}(-0.12, 0.1, 0.18)$	5	$\mathcal{N}(0.1, 0.2)$
3	$\mathcal{Z}(-0.2, 0.16, 0.2)$	6	$\mathcal{N}(0.08, 0.12)$

由于证券收益是不对称的，投资者使用均值-半方差模型来选择投资组合。如果投资者最大的可容忍半方差为 0.012 5，并希望追求最大期望收益，投资组合选择模型如下：

$$\begin{cases} \min E[x_1\xi_1 + x_2\xi_2 + \cdots + x_6\xi_6] \\ \text{s. t.} \\ \quad \text{SV}[x_1\xi_1 + x_2\xi_2 + \cdots + x_6\xi_6] \leqslant 0.012\,5 \\ \quad x_1 + x_2 + \cdots + x_6 = 1 \\ \quad x_i \geqslant 0, \quad i = 1, 2, \cdots, 6 \end{cases} \quad (4.22)$$

在此使用混合智能算法解决这个问题,当使用99-方法计算半方差时,a值每次增加0.000 1。遗传算法中的参数设置如下:种群数量为30,交叉概率为 $P=0.3$,变异概率为 $P=0.2$,基于序的评价函数中的参数 $v=0.05$。该算法运行1 000代后的结果表明,在半方差不高于0.012 5 的约束下,为了使投资组合的期望收益最大化,投资者应根据表4.4进行投资,最大期望收益是9.4%。

表4.4 6只证券的最优资金分配

证券 i	1	2	3	4	5	6
资金比例/%	39.86	0.00	0.00	0.00	60.14	0.00

4.3 不确定均值-机会模型

在不确定均值-方差模型(4.1)中,方差被视为投资风险,在均值-半方差模型(4.13)中,半方差被视为风险。然而,方差和半方差都没有直接给出投资者可能损失多少资金,它们都是通过度量投资组合的收益偏离均值的平均水平来衡量投资的风险,因此,本书将其归为间接风险度量类型。要使用不确定的均值-方差模型(4.1)或均值-半方差模型(4.13)来选择投资组合,投资者必须首先以方差或半方差的形式给出可容忍的风险水平,通常情况下这是不容易做到的,原因有两个:首先,人们通常对能容忍多少资金损失有感觉,而对偏离均值多大程度可以容忍没有直观的感受;其次,人们对方差或半方差的容忍度与期望收益的大小直接相关。如果期望收益值较高,那么对期望收益相对较高的偏离是可以容忍的。如果期望收益值较低,只有对期望收益相对较低的偏差才可以容忍。例如,对于同一投资者,当期望收益为0.1时,方差值0.01是可以容忍的,但当期望收益为0.01时,相同的方差值0.01就不可容忍。但是当被要求给出可容忍的方差水平时,投资者不知道期望投资组合的收益是多少,因为还没有选择投资组合。由于投资者更容易判断可以容忍损失多少资金,因此常常需要给出资金损失程度信息的直接风险度量方法。2010年,黄晓霞[1]提出以投资组合收益未达到预设阈值水平的信度作为风险度量方法,之后,黄晓霞提出了另外两种直接度量投资损失的风险度量方法,即风险曲线[25]和风险指数[26]。在后面的章节中,本书将介绍这三种直接风险度量,即投资组合收益未达到预设收益水平阈值的信度、风险曲线和风险指数,并在这三种风险度量的基础上,介绍三种不同的不确定投资组合选择方法。下面先介绍不确定均值-机会模型。

4.3.1 均值-机会模型

在现实中,人们往往预先设定一个收益阈值水平,并关心投资组合收益达不到阈值水平的可能性。因此，可以用投资组合收益低于阈值收益 H 的信度作为另一种投资风险度量。然后预先设定一个可以容忍的足够小的信度水平 α_0，即投资者可以接受这个"坏"事件发生的信度，于是风险控制的要求就变为：投资组合收益未能达到阈值收益 H 的信度必须低于 α_0，当满足风险控制要求时，最优投资组合应该是期望收益最大的投资组合。下面的均值-机会模型反映了该选择思想[1]。

$$\begin{cases} \max E\left[\xi_1 x_1 + \xi_2 x_2 + \cdots + \xi_n x_n\right] \\ \text{s. t.:} \\ \quad \mathcal{M}\{\xi_1 x_1 + \xi_2 x_2 + \cdots + \xi_n x_n \leqslant H\} \leqslant \alpha_0 \\ \quad x_1 + x_2 + \cdots + x_n = 1 \\ \quad x_i \geqslant 0, \quad i = 1, 2, \cdots, n \end{cases} \quad (4.23)$$

其中，α_0 是投资者预先设定的可容忍的足够小的机会水平。

由于不确定测度具有自对偶性，风险控制约束

$$\mathcal{M}\{\xi_1 x_1 + \xi_2 x_2 + \cdots + \xi_n x_n \leqslant H\} \leqslant \alpha_0 \quad (4.24)$$

可以转化为式(4.25)：

$$\mathcal{M}\{\xi_1 x_1 + \xi_2 x_2 + \cdots + \xi_n x_n \geqslant H\} \geqslant 1 - \alpha_0 \quad (4.25)$$

则模型(4.23)等价于模型(4.26)：

$$\begin{cases} \max E\left[\xi_1 x_1 + \xi_2 x_2 + \cdots + \xi_n x_n\right] \\ \text{s. t.:} \\ \quad \mathcal{M}\{\xi_1 x_1 + \xi_2 x_2 + \cdots + \xi_n x_n \geqslant H\} \geqslant 1 - \alpha_0 \\ \quad x_1 + x_2 + \cdots + x_n = 1 \\ \quad x_i \geqslant 0, \quad i = 1, 2, \cdots, n \end{cases} \quad (4.26)$$

尽管模型(4.23)和模型(4.26)在数学上是等价的，但它们是从不同的风险控制角度出发的。模型(4.23)中的约束(4.24)从预防损失的角度出发，由于 H 是收益阈值，收益低于阈值水平是损失事件，是"坏"事件，需要谨慎对待，因此其发生的机会或者信度应该足够小。模型(4.26)中的约束(4.25)是从赚取利润的角度出发，由于 H 是收益阈值，高于阈值水平的收益是值得高度关注的盈利事件，是"好"事件，因此其发生的机会或者信度应该足够大。

4.3.2 模型的等价形式

定理 4.7 设 Φ_i 分别表示第 i 只证券收益 ξ_i，$i = 1, 2, \cdots, n$ 的独立正则不确定分布，则均值-机会模型(4.23)可以转化为如下线性模型：

$$\begin{cases} \max x_1 \int_0^1 \Phi_1^{-1}(\alpha) \mathrm{d}\alpha + x_2 \int_0^1 \Phi_2^{-1}(\alpha) \mathrm{d}\alpha + \cdots + x_n \int_0^1 \Phi_n^{-1}(\alpha) \mathrm{d}\alpha \\ \text{s. t.:} \\ \quad x_1 \Phi_1^{-1}(\alpha_0) + x_2 \Phi_2^{-1}(\alpha_0) + \cdots + x_n \Phi_n^{-1}(\alpha_0) \geqslant H \\ \quad x_1 + x_2 + \cdots + x_n = 1 \\ \quad x_i \geqslant 0, \quad i = 1, 2, \cdots, n \end{cases} \quad (4.27)$$

证明： 用 Φ 表示下式的不确定分布：

$$\xi = x_1 \xi_1 + x_2 \xi_2 + \cdots + x_n \xi_n$$

根据运算法则,即定理 2.12,ξ 的逆不确定分布为
$$\Phi^{-1}(\alpha) = x_1 \Phi_1^{-1}(\alpha) + x_2 \Phi_2^{-1}(\alpha) + \cdots + x_n \Phi_n^{-1}(\alpha), \quad 0 < \alpha < 1$$
那么,
$$\Phi^{-1}(\alpha_0) = x_1 \Phi_1^{-1}(\alpha_0) + x_2 \Phi_2^{-1}(\alpha_0) + \cdots + x_n \Phi_n^{-1}(\alpha_0)$$
根据定理 2.26 可得
$$E\left[\sum_{i=1}^n x_i \xi_i\right] = \int_0^1 \Phi^{-1}(\alpha) d\alpha = \sum_{i=1}^n x_i \int_0^1 \Phi_i^{-1}(\alpha) d\alpha$$
根据不确定测度的单调性,可知
$$\mathcal{M}\{\xi_1 x_1 + \xi_2 x_2 + \cdots + \xi_n x_n \leqslant H\} \leqslant \alpha_0$$
等价于
$$\Phi^{-1}(\alpha_0) = x_1 \Phi_1^{-1}(\alpha_0) + x_2 \Phi_2^{-1}(\alpha_0) + \cdots + x_n \Phi_n^{-1}(\alpha_0) \geqslant H$$
因此,定理得证。

定理 4.8 设第 i 只证券的收益率均为独立的之字不确定变量 $\xi_i \sim \mathcal{Z}(a_i, b_i, c_i), i = 1, 2, \cdots, n$。当
$$\min_{1 \leqslant i \leqslant n} b_i \geqslant H$$
均值-机会模型(4.23)可以转化为如下形式:
$$\begin{cases} \max \sum_{i=1}^n \dfrac{1}{4}(a_i + 2b_i + c_i) x_i \\ \text{s. t.:} \\ \quad 2(\alpha_0) \cdot \sum_{i=1}^n (b_i - a_i) x_i + \sum_{i=1}^n x_i a_i \geqslant H \\ \quad x_1 + x_2 + \cdots + x_n = 1 \\ \quad x_i \geqslant 0, \quad i = 1, 2, \cdots, n \end{cases} \tag{4.28}$$

注 4.7 对于之字不确定变量
$$\xi_i \sim \mathcal{Z}(a_i, b_i, c_i)$$
有
$$\mathcal{M}\{\xi_i \leqslant b_i\} = 0.5$$
由于不确定测度具有单调性,当
$$\min_{1 \leqslant i \leqslant n} b_i \geqslant H$$
可知
$$\mathcal{M}\{\xi_i \leqslant H\} \leqslant 0.5$$
对每一个 $i = 1, 2, \cdots, n$ 一定成立。于是我们可以理解,要求
$$\min_{1 \leqslant i \leqslant n} b_i \geqslant H$$
是合理的。否则,如果
$$\min_{1 \leqslant i \leqslant n} b_i \leqslant H$$
则某些证券收益不大于阈值水平 H 的机会可能大于 0.5,这意味着这些待选的基础证券太

糟糕,那么它们就不应被考虑。

我们还可以从下面的视角来理解 $\min\limits_{1\leqslant i\leqslant n} b_i \geqslant H$ 这一要求的合理性。α_0 要求是一个足够小的机会水平,这就意味着

$$\alpha_0 \leqslant 0.5$$

换句话说,为了满足 α_0 是足够小的信度水平,

$$\mathcal{M}\{\xi_1 x_1 + \xi_2 x_2 + \cdots + \xi_n x_n \leqslant H\} \leqslant 0.5$$

必须满足。由于所有的证券收益都是之字不确定变量,因此之字不确定变量的加权和仍然是之字形不确定变量,即

$$\sum_{i=1}^{n} x_i \xi_i \sim \mathcal{Z}\left(\sum_{i=1}^{n} x_i a_i, \sum_{i=1}^{n} x_i b_i, \sum_{i=1}^{n} x_i c_i\right)$$

当

$$\min_{1\leqslant i\leqslant n} b_i \geqslant H$$

有

$$H \leqslant \sum_{i=1}^{n} x_i b_i$$

由于不确定测度具有单调性,

$$\mathcal{M}\left\{\sum_{i=1}^{n} x_i \xi_i \leqslant H\right\} \leqslant \mathcal{M}\left\{\sum_{i=1}^{n} x_i \xi_i \leqslant \sum_{i=1}^{n} x_i b_i\right\} = 0.5$$

这与要求 α_0 是一个足够小的机会水平是一致的。

证明:因为所有的证券收益都是之字不确定变量 $\mathcal{Z}(a_i, b_i, c_i)$,$i = 1, 2, \cdots, n$,根据定理 2.15,之字不确定变量的加权和仍然是之字不确定变量,即

$$\sum_{i=1}^{n} x_i \xi_i \sim \mathcal{Z}\left(\sum_{i=1}^{n} x_i a_i, \sum_{i=1}^{n} x_i b_i, \sum_{i=1}^{n} x_i c_i\right)$$

对于之字不确定变量 $\xi \sim \mathcal{Z}(a, b, c)$,有

$$E[\xi] = \frac{a + 2b + c}{4}$$

于是得到目标函数:

$$\sum_{i=1}^{n} \frac{1}{4}(a_i + 2b_i + c_i) x_i$$

由于 α_0 是足够小的机会水平,可知 $\alpha_0 \leqslant 0.5$。对于之字不确定变量 $\xi \sim \mathcal{Z}(a, b, c)$,有

$$\Phi^{-1}(\alpha) = 2\alpha(b - a) + a, \quad 0 \leqslant \alpha \leqslant 0.5$$

因此,对于

$$\sum_{i=1}^{n} x_i \xi_i$$

的不确定分布 Ψ,可得

$$\Psi^{-1}(\alpha_0) = 2\alpha_0 \cdot \sum_{i=1}^{n} (b_i - a_i) x_i + \sum_{i=1}^{n} x_i a_i$$

由于

$$\min_{1 \leqslant i \leqslant n} b_i \geqslant H$$

根据不确定测度的单调性,可得

$$\mathcal{M}\{\xi_1 x_1 + \xi_2 x_2 + \cdots + \xi_n x_n \leqslant H\} \leqslant \alpha_0$$

等价于

$$\Psi^{-1}(\alpha_0) = 2\alpha_0 \cdot \sum_{i=1}^{n}(b_i - a_i)x_i + \sum_{i=1}^{n} x_i a_i \geqslant H$$

定理得证。

定理 4.9 设证券 i 的收益率均为独立的正态不确定变量 $\xi_i \sim \mathcal{N}(e_i, \sigma_i), i = 1, 2, \cdots, n$,那么均值-机会模型(4.23)可以转化为如下形式:

$$\begin{cases} \max e_1 x_1 + e_2 x_2 + \cdots + e_n x_n \\ \text{s. t.:} \\ \quad \sum_{i=1}^{n} \left(e_i + \frac{\sqrt{3}\sigma_i}{\pi} \ln \frac{\alpha_0}{1-\alpha_0} \right) x_i \geqslant H \\ \quad x_1 + x_2 + \cdots + x_n = 1 \\ \quad x_i \geqslant 0, \quad i = 1, 2, \cdots, n \end{cases} \quad (4.29)$$

证明:由于所有的证券收益都是正态不确定变量 $\mathcal{N}(e_i, \sigma_i), i = 1, 2, \cdots, n$,根据定理 2.16,正态不确定变量的加权和仍然是正态不确定变量,即

$$\sum_{i=1}^{n} x_i \xi_i \sim \mathcal{N}\left(\sum_{i=1}^{n} x_i e_i, \sum_{i=1}^{n} x_i \sigma_i \right)$$

对于正态不确定变量 $\xi \sim \mathcal{N}(e, \sigma)$,有 $E[\xi] = e$,于是可得目标函数。

对于正态不确定变量 $\xi \sim \mathcal{N}(e, \sigma)$,有

$$\Phi^{-1}(\alpha) = e + \frac{\sqrt{3}\sigma}{\pi} \ln \frac{\alpha}{1-\alpha}, \quad 0 \leqslant \alpha \leqslant 1$$

因此,对于

$$\sum_{i=1}^{n} x_i \xi_i$$

的不确定分布 Ψ,有

$$\Psi^{-1}(\alpha_0) = \sum_{i=1}^{n} \left(e_i + \frac{\sqrt{3}\sigma_i}{\pi} \ln \frac{\alpha_0}{1-\alpha_0} \right) x_i$$

根据不确定测度的单调性,可得

$$\mathcal{M}\{\xi_1 x_1 + \xi_2 x_2 + \cdots + \xi_n x_n \leqslant H\} \leqslant \alpha_0$$

等价于

$$\Psi^{-1}(\alpha_0) = \sum_{i=1}^{n} \left(e_i + \frac{\sqrt{3}\sigma_i}{\pi} \ln \frac{\alpha_0}{1-\alpha_0} \right) x_i \geqslant H$$

定理得证。

定理 4.10 设证券 i 的收益率均为线性不确定变量 $\xi_i \sim \mathcal{L}(a_i, b_i), i = 1, 2, \cdots, n$,那么均值-机会模型(4.23)可以转化为如下形式:

$$\begin{cases} \max \sum_{i=1}^{n} \dfrac{1}{2}(b_i + a_i) x_i \\ \text{s. t.:} \\ \quad \sum_{i=1}^{n} a_i x_i + \sum_{i=1}^{n} \alpha_0 (b_i - a_i) x_i \geqslant H \\ \quad x_1 + x_2 + \cdots + x_n = 1 \\ \quad x_i \geqslant 0, \quad i = 1, 2, \cdots, n \end{cases} \tag{4.30}$$

证明：用 Φ_i 分别表示证券收益 $\xi_i, i=1,2,\cdots,n$ 的不确定分布，因为对于线性不确定变量

$$\xi_i \sim \mathcal{L}(a_i, b_i), \quad i = 1, 2, \cdots, n$$

有

$$E[\xi_i] = \int_0^1 \Phi_i^{-1}(\alpha) \mathrm{d}\alpha = (a_i + b_i)/2$$

根据定理 4.7，可得目标函数。

由于线性不确定变量 $\xi_i, i=1,2,\cdots,n$，有

$$\Phi_i^{-1}(\alpha) = a_i + \alpha(b_i - a_i), \quad 0 \leqslant \alpha \leqslant 1$$

根据定理 4.7，有

$$\sum_{i=1}^{n} x_i \Phi_i^{-1}(\alpha_0) = \sum_{i=1}^{n} a_i x_i + \sum_{i=1}^{n} \alpha_0 (b_i x_i - a_i x_i) \geqslant H$$

定理得证。

定理 4.11 设证券 $i, i=1,2,\cdots,m$ 的收益率为正态不确定变量 $\xi_i \sim \mathcal{N}(e_i, \sigma_i)$，证券 $i, i=m+1, m+2, \cdots, n$ 的收益率均为线性不确定变量 $\xi_i \sim \mathcal{L}(a_i, b_i)$，则均值-机会模型(4.23)可以转化为如下形式：

$$\begin{cases} \max \sum_{i=1}^{m} e_i x_i + \sum_{i=m+1}^{n} \dfrac{1}{2}(b_i + a_i) x_i \\ \text{s. t.:} \\ \quad \sum_{i=1}^{m} \left(e_i + \dfrac{\sqrt{3}\sigma_i}{\pi} \ln \dfrac{\alpha_0}{1-\alpha_0} \right) x_i + \sum_{i=m+1}^{n} a_i x_i + \sum_{i=m+1}^{n} \alpha_0 (b_i x_i - a_i x_i) \geqslant H \\ \quad x_1 + x_2 + \cdots + x_n = 1 \\ \quad x_i \geqslant 0, \quad i = 1, 2, \cdots, n \end{cases} \tag{4.31}$$

证明：令 Φ_i 分别表示证券收益 $\xi_i, i=1,2,\cdots,n$ 的不确定分布，因为对于正态不确定变量

$$\xi_i \sim \mathcal{N}(e_i, \sigma_i), \quad i = 1, 2, \cdots, m$$

有

$$E[\xi_i] = \int_0^1 \Phi_i^{-1}(\alpha) \mathrm{d}\alpha = e_i$$

对于线性不确定变量

$$\xi_i \sim \mathcal{L}(a_i, b_i), \quad i = m+1, m+2, \cdots, n$$

有

$$E[\xi_i] = \int_0^1 \Phi_i^{-1}(\alpha)\mathrm{d}\alpha = (a_i + b_i)/2$$

根据定理 4.7,可得目标函数。

对于正态不确定变量 $\xi_i \sim \mathcal{N}(e_i, \sigma_i), i=1,2,\cdots,m$,有

$$\Phi_i^{-1}(\alpha) = e_i + \frac{\sqrt{3}\sigma_i}{\pi}\ln\frac{\alpha}{1-\alpha}, \quad 0 \leqslant \alpha \leqslant 1$$

对于线性不确定变量 $\xi_i \sim \mathcal{L}(a_i, b_i), i=m+1,m+2,\cdots,n$,有

$$\Phi_i^{-1}(\alpha) = a_i + \alpha(b_i - a_i), \quad 0 \leqslant \alpha \leqslant 1$$

根据定理 4.7,有

$$\sum_{i=1}^{m}\left(e_i + \frac{\sqrt{3}\sigma_i}{\pi}\ln\frac{\alpha_0}{1-\alpha_0}\right)x_i + \sum_{i=m+1}^{n} a_i x_i + \sum_{i=m+1}^{n}\alpha_0(b_i x_i - a_i x_i) \geqslant H$$

定理得证。

同样地,有以下三个定理。

定理 4.12 设证券 $i, i=1,2,\cdots,m$ 的收益率为正态不确定变量 $\xi_i \sim \mathcal{N}(e_i, \sigma_i)$,证券 $i, i=m+1,m+2,\cdots,n$ 的收益率为之字不确定变量 $\xi_i \sim \mathcal{Z}(a_i, b_i, c_i)$。当

$$\min_{m+1 \leqslant i \leqslant n} b_i \geqslant H$$

均值-机会模型 (4.23) 可转化为如下形式:

$$\begin{cases} \max \sum_{i=1}^{m} e_i x_i + \sum_{i=m+1}^{n} \frac{1}{4}(a_i + 2b_i + c_i)x_i \\ \mathrm{s.\,t.:} \\ \quad \sum_{i=1}^{m}\left(e_i + \frac{\sqrt{3}\sigma_i}{\pi}\ln\frac{\alpha_0}{1-\alpha_0}\right)x_i + \sum_{i=m+1}^{n} a_i x_i + \sum_{i=m+1}^{n} 2\alpha_0(b_i x_i - a_i x_i) \geqslant H \\ \quad x_1 + x_2 + \cdots + x_n = 1 \\ \quad x_i \geqslant 0, \quad i=1,2,\cdots,n \end{cases} \quad (4.32)$$

请注意,要求

$$\min_{m+1 \leqslant i \leqslant n} b_i \geqslant H$$

是合理的,否则待选择的基础证券会过于糟糕。

定理 4.13 设证券 $i, i=1,2,\cdots,m$ 的收益率为线性不确定变量 $\xi_i \sim \mathcal{L}(l_i, u_i)$,证券 $i, i=m+1,m+2,\cdots,n$ 的收益率为之字不确定变量 $\xi_i \sim \mathcal{Z}(a_i, b_i, c_i)$。当

$$\min_{m+1 \leqslant i \leqslant n} b_i \geqslant H$$

均值-机会模型 (4.23) 可转化为如下形式:

$$\begin{cases} \max \sum_{i=1}^{m} \frac{1}{2}(l_i + u_i) + \sum_{i=m+1}^{n} \frac{1}{4}(a_i + 2b_i + c_i)x_i \\ \mathrm{s.\,t.:} \\ \quad \sum_{i=1}^{m} l_i x_i + \sum_{i=1}^{m} \alpha_0(u_i - l_i)x_i + \sum_{i=m+1}^{n} a_i x_i + \sum_{i=m+1}^{n} 2\alpha_0(b_i - a_i)x_i \geqslant H \\ \quad x_1 + x_2 + \cdots + x_n = 1 \\ \quad x_i \geqslant 0, \quad i=1,2,\cdots,n \end{cases} \quad (4.33)$$

定理 4.14 设证券 $i, i = 1, 2, \cdots, k$ 的收益率为线性不确定变量 $\xi_i \sim \mathcal{L}(l_i, u_i)$，证券 i, $i = k+1, k+2, \cdots, m$ 的收益率为之字不确定变量 $\xi_i \sim \mathcal{Z}(a_i, b_i, c_i)$，证券 $i, i = m+1, m+2, \cdots, n$ 的收益率为正态不确定变量 $\xi_i \sim \mathcal{N}(e_i, \sigma_i)$。当

$$\min_{k+1 \leqslant i \leqslant m} b_i \geqslant H$$

均值-机会模型 (4.23) 可转化为如下形式：

$$\begin{cases} \max \sum_{i=1}^{k} \dfrac{1}{2}(l_i + u_i) + \sum_{i=k+1}^{m} \dfrac{1}{4}(a_i + 2b_i + c_i)x_i + \sum_{i=m+1}^{n} e_i x_i \\ \text{s.t.:} \\ \quad \sum_{i=1}^{k} l_i x_i + \sum_{i=1}^{k} \alpha_0 (u_i - l_i) x_i + \sum_{i=k+1}^{m} 2\alpha_0 (b_i - a_i) x_i \\ \quad + \sum_{i=k+1}^{m} a_i x_i + \sum_{i=m+1}^{n} \left(e_i + \dfrac{\sqrt{3}\sigma_i}{\pi} \ln \dfrac{\alpha_0}{1 - \alpha_0} \right) x_i \geqslant H \\ \quad x_1 + x_2 + \cdots + x_n = 1 \\ \quad x_i \geqslant 0, \quad i = 1, 2, \cdots, n \end{cases} \quad (4.34)$$

4.3.3 VaRU 最小化模型

在模型 (4.23) 中，投资者先设定了收益阈值水平，然后关心投资组合收益未达到该阈值水平的信度是否在预设的可容忍的足够低的信度内。可是有的时候，投资者也可以先设定可容忍的信度或机会水平，然后关心在这个信度水平上可能会遭受多少损失。我们把在预先设定的可容忍信度水平上发生的最大损失称为不确定在险值。因为很多人本能地倾向于用 0 作为基准点判断投资是否有损失，所以此处也用 0 作为基准点。

定义 4.1 令 ξ 表示投资组合的不确定收益，不确定在险值（VaRU）定义为

$$\text{VaRU}(\alpha_0) = -\sup\{\bar{r} \mid \mathcal{M}\{\xi \leqslant \bar{r}\} \leqslant \alpha_0\} \quad (4.35)$$

其中，α_0 是预设的足够小的信度水平。

例如，如果 $\text{VaRU}(5\%) = 0.02$，表示在不大于 5% 的信度水平下，以 0 作为投资组合的基准收益，可能的损失为 0.02。如果投资者采用 VaRU 作为投资风险，可以要求投资组合的期望收益不小于预先设定的期望值，同时使 VaRU 的值最小化。VaRU 最小化模型如下：

$$\begin{cases} \min \text{VaRU}(\alpha_0) \\ \text{s.t.:} \\ \quad E[\xi_1 x_1 + \xi_2 x_2 + \cdots + \xi_n x_n] \geqslant a \\ \quad x_1 + x_2 + \cdots + x_n = 1 \\ \quad x_i \geqslant 0, \quad i = 1, 2, \cdots, n \end{cases} \quad (4.36)$$

其中，a 是所要求的最小期望收益，α_0 是预先设定的可容忍的机会水平，$\text{VaRU}(\alpha_0)$ 定义为

$$\text{VaRU}(\alpha_0) = -\sup\{\bar{r} \mid \mathcal{M}\{\xi_1 x_1 + \xi_2 x_2 + \cdots + \xi_n x_n \leqslant \bar{r}\} \leqslant \alpha_0\}$$

由于

$$\mathcal{M}\left\{\sum_{i=1}^{n} \xi_i x_i \leqslant \bar{r}\right\} = 1 - \mathcal{M}\left\{\sum_{i=1}^{n} \xi_i x_i \geqslant \bar{r}\right\}$$

可得
$$\mathcal{M}\{\xi_1 x_1 + \xi_2 x_2 + \cdots + \xi_n x_n \leqslant \bar{r}\} \leqslant \alpha_0$$
可以转化为以下形式：
$$\mathcal{M}\{\xi_1 x_1 + \xi_2 x_2 + \cdots + \xi_n x_n \geqslant \bar{r}\} \geqslant 1-\alpha_0$$
因此，模型(4.36)可以表示为以下形式：

$$\begin{cases} \max\limits_{x_1,x_2,\cdots,x_n} \max\limits_{\bar{r}} \bar{r} \\ \text{s. t.:} \\ \quad \mathcal{M}\{\xi_1 x_1 + \xi_2 x_2 + \cdots + \xi_n x_n \geqslant \bar{r}\} \geqslant 1-\alpha_0 \\ \quad E[\xi_1 x_1 + \xi_2 x_2 + \cdots + \xi_n x_n] \geqslant a \\ \quad x_1 + x_2 + \cdots + x_n = 1 \\ \quad x_i \geqslant 0, \quad i=1,2,\cdots,n \end{cases} \quad (4.37)$$

事实上，模型(4.36)的目标是从亏损角度出发，模型(4.37)的目标是从盈利角度出发。$\bar{r}$是收益率，因此$0-\bar{r}$是小于0的值，即损失，通常是正数。比如，收益率是-2%，这是从收益的视角说，从损失视角说，就是损失是2%，即$0-(-2\%)$。

观察模型(4.23)和模型(4.36)，可以看到两个模型在一定程度上是相似的。采用模型(4.23)的投资者首先设定一个收益阈值H，然后比较投资组合收益未达到该阈值水平的信度是否小于预先设定的信度水平；而采用模型(4.36)的投资者首先设定一个可容忍的信度水平，然后在可容忍的信度水平下找到损失最小的投资组合。

定理4.15 设证券收益$\xi_i, i=1,2,\cdots,n$是独立的且有正则不确定分布Φ_i，则VaRU最小化模型(4.36)可以转化为如下线性模型：

$$\begin{cases} \max x_1 \Phi_1^{-1}(\alpha_0) + x_2 \Phi_2^{-1}(\alpha_0) + \cdots + x_n \Phi_n^{-1}(\alpha_0) \\ \text{s. t.:} \\ \quad x_1 \int_0^1 \Phi_1^{-1}(\alpha) \mathrm{d}\alpha + x_2 \int_0^1 \Phi_2^{-1}(\alpha) \mathrm{d}\alpha + \cdots + x_n \int_0^1 \Phi_n^{-1}(\alpha) \mathrm{d}\alpha \geqslant a \\ \quad x_1 + x_2 + \cdots + x_n = 1 \\ \quad x_i \geqslant 0, \quad i=1,2,\cdots,n \end{cases} \quad (4.38)$$

证明：因为Φ_i是不确定证券收益$\xi_i, i=1,2,\cdots,n$的独立的正则不确定分布，所以根据运算法则，即定理2.12，得到
$$x_1 \xi_1 + x_2 \xi_2 + \cdots + x_n \xi_n$$
的逆不确定分布为
$$\Psi^{-1}(\alpha) = x_1 \Phi_1^{-1}(\alpha) + x_1 \Phi_2^{-1}(\alpha) + \cdots + x_n \Phi_n^{-1}(\alpha), \quad 0 < \alpha < 1$$
根据定理2.26，
$$E\left[\sum_{i=1}^n x_i \xi_i\right] = \int_0^1 \sum_{i=1}^n x_i \Phi_i^{-1}(\alpha) \mathrm{d}\alpha = \sum_{i=1}^n x_i \int_0^1 \Phi_i^{-1}(\alpha) \mathrm{d}\alpha$$
由于不确定测度具有单调性，可知
$$\sup\left\{\bar{r} \mid \mathcal{M}\left\{\sum_{i=1}^n x_i \xi_i \leqslant \bar{r}\right\} \leqslant \alpha_0\right\} = \Psi^{-1}(\alpha_0) = \sum_{i=1}^n x_i \Phi_i^{-1}(\alpha_0)$$
定理得证。

4.3.4 数值算例

假设投资者想从 10 只证券中选择一个最优的投资组合,证券收益均为正态不确定变量,10 只证券收益率的正态不确定收益见表 4.5。假设投资者将收益阈值设置为 $H=0.01$,信度水平为 $\alpha_0=0.05$。根据均值-机会选择思想,建立模型如下:

$$\begin{cases} \max E[\xi_1 x_1 + \xi_2 x_2 + \cdots + \xi_{10} x_{10}] \\ \text{s.t.:} \\ \quad \mathcal{M}\{\xi_1 x_1 + \xi_2 x_2 + \cdots + \xi_{10} x_{10} \leqslant 0.01\} \leqslant 0.05 \\ \quad x_1 + x_2 + \cdots + x_{10} = 1 \\ \quad x_i \geqslant 0, \quad i=1,2,\cdots,10 \end{cases} \quad (4.39)$$

表 4.5 10 只证券的正态不确定收益

证券 i	$\xi_i \sim \mathcal{N}(e_i, \sigma_i)$	证券 i	$\xi_i \sim \mathcal{N}(e_i, \sigma_i)$
1	$\mathcal{N}(0.053, 0.03)$	6	$\mathcal{N}(0.065, 0.03)$
2	$\mathcal{N}(0.070, 0.04)$	7	$\mathcal{N}(0.068, 0.038)$
3	$\mathcal{N}(0.074, 0.047)$	8	$\mathcal{N}(0.076, 0.042)$
4	$\mathcal{N}(0.06, 0.033)$	9	$\mathcal{N}(0.066, 0.025)$
5	$\mathcal{N}(0.071, 0.045)$	10	$\mathcal{N}(0.072, 0.042)$

根据定理 4.9,将模型(4.39)转化为以下形式:

$$\begin{cases} \max \sum_{i=1}^{10} e_i x_i \\ \text{s.t.:} \\ \quad \sum_{i=1}^{10} \left(e_i - \frac{\sqrt{3}\sigma_i}{\pi} \ln 19\right) x_i \geqslant 0.01 \\ \quad x_1 + x_2 + \cdots + x_{10} = 1 \\ \quad x_i \geqslant 0, \quad i=1,2,\cdots,10 \end{cases} \quad (4.40)$$

使用 Excel 中的"Solver"命令,可以得到表 4.6 所示的最优投资组合。目标是 7.48%。也就是说,如果投资者要求投资组合收益未达到阈值水平 0.01 的信度不大于 5%,则投资者可获得的最大期望收益为 7.48%。

表 4.6 10 只证券的资金分配(1)

证券 i	1	2	3	4	5
资金分配/%	0.00	0.00	0.00	0.00	0.00
证券 i	6	7	8	9	10
资金分配/%	0.00	0.00	87.63	12.37	0.00

4.4 不确定均值-风险模型

4.4.1 风险曲线

通常情况下,当投资回报率为 -10% 时,人们会本能地感到损失率为 10%,这实际上意味着人们设置了一个基准参考收益率 $r_0=0$，比较了从基准参考收益率到投资收益率的差距 $0-(-10\%)$。在投资组合中，投资收益难以准确估计，可能是 $-5\%, -11\%, \cdots$，即人们的损失可能是 $5\%, 11\%, \cdots$。当投资组合收益率是 10% 时，人们会觉得获得了收益，此时，投资组合的损失 $0-10\%$ 是一个负数。因此，如果 ξ 表示不确定投资组合收益率，那么当 $0-\xi \geqslant 0$ 时，$0-\xi$ 描述了当基准参考收益率为 0 时所有可能的损失。当然，投资者可以将基准参考收益率设为大于 0。例如，在金融投资中，人们可以选择将资金投资于无风险资产，就可以在确定的情况下获得与无风险利率相同的收益率，因此可以将无风险利率作为基准参考收益率。或者如果投资者比较激进，他们可以设定一个高于无风险利率的基准参考收益率。那么，任何低于这一基准参考收益率的投资组合收益率都被视为亏损。例如，如果投资者设置基准参考收益率为 $r_0=0.015$，那么即使投资组合收益率为 0.01，投资者仍然会感到损失了 $0.015-0.01=0.005$。考虑到投资组合中所有可能的损失以及这些损失发生的信度，风险曲线定义如下。

定义 4.2[25]　设 ξ 表示投资组合的不确定收益率，r_0 表示基准参考收益率，那么，曲线
$$R(l) = \mathcal{M}\{r_0 - \xi \geqslant l\}, \quad \forall l \geqslant 0 \tag{4.41}$$
称为投资组合的风险曲线，l 表示损失程度。

显然，当 $r_0 - \xi \geqslant 0$ 时，投资组合收益率低于基准参考收益率 r_0 的值是 $r_0 - \xi$，这个 $r_0 - \xi$ 即为损失。由于投资组合的收益无法准确估计，损失程度 $r_0 - \xi$ 可以是任何非负值，可以表示为
$$r_0 - \xi \geqslant l, \quad l \geqslant 0$$
由于 l 不是具体的数字，而是任何非负数，因此风险曲线 $R(l)$ 描述了投资组合中所有可能的损失以及这些损失发生的相应信度。

显然，$\mathcal{M}\{r_0 - \xi \geqslant l\}, \forall l \geqslant 0$ 可以转化为以下形式：
$$\mathcal{M}\{\xi \leqslant r_0 - l\}, \quad \forall l \geqslant 0 \tag{4.42}$$
可以看出，定义式 (4.41) 是从损失视角出发的，其中左侧 $r_0 - \xi$ 为损失，右侧 l 为损失程度。式 (4.42) 是从收益的角度出发，其中左边的 ξ 为投资组合收益，右边的 $r_0 - l$ 为低于 r_0 的收益水平。

设 Φ 表示投资组合收益 ξ 的不确定分布，从式 (4.42) 可得
$$R(l) = \mathcal{M}\{\xi \leqslant r_0 - l\} = \Phi(r_0 - l) = \alpha, \quad \forall l \geqslant 0$$
因此，$\Phi^{-1}(\alpha) = r_0 - l$。那么，损失程度 l 可通过式 (4.43) 得到
$$l = r_0 - \Phi^{-1}(\alpha), \quad \alpha \in (0, 1) \tag{4.43}$$

通过式 (4.41)，投资者能够直接知道对于给定的损失水平 l，等于或高于 l 的损失发生的信度。或者通过式 (4.42)，投资者能够知道收益低于基准参考收益率 r_0 发生的信度。有了式 (4.43)，投资者就能直接知道，对于给定的信度或机会水平 α，他们可能会遭受的损失 l。

根据不确定测度的单调性定理，风险曲线 $R(l)$ 是关于 l 的递减函数，即损失越大，损失发生的信度越小。风险曲线的总体趋势如图 4.1 所示。

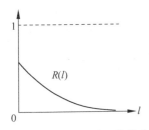

图 4.1　风险曲线的总体趋势

注：l 值越大，$R(l)$ 值越少。

例 4.1 如果投资组合收益是线性不确定变量 $\xi \sim \mathcal{L}(a,b)$,其风险曲线可以由式(4.44)表示,见图 4.2。值得注意的是,$b > r_0 \geqslant 0$ 须成立。否则,由于该投资组合的最高收益率 b 不高于基准收益率,该组合太差,投资者将会不予考虑。

$$R(l) = \mathcal{M}\{(r_0 - \xi) \geqslant l\} = \begin{cases} \dfrac{r_0 - a - l}{b - a}, & 0 \leqslant l \leqslant r_0 - a \\ 0, & l > r_0 - a \end{cases} \quad (4.44)$$

例 4.2 如果投资组合收益是之字不确定变量 $\xi \sim \mathcal{Z}(a,b,c)$,当 $c > r_0 \geqslant 0$ 时,其风险曲线可以由式(4.45)表示。见图 4.3。值得注意的是,$c > r_0 \geqslant 0$ 须成立。否则,由于该投资组合的最高收益率 c 不高于基准收益率,该组合太差,投资者将会不予考虑。

$$R(l) = \mathcal{M}\{(r_0 - \xi) \geqslant l\} = \begin{cases} \dfrac{r_0 + c - 2b - l}{2(c - b)}, & 0 \leqslant l < r_0 - b \\ \dfrac{r_0 - a - l}{2(b - a)}, & r_0 - b \leqslant l \leqslant r_0 - a \\ 0, & l > r_0 - a \end{cases} \quad (4.45)$$

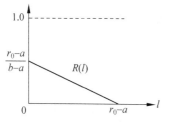

图 4.2 投资组合收益率为线性不确定分布 $\mathcal{L}(a,b)$ 时的风险曲线

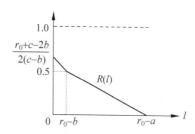

图 4.3 投资组合收益率为之字不确定分布 $\mathcal{Z}(a,b,c)$ 时的风险曲线

例 4.3 如果投资组合收益是正态不确定变量 $\xi \sim \mathcal{N}(e,\sigma)$,其风险曲线可以由式(4.46)表示,见图 4.4。

$$R(l) = \mathcal{M}\{r_0 - \xi \geqslant l\} = \left(1 + \exp\left(\dfrac{\pi(e - r_0 + l)}{\sqrt{3}\sigma}\right)\right)^{-1}, \quad \forall l \geqslant 0 \quad (4.46)$$

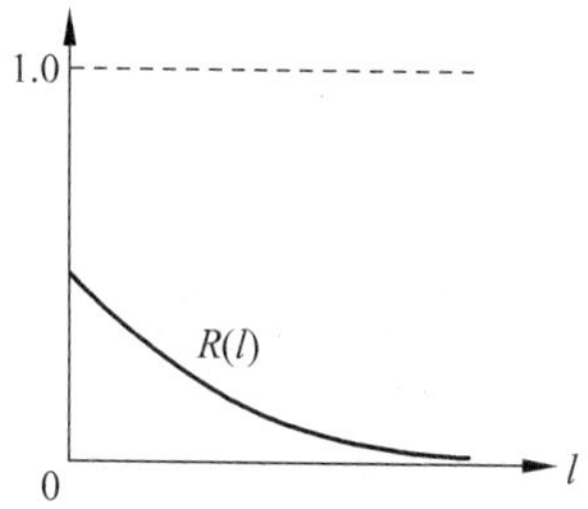

图 4.4 投资组合收益为正态不确定分布 $\mathcal{N}(e,\sigma)$ 时的风险曲线

4.4.2 置信曲线与安全的投资组合

由于所有的投资者都知道投资可能亏也可能赚,所以他们对每个潜在损失水平发生的

信度都有最大的容忍度,置信曲线反映了这一点。

定义 4.3[34] 反映投资者对每个潜在损失水平 l 发生信度的最大容忍度的曲线,称为置信曲线,用 $\alpha(l)$ 表示。

虽然不同投资者的置信曲线形状不同,但置信曲线的总体趋势是一致的,即当损失程度 l 较低时,投资者可以容忍其发生的信度较高,因此 $\alpha(l)$ 值较高;当损失水平 l 较高时,投资者能容忍其发生的信度较低,因此 $\alpha(l)$ 值较低。从置信曲线的定义可以看出,置信曲线 $\alpha(l)$ 下方的区域是低风险区域,而在置信曲线 $\alpha(l)$ 上方的区域则是投资者应该避免进入的高风险区域,参见图 4.5。

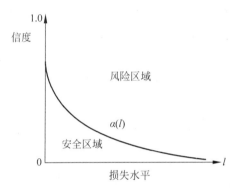

图 4.5 置信曲线与投资风险

注:如果风险曲线完全低于置信曲线,投资组合是安全的;如果风险曲线的任何部分高于置信曲线,投资组合是有风险的。

风险曲线反映了投资组合的可能损失程度及其发生的信度,是客观的;而置信曲线反映的是投资者对不同损失水平的容忍程度,是主观的,因人而异。有了风险曲线和置信曲线,投资者就可以判断一个投资组合是否安全。很明显,如果一个投资组合的风险曲线完全低于投资者的置信曲线,那么它就是安全的;如果投资组合的风险曲线的任何部分高于投资者的置信曲线(图 4.5),则投资组合是有风险的。判断投资组合是否安全的标准如下:

标准: 设 ξ 是投资组合的不确定收益率,$\alpha(l)$ 是投资者的置信曲线。如果

$$R(l) = \mathcal{M}\{(r_0 - \xi) \geq l\} \leq \alpha(l), \quad \forall l \geq 0 \tag{4.47}$$

那么,投资组合是安全的。

理论上,投资者的置信曲线可以通过回答表 4.7 中的问题得到,对损失的"最大可容忍程度"是投资者根据自己的风险态度作出的主观判断。

表 4.7 自我调查问卷

问　　题	答案
如果 $l=0.0$,对于损失等于或大于 0 的信度,您的最大可容忍程度是多少?	1
如果 $l=0.01$,对于损失不小于 0.01 的信度,您的最大可容忍程度是多少?	0.9
如果 $l=0.02$,对于损失不小于 0.02 的信度,您的最大可容忍程度是多少?	0.9
如果 $l=0.03$,对于损失不小于 0.03 的信度,您的最大可容忍程度是多少?	0.9
如果 $l=0.04$,对于损失不小于 0.04 的信度,您的最大可容忍程度是多少?	0.8
如果 $l=0.05$,对于损失不小于 0.05 的信度,您的最大可容忍程度是多少?	0.8
…	…

续表

问 题	答案
如果 $l=0.68$,对于损失不小于 0.68 的信度,您的最大可容忍程度是多少?	0.01
如果 $l=0.69$,对于损失不小于 0.69 的信度,您的最大可容忍程度是多少?	0.01
…	…
如果 $l=1.0$,对于损失不小于 1.0 的信度,您的最大可容忍程度是多少?	0

然而,在现实生活中,投资者通常很难回答表 4.7 中的所有问题。因此,表 4.7 更像是一种帮助我们理解置信曲线意义的方法,而不是确定方法。下面介绍三种类型的置信曲线及其确定方法。

第一类置信曲线:如果股指过去的收益表现是可以接受的,那么可以假设股指的表现服从随机正态分布,将置信曲线设为股指过去的收益曲线,股指过去的收益曲线用其历史收益数据获得,即

$$\alpha(l) = \frac{1}{\sigma_M \sqrt{2\pi}} \int_{-\infty}^{r_0-l} \exp\left[-\frac{(t-\mu_M)^2}{2\sigma_M^2}\right] dt, \quad l \geq 0 \tag{4.48}$$

其中,μ_M 和 σ_M^2 是根据股指过去的收益数据计算得出的股指收益率的均值和方差。细心的读者可能会发现,如果用 ζ_M 表示股市指数过去的收益率,第一类置信曲线(4.48)是

$$\Pr\{\zeta_M \leq r_0 - l\} = \Pr\{r_0 - \zeta_M \geq l\}$$

这条置信曲线是概率意义上的股指风险曲线,遵循定义 4.2,其中不确定测度被概率测度取代。实际上,将第一类置信曲线作为自身置信曲线的想法是,把股指过去收益的客观表现当作自己主观对所要投资的证券组合未来收益风险容忍度的要求,换句话说,对于投资组合未来的任何潜在损失水平,投资者对它们出现机会的最大容忍度是股票市场相同损失水平出现过的机会/频率。由于在第一类置信曲线中,使用概率计算过去损失水平出现的频率,因此,根据准则公式(4.47),当投资者采用第一类置信曲线时,只有未来损失的机会(即信度,用不确定测度衡量)等于或小于市场过去同等损失水平出现过的概率(即频率,用概率衡量)的组合才被认为是安全的投资组合。设 ξ_i 表示第 i 只证券的未来不确定收益率,x_i 是投资第 i 只证券的投资比例,$i=1,2,\cdots,n$。安全的投资组合 $(x_1, x_2, \cdots, x_n)$ 满足以下不等式:

$$\mathcal{M}\left\{r_0 - \sum_{i=1}^n x_i \xi_i \geq l\right\} \leq \frac{1}{\sigma_M \sqrt{2\pi}} \int_{-\infty}^{r_0-l} \exp\left[-\frac{(t-\mu_M)^2}{2\sigma_M^2}\right] dt, \quad \forall\, l \geq 0$$

其中,μ_M 和 σ_M^2 是根据股指过去的收益数据计算得出的股指的历史期望收益和方差。粗略地说,通过采用第一类置信曲线,投资者要求"投资组合未来出现的亏损机会不超过过去股票市场同等亏损程度下出现过的频率"。图 4.6 给出了当 $r_0 < \mu_M$ 时第一类置信曲线的形状。

第二类置信曲线:回答表 4.7 中的所有问题很困难,但是,投资者可以通过回答以下调查问题来得到置信曲线。

问题 1:能够容忍的最高损失是多少?

答案:用 l_1 表示答案。

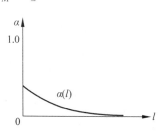

图 4.6 第一类置信曲线

问题 2：如果发生这种损失事件，能够容忍的信度是多少？

答案：用 α_1 表示答案。那么可得一对数据 (l_1, α_1)。

问题 3：如果没有损失也没有收益（即只得到基准收益率 r_0），能够容忍的信度是多少？

答案：用 α_2 表示答案。那么可得另一对数据 $(0, \alpha_2)$。

问题 4：有没有比较敏感的损失水平？如果有，是多少？

答案：用 $l_i, i = 3, 4, \cdots, k$ 表示答案。

问题 5：如果这些敏感损失事件都发生了，能够容忍的信度是多少？

答案：用 $\alpha_i, i = 3, 4, \cdots, k$ 表示答案。那么可得新的数据 $(l_i, \alpha_i), i = 3, 4, \cdots, k$。

经自我调查，投资者得到 k 对数据 $(l_i, \alpha_i), i = 1, 2, \cdots, k$。本问卷调查与表 4.7 的不同之处在于没有预先设定损失水平，投资者有充分的自由给出自己的敏感损失事件。

对于 k 对数据，接下来重新排列数据以使

$$(l_i, \alpha_i), \quad i = 1, 2, \cdots, k$$

其中，

$$0 = l_1 < l_2 < \cdots < l_k, 1 > \alpha_1 > \alpha_2 > \cdots > \alpha_k \geqslant 0$$

请注意，通常 $\alpha_k > 0$ 成立，$\alpha_k = 0$ 很少见，因为投资者在进行股票组合投资时，应该知道一定会有潜在损失。如果 α_k 是零，那么在准则公式(4.47)下，很少有投资组合是安全的。然后利用 k 对数据，得到第二类置信曲线：

$$\alpha(l) = \frac{\alpha_{i+1} - \alpha_i}{l_{i+1} - l_i} l + \frac{\alpha_i l_{i+1} - \alpha_{i+1} l_i}{l_{i+1} - l_i}, \quad 1 \leqslant i \leqslant k-1 \tag{4.49}$$

例如，图 4.7 是第二类置信曲线，由下式给出：

$$\alpha(l) = \begin{cases} -1.5l + 0.4, & 0 \leqslant l \leqslant 0.2 \\ -0.4l + 0.18, & 0.2 \leqslant l \leqslant 0.4 \\ 0.02, & l \geqslant 0.4 \end{cases}$$

第三类置信曲线：如果投资者只能给出对不亏不赚事件可容忍的信度和一个最大可容忍的损失及其发生的信度，则置信曲线可以用直线表示，线性置信曲线称为第三类置信曲线，其表达式如下：

$$\alpha(l) = a - b \cdot l$$

其中，a 和 b 是正实数。图 4.8 给出了一个第三类置信曲线的例子：$\alpha(l) = 0.4 - 0.4l$。

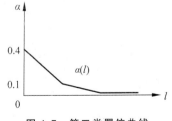

图 4.7 第二类置信曲线

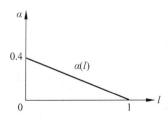

图 4.8 第三类置信曲线

4.4.3 均值-风险模型

均值-风险模型的准则是在风险曲线完全低于投资者置信曲线的安全投资组合中，寻求

能带来最大预期收益的那个组合。

设 x_i 分别表示证券 $i, i=1,2,\cdots,n$ 的投资比例，不确定变量 ξ_i 是证券 i 的收益率。根据风险曲线(4.41)的定义，投资组合的风险曲线 $(x_1, x_2, \cdots, x_n)$ 是

$$R(x_1, x_2, \cdots, x_n; l) = \mathcal{M}\{r_0 - (\xi_1 x_1 + \xi_2 x_2 + \cdots + \xi_n x_n) \geqslant l\} \quad (4.50)$$

设 $\alpha(l)$ 是投资者的置信曲线，根据准则公式(4.47)，安全的投资组合应该满足以下要求：

$$\mathcal{M}\{r_0 - (\xi_1 x_1 + \xi_2 x_2 + \cdots + \xi_n x_n) \geqslant l\} \leqslant \alpha(l), \quad \forall l \geqslant 0 \quad (4.51)$$

那么，具有不确定收益的投资组合的均值-风险模型表示如下：

$$\begin{cases} \max E[\xi_1 x_1 + \xi_2 x_2 + \cdots + \xi_n x_n] \\ \text{s. t.}: \\ \quad \mathcal{M}\{r_0 - (\xi_1 x_1 + \xi_2 x_2 + \cdots + \xi_n x_n) \geqslant l\} \leqslant \alpha(l), \quad \forall l \geqslant 0 \\ \quad x_1 + x_2 + \cdots + x_n = 1 \\ \quad x_i \geqslant 0, \quad i=1,2,\cdots,n \end{cases} \quad (4.52)$$

其中，E 是期望值，约束条件

$$\mathcal{M}\{r_0 - (\xi_1 x_1 + \xi_2 x_2 + \cdots + \xi_n x_n) \geqslant l\} \leqslant \alpha(l), \quad \forall l \geqslant 0$$

确保对于任何给定的损失水平 l，损失发生的信度不大于投资者的可容忍水平(图4.9)。

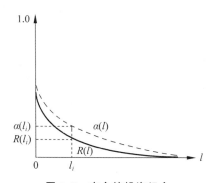

图 4.9　安全的投资组合

注：对任何 $l \geqslant 0$，如果 $R(l) \leqslant \alpha(l)$，则投资组合是安全的。

4.4.4　模型的等价形式

定理 4.16　设证券 i 的收益率 $\xi_i, i=1,2,\cdots,n$ 相互独立，Φ_i 为其不确定分布，那么均值-风险模型(4.52)可以转化为如下形式：

$$\begin{cases} \max \int_0^1 x_1 \Phi_1^{-1}(\beta) d\beta + x_2 \Phi_2^{-1}(\beta) d\beta + \cdots + x_n \Phi_n^{-1}(\beta) d\beta \\ \text{s. t.}: \\ \quad \sum_{i=1}^n x_i \Phi_i^{-1}(\alpha(l)) \geqslant r_0 - l, \quad \forall l \geqslant 0 \\ \quad x_1 + x_2 + \cdots + x_n = 1 \\ \quad x_i \geqslant 0, \quad i=1,2,\cdots,n \end{cases} \quad (4.53)$$

证明：根据运算法则，即定理 2.12，$\sum_{i=1}^{n} x_i \xi_i$ 的逆不确定分布函数是

$$x_1 \Phi_1^{-1}(\beta) + x_2 \Phi_2^{-1}(\beta) + \cdots + x_n \Phi_n^{-1}(\beta), \quad \beta \in (0,1)$$

那么，$\sum_{i=1}^{n} x_i \xi_i$ 的逆不确定分布函数在 $\alpha(l), l \geq 0$ 处是

$$\sum_{i=1}^{n} x_i \Phi_i^{-1}(\alpha(l))$$

根据不确定测度的单调性，可得确定性约束

$$\sum_{i=1}^{n} x_i \Phi_i^{-1}(\alpha(l)) \geq r_0 - l, \quad \forall l \geq 0$$

此外，根据定理 2.26，将目标函数

$$E\left[\sum_{i=1}^{n} x_i \xi_i\right]$$

转化为以下形式：

$$\int_0^1 \sum_{i=1}^{n} x_i \Phi_i^{-1}(\beta) \mathrm{d}\beta$$

因此，定理得证。

根据定理 4.16，可得以下定理。

定理 4.17 设证券 i 的收益率是独立的之字不确定变量 $\xi_i \sim \mathcal{Z}(a_i, b_i, c_i), i=1, 2, \cdots, n$，当 $r_0 \leq \min_{1 \leq i \leq n} b_i$ 时，均值-风险模型可以转化为以下形式：

$$\begin{cases} \max \sum_{i=1}^{n} \dfrac{1}{4}(a_i + 2b_i + c_i) x_i \\ \text{s.t.} : \\ \quad 2\alpha(l) \cdot \left(\sum_{i=1}^{n} x_i b_i - \sum_{i=1}^{n} x_i a_i\right) + \sum_{i=1}^{n} x_i a_i \geq r_0 - l, \quad \forall l \geq 0 \\ \quad x_1 + x_2 + \cdots + x_n = 1 \\ \quad x_i \geq 0, \quad i=1,2,\cdots,n \end{cases} \quad (4.54)$$

请注意，要求

$$r_0 \leq \min_{1 \leq i \leq n} b_i$$

是合理的，否则标的证券会因太糟糕而不被考虑。

定理 4.18 设证券 i 的收益率是独立的正态不确定变量 $\xi_i \sim \mathcal{N}(e_i, \sigma_i), i=1,2,\cdots,n$，那么，均值-风险模型可以转化为以下形式：

$$\begin{cases} \max e_1 x_1 + e_2 x_2 + \cdots + e_n x_n \\ \text{s.t.} : \\ \quad \sum_{i=1}^{n} \left(e_i + \dfrac{\sqrt{3}\sigma_i}{\pi} \ln \dfrac{\alpha(l)}{1-\alpha(l)}\right) x_i \geq r_0 - l, \quad \forall l \geq 0 \\ \quad x_1 + x_2 + \cdots + x_n = 1 \\ \quad x_i \geq 0, \quad i=1,2,\cdots,n \end{cases} \quad (4.55)$$

定理 4.19 设证券 i 的收益率都是独立的线性不确定变量 $\xi_i \sim \mathcal{L}(a_i, b_i)$, $i=1,2,\cdots,n$, 那么, 均值-风险模型可以转化为以下形式:

$$\begin{cases} \max \sum_{i=1}^{n} \dfrac{1}{2}(b_i + a_i)x_i \\ \text{s.t.:} \\ \quad \sum_{i=1}^{n} \alpha(l)(b_i x_i - a_i x_i) + \sum_{i=1}^{n} a_i x_i \geqslant r_0 - l, \quad \forall l \geqslant 0 \\ \quad x_1 + x_2 + \cdots + x_n = 1 \\ \quad x_i \geqslant 0, \quad i=1,2,\cdots,n \end{cases} \quad (4.56)$$

定理 4.20 设证券 $i, i=1,2,\cdots,m$ 的收益率是独立的正态不确定变量 $\xi_i \sim \mathcal{N}(e_i, \sigma_i)$, 证券 $i, i=m+1, m+2, \cdots, n$ 的收益率是之字不确定变量 $\xi_i \sim \mathcal{Z}(a_i, b_i, c_i)$, 当 $r_0 \leqslant \min\limits_{m+1 \leqslant i \leqslant n} b_i$ 时, 均值-风险模型可以转化为以下形式:

$$\begin{cases} \max \sum_{i=1}^{m} e_i x_i + \sum_{i=m+1}^{n} \dfrac{1}{4}(a_i + 2b_i + c_i)x_i \\ \text{s.t.:} \\ \quad \sum_{i=1}^{m}\left(e_i + \dfrac{\sqrt{3}\sigma_i}{\pi} \ln \dfrac{\alpha(l)}{1-\alpha(l)}\right)x_i + \sum_{i=m+1}^{n} a_i x_i \\ \quad + \sum_{i=m+1}^{n} 2\alpha(l)(b_i x_i - a_i x_i) \geqslant r_0 - l, \quad \forall l \geqslant 0 \\ \quad x_1 + x_2 + \cdots + x_n = 1 \\ \quad x_i \geqslant 0, \quad i=1,2,\cdots,n \end{cases} \quad (4.57)$$

请注意, 要求

$$r_0 \leqslant \min_{m+1 \leqslant i \leqslant n} b_i$$

是合理的, 否则标的证券会因过于糟糕而不被考虑。

定理 4.21 设证券 $i, i=1,2,\cdots,m$ 的收益率是正态不确定变量 $\xi_i \sim \mathcal{N}(e_i, \sigma_i)$, 证券 $i, i=m+1, m+2, \cdots, n$ 的收益率是线性不确定变量 $\xi_i \sim \mathcal{L}(a_i, b_i)$, 均值-风险模型可以转化为以下形式:

$$\begin{cases} \max \sum_{i=1}^{m} e_i x_i + \sum_{i=m+1}^{n} \dfrac{1}{2}(b_i + a_i)x_i \\ \text{s.t.:} \\ \quad \sum_{i=1}^{m}\left(e_i + \dfrac{\sqrt{3}\sigma_i}{\pi} \ln \dfrac{\alpha(l)}{1-\alpha(l)}\right)x_i + \sum_{i=m+1}^{n} a_i x_i \\ \quad + \sum_{i=m+1}^{n} \alpha(l)(b_i x_i - a_i x_i) \geqslant r_0 - l, \quad \forall l \geqslant 0 \\ \quad x_1 + x_2 + \cdots + x_n = 1 \\ \quad x_i \geqslant 0, \quad i=1,2,\cdots,n \end{cases} \quad (4.58)$$

定理 4.22 设证券 $i, i=1,2,\cdots,m$ 的收益率是线性不确定变量 $\xi_i \sim \mathcal{L}(l_i, u_i)$ 证券 i,

$i=m+1,m+2,\cdots,n$ 的收益率是之字不确定变量 $\xi_i \sim \mathcal{Z}(a_i,b_i,c_i)$，当 $r_0 \leqslant \min\limits_{m+1\leqslant i\leqslant n} b_i$ 时，均值-风险模型可以转化为以下形式：

$$\begin{cases} \max \sum\limits_{i=1}^{m} \dfrac{1}{2}(l_i+u_i)x_i + \sum\limits_{i=m+1}^{n} \dfrac{1}{4}(a_i+2b_i+c_i)x_i \\ \text{s.t.:} \\ \quad \sum\limits_{i=1}^{m} l_i x_i + \sum\limits_{i=1}^{m} \alpha(l)(u_i-l_i)x_i + \sum\limits_{i=m+1}^{n} a_i x_i \\ \quad + \sum\limits_{i=m+1}^{n} 2\alpha(l)(b_i-a_i)x_i \geqslant r_0 - l, \quad \forall l \geqslant 0 \\ \quad x_1+x_2+\cdots+x_n=1 \\ \quad x_i \geqslant 0, \quad i=1,2,\cdots,n \end{cases} \quad (4.59)$$

请注意，要求

$$r_0 \leqslant \min_{m+1\leqslant i\leqslant n} b_i$$

是合理的，否则标的证券会过于糟糕。

定理 4.23 设对于 $i=1,2,\cdots,k$，证券 i 的收益率是独立的线性不确定变量 $\xi_i \sim \mathcal{L}(l_i,u_i)$，对于 $i=k+1,k+2,\cdots,m$，证券 i 的收益率是独立的之字不确定变量 $\xi_i \sim \mathcal{Z}(a_i,b_i,c_i)$，对于 $i=m+1,m+2,\cdots,n$，证券 i 的收益率是独立的正态不确定变量 $\xi_i \sim \mathcal{N}(e_i,\sigma_i)$，当 $\min\limits_{k+1\leqslant i\leqslant m} b_i \geqslant r_0$ 时，均值-风险模型可以转化为以下形式：

$$\begin{cases} \max \sum\limits_{i=1}^{k} \dfrac{1}{2}(l_i+u_i)x_i + \sum\limits_{i=k+1}^{m} \dfrac{1}{4}(a_i+2b_i+c_i)x_i + \sum\limits_{i=m+1}^{n} e_i x_i \\ \text{s.t.:} \\ \quad \sum\limits_{i=1}^{k} l_i x_i + \sum\limits_{i=1}^{k} \alpha(l)(u_i-l_i)x_i + \sum\limits_{i=k+1}^{m} 2\alpha(l)(b_i-a_i)x_i \\ \quad + \sum\limits_{i=k+1}^{m} a_i x_i + \sum\limits_{i=m+1}^{n} \left(e_i + \dfrac{\sqrt{3}\sigma_i}{\pi} \ln \dfrac{\alpha(l)}{1-\alpha(l)}\right) x_i \geqslant r_0 - l, \quad \forall l \geqslant 0 \\ \quad x_1+x_2+\cdots+x_n=1 \\ \quad x_i \geqslant 0, \quad i=1,2,\cdots,n \end{cases} \quad (4.60)$$

请注意，要求

$$\min_{k+1\leqslant i\leqslant m} b_i \geqslant r_0$$

是合理的，否则标的证券会过于糟糕。

4.4.5 数值算例

例 4.4 假设投资者想从 6 只证券中选择投资组合，利用 3.2 节介绍的方法，得到 6 只证券收益的不确定分布，其中 3 只为正态不确定分布，另外 3 只为之字不确定分布，如表 4.8 所示。投资者将基准收益率设定为 $r_0=0$，并采用第一类置信曲线。基于 2014 年 1 月至 2016 年 12 月上证指数的月收益率，投资者得到上证指数近 3 年的月平均收益率为 0.014，

方差为 0.083^2。那么投资者的置信曲线如下所示：

$$\alpha(l) = \frac{1}{0.083\sqrt{2\pi}} \int_{-\infty}^{-l} \exp\left[-\frac{(t-0.014)^2}{2 \times 0.083^2}\right] dt, \quad l \geq 0 \tag{4.61}$$

表 4.8 3 只正态不确定分布和 3 只之字不确定分布的证券

证券 i	收益率 ξ_i	证券 i	收益率 ξ_i
1	$\mathcal{N}(0.036, 0.30)$	4	$\mathcal{Z}(-0.09, 0.0, 0.20)$
2	$\mathcal{N}(0.02, 0.10)$	5	$\mathcal{Z}(-0.09, 0.05, 0.10)$
3	$\mathcal{N}(0.026, 0.29)$	6	$\mathcal{Z}(-0.09, 0.035, 0.14)$

置信曲线见图 4.10。

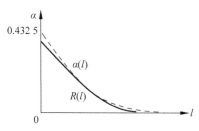

图 4.10 模型 (4.63) 中投资组合的置信曲线 $\alpha(l)$ 和风险曲线 $R(l)$

根据均值-风险选择思想，建立模型如下：

$$\begin{cases} \max E[\xi_1 x_1 + \xi_2 x_2 + \cdots + \xi_6 x_6] \\ \text{s.t.:} \\ \quad \mathcal{M}\left\{-\sum_{i=1}^{6} x_i \xi_i \geq l\right\} \leq \alpha(l), \quad \forall l \geq 0 \\ \quad x_1 + x_2 + \cdots + x_6 = 1 \\ \quad x_i \geq 0, \quad i = 1, 2, \cdots, 6 \end{cases} \tag{4.62}$$

其中，$\mathcal{M}\{-(\xi_1 x_1 + \xi_2 x_2 + \cdots + \xi_6 x_6) \geq l\}$ 是投资组合的风险曲线，$\alpha(l)$ 是由方程 (4.61) 定义的置信曲线。

为了求解模型 (4.62)，需要将其转换为确定性等价形式，根据定理 4.20，有

$$\begin{cases} \max \sum_{i=1}^{3} e_i x_i + \sum_{i=4}^{6} \frac{1}{4}(a_i + 2b_i + c_i) x_i \\ \text{s.t.:} \\ \quad \sum_{i=1}^{3}\left(e_i + \frac{\sqrt{3}\sigma_i}{\pi} \ln\frac{\alpha(l)}{1-\alpha(l)}\right) x_i + \sum_{i=4}^{6} a_i x_i + \sum_{i=4}^{6} 2\alpha(l)(b_i x_i - a_i x_i) \geq -l, \quad \forall l \geq 0 \\ \quad x_1 + x_2 + \cdots + x_6 = 1 \\ \quad x_i \geq 0, \quad i = 1, 2, \cdots, 6 \end{cases}$$
$$\tag{4.63}$$

理论上，l 应该是任何非负数，然而，当 $l = 0.2$ 时，由置信曲线公式 (4.61) 得到置信水平 $\alpha(0.2) = 0.0049$，这已经非常小了。因此，我们只考虑 0 到 0.2 之间的损失。

$$\begin{cases} \max 0.036x_1 + 0.02x_2 + 0.026x_3 + 0.0275x_4 + 0.0275x_5 + 0.03x_6 \\ \text{s. t. :} \\ \sum_{i=1}^{3}\left(e_i - \frac{\sqrt{3}\sigma_i}{\pi}\ln\frac{1-0.4325}{0.4325}\right)x_i + \sum_{i=4}^{6}a_ix_i + \sum_{i=4}^{6}2\times 0.4325(b_ix_i - a_ix_i) \geqslant 0 \\ \sum_{i=1}^{3}\left(e_i - \frac{\sqrt{3}\sigma_i}{\pi}\ln\frac{1-0.3409}{0.3409}\right)x_i + \sum_{i=4}^{6}a_ix_i + \sum_{i=4}^{6}2\times 0.3409(b_ix_i - a_ix_i) \geqslant -0.02 \\ \cdots \\ \sum_{i=1}^{3}\left(e_i - \frac{\sqrt{3}\sigma_i}{\pi}\ln\frac{1-0.0049}{0.0049}\right)x_i + \sum_{i=4}^{6}a_ix_i + \sum_{i=4}^{6}2\times 0.0049(b_ix_i - a_ix_i) \geqslant -0.20 \\ x_1 + x_2 + \cdots + x_6 = 1 \\ x_i \geqslant 0, \quad i = 1, 2, \cdots, 6 \end{cases}$$

(4.64)

虽然风险曲线是 l 的连续函数,但是可以通过离散化来近似,我们考虑在 $0,0.02,0.04$,$0.06,0.08,0.10,0.12,0.14,0.16,0.18,0.20$ 处的损失。通过计算置信曲线公式(4.61),可以得到这些损失处的置信水平为 $(l=0,\alpha=0.4325)$,$(l=0.02,\alpha=0.3409)$,$(l=0.04$,$\alpha=0.2578)$,$\cdots$,$(l=0.20,\alpha=0.0049)$,那么,只需求解模型(4.64)。

通过在 Excel 中运行"Solver"命令,可以得到最优投资组合,如表 4.9 所示,最大的期望月收益率是 0.031。从图 4.10 可以看见,所选投资组合的风险曲线完全在投资者信心曲线 $\alpha(l)$ 以下。由于投资者采用第一类置信曲线,每个潜在损失的信度不大于市场(反映在上证指数)过去同等程度损失下出现过的频率,但所选投资组合的预期收益为 0.031,大于上证指数反映的股市过去的平均收益 0.014。

表 4.9 6 只证券的资金分配

证券 i	1	2	3	4	5	6
资金分配/%	9.92	0.00	0.00	0.00	0.00	90.08

例 4.5 假设投资者从 10 只证券中选择投资组合,根据专家估计,这 10 只证券的月收益率都是正态不确定变量。投资者用 $\xi_i, i = 1, 2, \cdots, 10$ 来表示这些证券的收益,其分布见表 4.10。

表 4.10 10 只证券的正态不确定收益率

证券 i	收益率 ξ_i	证券 i	收益率 ξ_i
1	$\mathcal{N}(0.027, 0.14)$	6	$\mathcal{N}(0.028, 0.15)$
2	$\mathcal{N}(0.033, 0.12)$	7	$\mathcal{N}(0.030, 0.12)$
3	$\mathcal{N}(0.032, 0.16)$	8	$\mathcal{N}(0.032, 0.18)$
4	$\mathcal{N}(0.044, 0.16)$	9	$\mathcal{N}(0.025, 0.10)$
5	$\mathcal{N}(0.031, 0.15)$	10	$\mathcal{N}(0.028, 0.11)$

假设投资者将月基准收益率设置为 $r_0 = 0.01$,并给出置信曲线如下:

$$\alpha(l) = \begin{cases} -2.75l + 0.43, & 0 \leqslant l \leqslant 0.12 \\ -0.5l + 0.16, & 0.12 \leqslant l \leqslant 0.3 \\ 0.01, & l > 0.3 \end{cases}$$

(4.65)

根据均值-风险选择思想，建立模型如下：

$$\begin{cases} \max E[\xi_1 x_1 + \xi_2 x_2 + \cdots + \xi_{10} x_{10}] \\ \text{s. t. :} \\ \quad \mathcal{M}\left\{0.01 - \sum_{i=1}^{10} x_i \xi_i \geq l\right\} \leq \alpha(l), \quad \forall l \geq 0 \\ \quad x_1 + x_2 + \cdots + x_{10} = 1 \\ \quad x_i \geq 0, \quad i = 1, 2, \cdots, 10 \end{cases} \quad (4.66)$$

其中，$\mathcal{M}\{0.01-(\xi_1 x_1+\xi_2 x_2+\cdots+\xi_{10} x_{10})\geq r\}$ 是投资组合的风险曲线，$\alpha(l)$ 是由等式(4.65)定义的置信曲线。

为了求解模型(4.66)，根据定理 4.18，可以将其转化为以下形式：

$$\begin{cases} \max \sum_{i=1}^{10} e_i x_i \\ \text{s. t. :} \\ \quad \sum_{i=1}^{10}\left(e_i + \frac{\sqrt{3}\sigma_i}{\pi}\ln\frac{\alpha(l)}{1-\alpha(l)}\right)x_i \geq 0.01 - l, \quad \forall l \geq 0 \\ \quad x_1 + x_2 + \cdots + x_{10} = 1 \\ \quad x_i \geq 0, i = 1, 2, \cdots, 10 \end{cases} \quad (4.67)$$

通过对问题的分析，可以发现置信曲线在 $l\geq 0.3$ 时是一条水平线，因为风险曲线是 l 的递减函数，如果

$$\mathcal{M}\left\{0.01 - \sum_{i=1}^{10} x_i \xi_i \geq l\right\} \leq \alpha(l)$$

对于任意 $l\in[0,0.3]$ 成立，风险曲线将会低于置信曲线。因此，只需检验对于任何 $l\in[0,0.3]$ 风险曲线是否低于置信曲线。在此，对风险曲线进行离散化，检验风险曲线上的点 $(l=0,\alpha=0.43)$，$(l=0.03,\alpha=0.3475)(l=0.06,\alpha=0.265)\cdots,(l=0.3,\alpha=0.01)$ 是否都低于的置信曲线上对应的点，即求解下面的模型(4.68)。

$$\begin{cases} \max \sum_{i=1}^{10} e_i x_i \\ \text{s. t. :} \\ \quad \sum_{i=1}^{10}\left(e_i + \frac{\sqrt{3}\sigma_i}{\pi}\ln\frac{0.43}{1-0.43}\right)x_i \geq 0.01 \\ \quad \sum_{i=1}^{10}\left(e_i + \frac{\sqrt{3}\sigma_i}{\pi}\ln\frac{0.3475}{1-0.3475}\right)x_i \geq -0.02 \\ \quad \sum_{i=1}^{10}\left(e_i + \frac{\sqrt{3}\sigma_i}{\pi}\ln\frac{0.265}{1-0.265}\right)x_i \geq -0.05 \\ \quad \cdots \\ \quad \sum_{i=1}^{10}\left(e_i + \frac{\sqrt{3}\sigma_i}{\pi}\ln\frac{0.01}{1-0.01}\right)x_i \geq -0.29 \\ \quad x_1 + x_2 + \cdots + x_{10} = 1 \\ \quad x_i \geq 0, \quad i = 1, 2, \cdots, 10 \end{cases} \quad (4.68)$$

通过运行 Excel 的"Solver"命令，可以得到最优投资组合，如表 4.11 所示，最大期望收益率是 0.032。从图 4.11 可以看出，投资组合的风险曲线

$$R(x_1,x_2,\cdots,x_{10};l)=\mathcal{M}\left\{0.01-\sum_{i=1}^{10}x_i\xi_i\geqslant l\right\}$$

低于投资者的置信曲线 $\alpha(l)$。对于任何给定的损失水平 $l=l_i\geqslant 0$，损失发生的信度 $R(l_i)$ 低于投资者可容忍的置信水平 $\alpha(l_i)$。

表 4.11 10 只证券的资金分配(2)

证券 i	1	2	3	4	5
资金分配/%	0.00	85.41	0.00	0.00	0.00
证券 i	6	7	8	9	10
资金分配/%	0.00	0.00	0.00	14.59	0.00

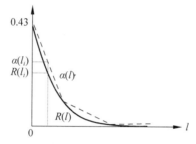

图 4.11 模型(4.67)中投资组合的置信曲线 $\alpha(l)$ 和风险曲线 $R(l)$

例 4.6 假设投资者从另外 10 只证券中选择最优投资组合，其中 7 只证券收益率为正态不确定变量，其余 3 只证券收益率为线性不确定变量。10 只证券收益率的不确定收益见表 4.12。投资者的基准收益率也是 $r_0=0.01$，置信曲线也由上述例子中的式(4.65)定义。那么，可以根据模型(4.69)选择最优投资组合：

$$\begin{cases}\max\sum_{i=1}^{7}e_ix_i+\sum_{i=8}^{10}\dfrac{b_i+a_i}{2}x_i\\ \text{s.t.:}\\ \sum_{i=1}^{7}\left(e_i+\dfrac{\sqrt{3}\sigma_i}{\pi}\ln\dfrac{\alpha(l)}{1-\alpha(l)}\right)x_i+\sum_{i=8}^{10}\alpha(l)b_ix_i+\sum_{i=8}^{10}(1-\alpha(l))a_ix_i\geqslant 0.01-l,l\geqslant 0\\ x_1+x_2+\cdots+x_{10}=1\\ x_i\geqslant 0,\quad i=1,2,\cdots,10\end{cases}$$

(4.69)

表 4.12 10 只证券的不确定收益

证券 i	收益率 ξ_i	证券 i	收益率 ξ_i
1	$\mathcal{N}(0.033,0.19)$	6	$\mathcal{N}(0.026,0.06)$
2	$\mathcal{N}(0.032,0.16)$	7	$\mathcal{N}(0.030,0.08)$
3	$\mathcal{N}(0.039,0.20)$	8	$\mathcal{L}(-0.1,0.16)$
4	$\mathcal{N}(0.031,0.15)$	9	$\mathcal{L}(-0.15,0.22)$
5	$\mathcal{N}(0.025,0.10)$	10	$\mathcal{L}(-0.2,0.3)$

在 Excel 中运行"Solver"命令,得到的结果是,为了在安全的投资组合中获得最大的期望收益,投资者应该根据表 4.13 配置资金,最大期望收益率是 0.040 7。从图 4.12 可以看出,所选投资组合的风险曲线 $R(x_1, x_2, \cdots, x_{10}; l)$ 低于投资者的置信曲线 $\alpha(l)$。

表 4.13 10 只证券的资金分配(3)

证券 i	1	2	3	4	5
资金分配/%	0.00	0.00	0.00	0.00	0.00
证券 i	6	7	8	9	10
资金分配/%	38.72	0.00	0.00	0.00	61.28

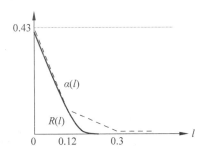

图 4.12 模型(4.69)中投资组合的置信曲线 $\alpha(l)$ 和风险曲线 $R(l)$

4.4.6 均值-风险模型和均值-机会模型的比较

回顾不确定均值-风险模型(4.52)和均值-机会模型(4.23)。由于证券的收益率被定义为 $(p_t - p_0 + d)/p_0$,其中,p_t 是该证券的未来价格,p_0 是该证券的当前价格,d 是该时期的股息,如果不允许卖空,即 $x_i \geqslant 0, i = 1, 2, \cdots, n$,那么当 $p_t = d = 0$ 时,投资组合的最低收益率为 -1。注意到投资组合收益率大于 r_0 通常不被考虑到风险控制中,因此,可知 $H \in [-1, r_0]$。那么我们可以找到一个 $H = r_0 - l_0 \in [-1, r_0]$。不难理解,对于同一投资者,当 $H = r_0 - l_0$ 时,投资者对同一损失事件

$$\{\xi_1 x_1 + \xi_2 x_2 + \cdots + \xi_n x_n \leqslant H\}$$

或者

$$\{\xi_1 x_1 + \xi_2 x_2 + \cdots + \xi_n x_n \leqslant r_0 - l_0\}$$

的容忍度应该在同一水平,意味着 $\alpha_0 = \alpha(l_0)$。因此,有以下定理。

定理 4.24 均值-风险模型(4.52)的最优解必是均值-机会模型(4.23)的可行解。但均值-机会模型(4.23)的最优解可能不是均值-风险模型(4.52)的可行解。

通过定理 4.24,容易得到以下定理。

定理 4.25 均值-机会模型(4.23)的最优期望值一定大于或等于均值-风险模型(4.52)的最优期望值。

不难看出,不确定均值-机会模型(4.23)只控制了风险曲线上的一个损失事件,因此与不确定均值-风险模型(4.52)相比风险更大,不确定均值-机会模型的投资组合的期望收益较高是对较高风险容忍度的交换。

4.5 不确定均值-风险指数模型

在均值-机会模型中，投资者只关心敏感的低收益事件（也可以理解为敏感的损失事件），而在均值-风险模型中，投资者对所有潜在的损失事件（也可以理解为所有潜在的低收益事件）都敏感。有时，投资者虽然关心所有的损失事件，但他们可能只想知道损失的平均值，而不是每个损失水平及其发生的信度。为了获得平均损失值，即投资组合收益率低于基准参考收益率的平均水平，黄晓霞定义了风险指数，并提出了均值-风险指数模型。[26]

4.5.1 风险指数

定义 4.4[26] 用 ξ 表示投资组合的不确定收益率，r_0 表示基准参考收益率，投资组合的风险指数定义为

$$\text{RI}(\xi) = E\left[(r_0 - \xi)^+\right] \tag{4.70}$$

其中，E 是不确定变量的期望算子且

$$(r_0 - \xi)^+ = \begin{cases} r_0 - \xi, & \xi \leqslant r_0 \\ 0, & \xi > r_0 \end{cases}$$

4.4 节定义了风险曲线，给出了可能的损失水平和损失发生的信度。回顾一下风险曲线的定义：设 ξ 代表不确定投资组合收益，风险曲线为

$$R(l) = \mathcal{M}\{r_0 - \xi \geqslant l\}, \quad \forall l \geqslant 0$$

将风险指数的定义与风险曲线进行比较，可以看出，风险指数是风险曲线的平均水平。

定理 4.26[26] 设 ξ 为不确定投资组合收益，且具有正则不确定分布 Φ，则投资组合的风险指数可通过式(4.71)得到

$$\text{RI}(\xi) = \int_{-\infty}^{r_0} \Phi(t) \mathrm{d}t \tag{4.71}$$

证明：根据不确定变量期望值的定义公式(2.47)，有

$$\begin{aligned}
\text{RI}(\xi) &= E\left[(r_0 - \xi)^+\right] \\
&= \int_0^\infty \mathcal{M}\{r_0 - \xi \geqslant r\} \mathrm{d}r \\
&= \int_0^\infty \Phi(r_0 - r) \mathrm{d}r \\
&= \int_{-\infty}^{r_0} \Phi(t) \mathrm{d}t
\end{aligned}$$

因此，定理得证。

定理 4.27[26] 设 ξ 表示不确定投资组合收益，且具有正则不确定分布 Φ，则投资组合的风险指数可由式(4.72)得到

$$\text{RI}(\xi) = \int_0^\beta (r_0 - \Phi^{-1}(\alpha)) \mathrm{d}\alpha \tag{4.72}$$

其中，β 由 $\Phi^{-1}(\beta) = r_0$ 得到。

证明：根据定理 4.26，可知

$$\mathrm{RI}(\xi) = \int_{-\infty}^{r_0} \Phi(t)\,\mathrm{d}t$$

由图 4.13 可知,

$$\int_{-\infty}^{r_0} \Phi(t)\,\mathrm{d}t$$

的面积可以通过水平方向积分得到,也可以通过垂直方向积分得到,即

$$\int_0^\beta (r_0 - \Phi^{-1}(\alpha))\,\mathrm{d}\alpha$$

其中,β 可由 $\Phi^{-1}(\beta) = r_0$ 得到。因此,定理得证。

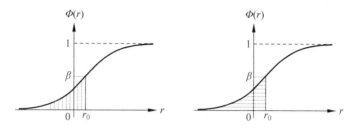

图 4.13 通过积分计算风险指数

根据定理 4.26,可得以下两个定理。

定理 4.28[26] 设 ξ 表示不确定投资组合收益,且具有线性不确定分布 $\xi \sim \mathcal{L}(a,b)$,基准参考收益率为 r_0,则投资组合的风险指数可由式(4.73)得到

$$\mathrm{RI}(\xi) = \frac{(r_0 - a)^2}{2(b-a)} \tag{4.73}$$

定理 4.29[26] 设 ξ 表示不确定投资组合收益,且具有之字不确定分布 $\xi \sim \mathcal{Z}(a,b,c)$,基准参考收益率为 r_0,当 $r_0 \leqslant b$ 时,投资组合的风险指数可由式(4.74)计算:

$$\mathrm{RI}(\xi) = \frac{(r_0 - a)^2}{4(b-a)} \tag{4.74}$$

根据定理 4.27,可得以下定理。

定理 4.30[26] 设 ξ 表示不确定投资组合收益,且具有正态不确定分布 $\xi \sim \mathcal{N}(e,\sigma)$,基准参考收益率为 r_0,则投资组合的风险指数可由式(4.75)得到

$$\mathrm{RI}(\xi) = (r_0 - e)\beta - \frac{\sqrt{3}\sigma}{\pi}(\beta\ln\beta + (1-\beta)\ln(1-\beta)) \tag{4.75}$$

其中,

$$\beta = \left(1 + \exp\left(\frac{\pi(e-r_0)}{\sqrt{3}\sigma}\right)\right)^{-1}$$

4.5.2 均值-风险指数模型

通常,投资者在进行投资时,会要求投资组合足够安全,并且追求最大化收益。设 x_i 是证券 i 的投资比例,ξ_i 是证券 i 的不确定收益率,$i=1,2,\cdots,n$,基准收益率为 r_0,低于基准收益率的部分为投资损失。设投资者最大可容忍的平均损失值为 c。那么,为了在安全投资组合中追求最大的期望收益,有如下均值-风险指数模型[26]:

$$\begin{cases} \max E[\xi_1 x_1 + \xi_2 x_2 + \cdots + \xi_n x_n] \\ \text{s. t.:} \\ \quad \text{RI}(\xi_1 x_1 + \xi_2 x_2 + \cdots + \xi_n x_n) \leqslant c \\ \quad x_1 + x_2 + \cdots + x_n = 1 \\ \quad x_i \geqslant 0, \quad i = 1, 2, \cdots, n \end{cases} \quad (4.76)$$

其中，RI 是投资组合的风险指数，定义为

$$\text{RI}(\xi_1 x_1 + \xi_2 x_2 + \cdots + \xi_n x_n) = E[(r_0 - (\xi_1 x_1 + \xi_2 x_2 + \cdots + \xi_n x_n))^+]$$

可以看出，风险指数不大于预设水平 c 的投资组合是安全的投资组合，其中期望收益最大的投资组合是投资者应该选择的最优投资组合。

4.5.3 模型的等价形式

定理 4.31 设 Φ_i 表示第 i 只证券的不确定收益率 ξ_i，$i = 1, 2, \cdots, n$ 的独立正则不确定分布，则风险指数模型(4.76)可以转换成如下形式：

$$\begin{cases} \max \int_0^1 \sum_{i=1}^n x_i \Phi_i^{-1}(\alpha) \, \mathrm{d}\alpha \\ \text{s. t.:} \\ \quad \beta r_0 - \int_0^\beta \sum_{i=1}^n x_i \Phi_i^{-1}(\alpha) \, \mathrm{d}\alpha \leqslant c \\ \quad \sum_{i=1}^n x_i \Phi_i^{-1}(\beta) = r_0 \\ \quad x_1 + x_2 + \cdots + x_n = 1 \\ \quad x_i \geqslant 0, \quad i = 1, 2, \cdots, n \end{cases} \quad (4.77)$$

证明： 用 Ψ 表示投资组合收益

$$\sum_{i=1}^n x_i \xi_i$$

的不确定分布，因为对于 $i = 1, 2, \cdots, n$，有 $x_i \geqslant 0$，所以由运算法则定理 2.12 可知，

$$\Psi^{-1}(\alpha) = x_1 \Phi_1^{-1}(\alpha) + x_2 \Phi_2^{-1}(\alpha) + \cdots + x_n \Phi_n^{-1}(\alpha), \quad \alpha \in (0, 1)$$

根据定理 4.27，有

$$\text{RI}(\xi_1 x_1 + \xi_2 x_2 + \cdots + \xi_n x_n) = \int_0^\beta (r_0 - \Psi^{-1}(\alpha)) \, \mathrm{d}\alpha$$

其中，β 由 $\Psi^{-1}(\beta) = r_0$ 得到。因此，有

$$\int_0^\beta (r_0 - \Psi^{-1}(\alpha)) \, \mathrm{d}\alpha = \beta r_0 - \int_0^\beta \sum_{i=1}^n x_i \Phi_i^{-1}(\alpha) \, \mathrm{d}\alpha$$

其中，β 由 $\sum_{i=1}^n x_i \Phi_i^{-1}(\beta) = r_0$ 得到。

根据运算法则定理 2.12 和定理 2.26 可得目标函数。定理得证。

已知线性不确定变量 $\xi_i \sim \mathcal{L}(a_i, b_i)$ 与非负实数 k_i，$i = 1, 2, \cdots, n$ 的乘积的和也是线性不确定变量，即

$$\sum_{i=1}^{n}k_{i}\xi_{i} \sim \mathcal{L}\left(\sum_{i=1}^{n}k_{i}a_{i}, \sum_{i=1}^{n}k_{i}b_{i}\right)$$

那么由定理 4.28,可以得到以下定理。

定理 4.32 设证券 i 的收益率均为线性不确定变量 $\xi_i \sim \mathcal{L}(a_i, b_i), i = 1, 2, \cdots, n$,那么风险指数模型(4.76)可以转化为如下清晰等价形式:

$$\begin{cases} \max \dfrac{1}{2}\sum_{i=1}^{n}(a_i x_i + b_i x_i) \\ \text{s. t.:} \\ \left(r_0 - \sum_{i=1}^{n}a_i x_i\right)^2 / 2\sum_{i=1}^{n}(b_i x_i - a_i x_i) \leqslant c \\ x_1 + x_2 + \cdots + x_n = 1 \\ x_i \geqslant 0, \quad i = 1, 2, \cdots, n \end{cases} \quad (4.78)$$

已知之字不确定变量 $\xi_i \sim \mathcal{Z}(a_i, b_i, c_i)$ 与非负实数 $k_i, i = 1, 2, \cdots, n$ 的乘积的和也是之字不确定变量,即

$$\sum_{i=1}^{n}k_{i}\xi_{i} \sim \mathcal{Z}\left(\sum_{i=1}^{n}k_{i}a_{i}, \sum_{i=1}^{n}k_{i}b_{i}, \sum_{i=1}^{n}k_{i}c_{i}\right)$$

那么由定理 4.29,可以得到以下定理。

定理 4.33 设证券 i 的收益率均为之字不确定变量 $\xi_i \sim \mathcal{Z}(a_i, b_i, c_i), i = 1, 2, \cdots, n$。若

$$r_0 \leqslant \min_{0 \leqslant i \leqslant n} b_i$$

风险指数模型(4.76)可以转化为如下清晰等价形式:

$$\begin{cases} \max \dfrac{1}{4}\sum_{i=1}^{n}(a_i x_i + 2b_i x_i + c_i x_i) \\ \text{s. t.:} \\ \left(r_0 - \sum_{i=1}^{n}a_i x_i\right)^2 / 4\sum_{i=1}^{n}(b_i x_i - a_i x_i) \leqslant c \\ x_1 + x_2 + \cdots + x_n = 1 \\ x_i \geqslant 0, \quad i = 1, 2, \cdots, n \end{cases} \quad (4.79)$$

值得注意的是,要求

$$r_0 \leqslant \min_{0 \leqslant i \leqslant n} b_i$$

是合理的,否则这些证券会太糟糕,无法予以考虑。

已知正态不确定变量 $\xi_i \sim \mathcal{N}(e_i, \sigma_i)$ 与非负实数 $k_i, i = 1, 2, \cdots, n$ 的乘积的和也是正态不确定变量,即

$$\sum_{i=1}^{n}k_{i}\xi_{i} \sim \mathcal{N}\left(\sum_{i=1}^{n}k_{i}e_{i}, \sum_{i=1}^{n}k_{i}\sigma_{i}\right)$$

那么由定理 4.30,可以得到以下定理。

定理 4.34 设证券 i 的收益率均为正态不确定变量 $\xi_i \sim \mathcal{N}(e_i, \sigma_i), i = 1, 2, \cdots, n$,那么风险指数模型(4.76)可以转化为如下确定性等价形式:

$$\begin{cases} \max \sum_{i=1}^{n} e_i x_i \\ \text{s. t.:} \\ \quad \beta\left(r_0 - \sum_{i=1}^{n} e_i x_i\right) - \sum_{i=1}^{n} \frac{\sqrt{3}\sigma_i x_i}{\pi}[\beta\ln\beta + (1-\beta)\ln(1-\beta)] \leqslant c \\ \quad \beta = \left(1 + \exp\left(\pi\left(\sum_{i=1}^{n} e_i x_i - r_0\right) / \left(\sqrt{3}\sum_{i=1}^{n} \sigma_i x_i\right)\right)\right)^{-1} \\ \quad x_1 + x_2 + \cdots + x_n = 1 \\ \quad x_i \geqslant 0, \quad i = 1, 2, \cdots, n \end{cases} \quad (4.80)$$

4.5.4 数值算例

例 4.7 假设投资者从 10 只证券中选择投资组合,这 10 只证券的月收益率都是正态不确定变量,见表 4.14。

表 4.14 10 只证券的正态不确定收益

证券 i	不确定收益率 ξ_i	证券 i	不确定收益率 ξ_i
1	$\mathcal{N}(0.038, 0.065)$	6	$\mathcal{N}(0.028, 0.045)$
2	$\mathcal{N}(0.043, 0.06)$	7	$\mathcal{N}(0.035, 0.058)$
3	$\mathcal{N}(0.032, 0.056)$	8	$\mathcal{N}(0.033, 0.05)$
4	$\mathcal{N}(0.039, 0.067)$	9	$\mathcal{N}(0.025, 0.04)$
5	$\mathcal{N}(0.031, 0.055)$	10	$\mathcal{N}(0.05, 0.12)$

假设基准收益率是 0.01,投资者可容忍的平均损失值为 $c=0.01$,那么根据定理 4.34,有如下模型:

$$\begin{cases} \max \sum_{i=1}^{10} e_i x_i \\ \text{s. t.:} \\ \quad \beta\left(0.01 - \sum_{i=1}^{10} e_i x_i\right) - \sum_{i=1}^{10} \frac{\sqrt{3}\sigma_i x_i}{\pi}[\beta\ln\beta + (1-\beta)\ln(1-\beta)] \leqslant 0.01 \\ \quad \beta = \left(1 + \exp\left(\pi\left(\sum_{i=1}^{10} e_i x_i - 0.01\right) / \left(\sqrt{3}\sum_{i=1}^{10} \sigma_i x_i\right)\right)\right)^{-1} \\ \quad x_1 + x_2 + \cdots + x_{10} = 1 \\ \quad x_i \geqslant 0, \quad i = 1, 2, \cdots, 10 \end{cases}$$

运行 Excel 中的"Solver"命令,得到在风险指数不大于预设水平 0.01 的约束下,投资者应将投资资金的 75.01% 投资于证券 2,资金的 24.99% 投资于证券 9,最大期望收益率为 3.85%。

为了说明可容忍的平均损失(风险指数)的大小对决策结果的影响,在此调整了 c 值并进行了模型求解,结果如表 4.15 所示。可见,当可容忍风险水平 c 增大时,投资组合收益的期望值增大,这符合"风险越高,收益越高"的规律。

表 4.15 不同风险水平约束下的最优投资组合(1)   %

c	目标值	x_1	x_2	x_3	x_4	x_5	x_6	x_7	x_8	x_9	x_{10}
1.0	3.85	0.00	75.01	0.00	0.00	0.00	0.00	0.00	0.00	24.99	0.00
1.5	4.48	0.00	74.09	0.00	0.00	0.00	0.00	0.00	0.00	0.00	25.91
2.0	4.67	0.00	46.92	0.00	0.00	0.00	0.00	0.00	0.00	0.00	53.08
2.5	4.86	0.00	20.25	0.00	0.00	0.00	0.00	0.00	0.00	0.00	79.75

例 4.8 假设证券是线性不确定变量,如表 4.16 所示,基准收益率仍然是 0.01,可容忍风险指数水平为 $c=0.017$,那么根据定理 4.32,有如下模型:

$$\begin{cases} \max \dfrac{1}{2}\sum_{i=1}^{10}(a_i x_i + b_i x_i) \\ \text{s. t.:} \\ \left(0.01 - \sum_{i=1}^{n} a_i x_i\right)^2 / 2\sum_{i=1}^{n}(b_i x_i - a_i x_i) \leqslant 0.017 \\ x_1 + x_2 + \cdots + x_{10} = 1 \\ x_i \geqslant 0, \quad i=1,2,\cdots,10 \end{cases} \quad (4.81)$$

表 4.16 10 只证券的线性不确定收益率

证券 i	不确定收益率 ξ_i	证券 i	不确定收益率 ξ_i
1	$\mathcal{L}(-0.093, 0.202)$	6	$\mathcal{L}(-0.214, 0.332)$
2	$\mathcal{L}(-0.089, 0.192)$	7	$\mathcal{L}(-0.231, 0.392)$
3	$\mathcal{L}(-0.080, 0.160)$	8	$\mathcal{L}(-0.324, 0.442)$
4	$\mathcal{L}(-0.148, 0.223)$	9	$\mathcal{L}(-0.245, 0.386)$
5	$\mathcal{L}(-0.123, 0.241)$	10	$\mathcal{L}(-0.175, 0.278)$

运行 Excel 中的"Solver"命令,得到在风险指数不大于预设水平 0.017 的情况下,投资者应将 24.4% 的投资资金配置到证券 2,75.6% 的投资资金配置到证券 3,此时最大期望收益率为 4.28%。

同样,调整 c 值,得到最优投资组合结果,如表 4.17 所示,可以看出,当可容忍风险水平 c 增加时,投资组合的期望收益也随之增大。

表 4.17 不同风险水平约束下的最优投资组合(2)   %

c	目标值	x_1	x_2	x_3	x_4	x_5	x_6	x_7	x_8	x_9	x_{10}
1.7	4.28	0.00	24.40	75.60	0.00	0.00	0.00	0.00	0.00	0.00	0.00
2.1	5.73	89.33	0.00	0.00	0.00	0.00	0.00	10.67	0.00	0.00	0.00
2.8	6.37	64.76	0.00	0.00	0.00	0.00	0.00	35.24	0.00	0.00	0.00
3.3	6.82	47.31	0.00	0.00	0.00	0.00	0.00	52.69	0.00	0.00	0.00

综合训练

1. 相对于方差来说,半方差作为风险度量方法有什么优点?
2. 相对于间接风险度量方法,直接风险度量方法有什么优点?
3. 投资者如何根据风险曲线和置信曲线判断投资组合是否安全?

即 测 即 练

第5章 考虑欧式期权的不确定投资组合

在金融市场中,期权可以用来对冲投资组合的投资风险。本章首先回顾一些关于欧式期权的基本知识,然后,介绍采用机会[35]和风险指数[36]两种风险度量方法,对考虑欧式看涨期权的投资组合进行选择的方法,之后比较了采用这两种风险度量方法在投资组合选择上的差异。

5.1 欧式股票期权

定义 5.1 欧式看涨股票期权是一种合约,其持有人拥有在合同到期日以执行价格 K 购买标的股票的权利。

购买期权合约的价格称为权利金。需要注意的是,欧式看涨期权的买方可以行使或放弃购买标的股票的权利。在到期日,如果股价高于执行价格(也称行权价格),买方可以行使该权利以执行价格购买标的股票。否则,买方将放弃该权利,不购买标的股票。欧式看涨期权只能在合约到期时行使。因此,在到期日,对看涨期权购买者来说,看涨期权的价值为

$$\max\{S_T - K, 0\}$$

其中,S_T 是到期日的股票价格。欧式看涨期权购买者的利润如图 5.1 所示。其中,P 为该期权的权利金。可以看出,当股价下跌时,看涨期权购买者的损失不会超过看涨期权的权利金,但当股价上涨时,理论上可以获得无限的利润。

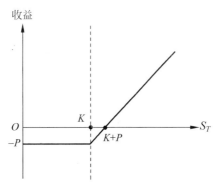

图 5.1 欧式看涨期权购买者的利润

定义 5.2 欧式看跌股票期权是一种合约,其持有人拥有在合同到期日以执行价格 K 出售标的股票的权利。

看跌期权同样具有一个价格或权利金。需要注意的是，欧式看跌期权的买方可以行使或放弃出售标的股票的权利。在到期日，如果股价低于执行价格，买方可以行使期权，并以执行价格出售标的股票。如果股价高于执行价格，买方将放弃行使期权。欧式看跌期权只能在合约到期时行使。看跌期权购买者在到期日的看跌期权价值为

$$\max\{K-S_T,0\}$$

其中，S_T 是到期日的股票价格。欧式看跌期权购买者的利润见图 5.2。其中，P 为该期权的权利金。当股价上涨时，看跌期权买家的损失不会超过看跌期权的权利金，当股价理论上下跌至零时，可以获得有限的最大利润 $K-P$。

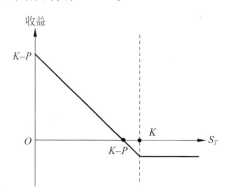

图 5.2 欧式看跌期权购买者的利润

5.2 考虑欧式期权的不确定均值-机会模型

5.2.1 问题描述和建模

投资者期初有 1 单位的资金，考虑在无风险资产、一个股指和以这个股指为标的 n 个欧式看涨期权中进行投资组合，这 n 个欧式看涨期权到期日相同，但执行价格不同。投资者看好股价，并希望从股价上涨中尽可能多地获得利润。同时投资者明白，虽然他们看涨股价，但是所有的投资都是有风险的，看涨的股票也可能下跌，他们希望当股价下跌时能锁定损失，所以他们购买欧式看涨期权，而不是欧式看跌期权。购买看涨期权，当股价上涨时，理论上可以获得无限的利润；当股价下跌时，损失不会超过期权费。而买入看跌期权，在股价上涨时不但不能享受股价上涨带来的利润，反而遭受一定的损失，在股价下跌时只获得有限利润。

为便于描述，下面介绍本章用到的符号。

T：投资时间。

S：到期日 T 时刻的股指价格。

S_0：当前股指价格。

n：到期日相同但行权价格不同的欧式看涨期权的数量。

$K_i, i=1,2,\cdots,n$：第 i 个欧式看涨期权的执行价格，$K_1 \leqslant K_2 \leqslant \cdots \leqslant K_n$。

$p_i, i=1,2,\cdots,n$：第 i 个欧式看涨期权的期权费。

r：无风险利率。

x：投资于无风险资产的资金。
y：投资于股指的资金。
$z_i, i=1,2,\cdots,n$：投资在第 i 个欧式看涨期权的资金。

令 W 表示到期日投资者的财富值(即不确定的投资组合价值)，那么 W 的数学表达式为

$$W(S;x,y,z_i) = xe^{rT} + \frac{y}{S_0}S + \sum_{i=1}^{n} \frac{z_i}{p_i}(S-K_i)^+$$

其中，

$$(S-K_i)^+ = \begin{cases} S-K_i, & S > K_i \\ 0, & S \leqslant K_i \end{cases}$$

令 H 表示投资所得财富值的阈值，α_0 为对投资组合的期末财富未达到阈值 H 这一事件出现机会大小的可容忍水平。不考虑交易成本和买卖价差。投资者的目标是在到期日获得最大的期望投资价值，风险控制要求投资价值未达到阈值 H 的发生机会不超过可容忍水平 α_0。那么，考虑期权的投资组合可通过如下的不确定均值-机会模型来选择[35]：

$$\begin{cases} \max E\left[xe^{rT} + \dfrac{y}{S_0}S + \sum\limits_{i=1}^{n} \dfrac{z_i}{p_i}(S-K_i)^+\right] \\ \text{s. t. :} \\ \quad \mathcal{M}\left\{xe^{rT} + \dfrac{y}{S_0}S + \sum\limits_{i=1}^{n} \dfrac{z_i}{p_i}(S-K_i)^+ \leqslant H\right\} \leqslant \alpha_0 \\ \quad x + y + \sum\limits_{i=1}^{n} z_i = 1 \\ \quad x \geqslant 0, y \geqslant 0, z_i \geqslant 0, i=1,2,\cdots,n \end{cases} \quad (5.1)$$

其中，xe^{rT} 为到期日 T 无风险资产的复利终值，yS/S_0 为到期日股指的价值，$\sum\limits_{i=1}^{n}(S-K_i)^+/p_i$ 为到期日所买期权的价值。其目标是到期日投资在无风险资产、股指和期权上的期望价值最大。为控制投资风险，约束条件

$$\mathcal{M}\left\{xe^{rT} + \frac{y}{S_0}S + \sum_{i=1}^{n} \frac{z_i}{p_i}(S-K_i)^+ \leqslant H\right\} \leqslant \alpha_0$$

要求到期日投资组合的资产价值低于阈值 H 的机会不超过可容忍水平 α_0。约束条件

$$x + y + \sum_{i=1}^{n} z_i = 1$$

表示初始资本应该全部分配在不同的金融产品上，最后一个非负约束意味着市场不允许卖空。

5.2.2 模型的等价形式

定理 5.1[35] 设不确定股指价格 S 有正则不确定分布 Φ，均值为 μ，则模型(5.1)可转化为如下形式：

$$\begin{cases} \max x\mathrm{e}^{rT} + \dfrac{y}{S_0}\mu + \sum_{i=1}^{n} \dfrac{z_i}{p_i}\int_{\Phi(K_i)}^{1}(\Phi^{-1}(\alpha)-K_i)\mathrm{d}\alpha \\ \text{s. t. :} \\ \quad x\mathrm{e}^{rT} + \dfrac{y}{S_0}\Phi^{-1}(\alpha_0) \geqslant H, \qquad\qquad\qquad\qquad 0 \leqslant \alpha_0 < \Phi(K_1) \\ \quad x\mathrm{e}^{rT} + \dfrac{y}{S_0}\Phi^{-1}(\alpha_0) + \sum_{i=1}^{j}\dfrac{z_i}{p_i}(\Phi^{-1}(\alpha_0)-K_i) \geqslant H, \quad \Phi(K_j) \leqslant \alpha_0 < \Phi(K_{j+1}), \\ \qquad\qquad\qquad\qquad\qquad\qquad\qquad\qquad\qquad\qquad j=1,2,\cdots,n-1 \\ \quad x\mathrm{e}^{rT} + \dfrac{y}{S_0}\Phi^{-1}(\alpha_0) + \sum_{i=1}^{n}\dfrac{z_i}{p_i}(\Phi^{-1}(\alpha_0)-K_i) \geqslant H, \quad \Phi(K_n) \leqslant \alpha_0 \leqslant 1 \\ \quad x + y + \sum_{i=1}^{n} z_i = 1 \\ \quad x \geqslant 0, y \geqslant 0, z_i \geqslant 0, i=1,2,\cdots,n \end{cases}$$

(5.2)

证明： 很显然 $W(S;x,y,z_i)$ 是关于 $S(S \geqslant 0)$ 的一个连续且严格递增函数，根据运算法则，即定理 2.12，

$$W(S;x,y,z_i) = x\mathrm{e}^{rT} + \dfrac{y}{S_0}S + \sum_{i=1}^{n}\dfrac{z_i}{p_i}(S-K_i)^+$$

的逆分布函数为

$$\Psi^{-1}(\alpha) = x\mathrm{e}^{rT} + \dfrac{y}{S_0}\Phi^{-1}(\alpha) + \sum_{i=1}^{n}\dfrac{z_i}{p_i}(\Phi^{-1}(\alpha)-K_i)^+$$

$$= \begin{cases} x\mathrm{e}^{rT} + \dfrac{y}{S_0}\Phi^{-1}(\alpha), & 0 \leqslant \alpha < \Phi(K_1) \\ x\mathrm{e}^{rT} + \dfrac{y}{S_0}\Phi^{-1}(\alpha) + \sum_{i=1}^{j}\dfrac{z_i}{p_i}(\Phi^{-1}(\alpha)-K_i), & \Phi(K_j) \leqslant \alpha < \Phi(K_{j+1}), \\ & j=1,2,\cdots,n-1 \\ x\mathrm{e}^{rT} + \dfrac{y}{S_0}\Phi^{-1}(\alpha) + \sum_{i=1}^{n}\dfrac{z_i}{p_i}(\Phi^{-1}(\alpha)-K_i), & \Phi(K_n) \leqslant \alpha \leqslant 1 \end{cases}$$

根据不确定测度的单调性，模型(5.1)中的风险约束

$$\mathcal{M}\left\{ x\mathrm{e}^{rT} + \dfrac{y}{S_0}S + \sum_{i=1}^{n}\dfrac{z_i}{p_i}(S-K_i)^+ \leqslant H \right\} \leqslant \alpha_0$$

等价于如下形式：

$$\begin{cases} x\mathrm{e}^{rT} + \dfrac{y}{S_0}\Phi^{-1}(\alpha_0) \geqslant H, & 0 \leqslant \alpha_0 < \Phi(K_1) \\ x\mathrm{e}^{rT} + \dfrac{y}{S_0}\Phi^{-1}(\alpha_0) + \sum_{i=1}^{j}\dfrac{z_i}{p_i}(\Phi^{-1}(\alpha_0)-K_i) \geqslant H, & \Phi(K_j) \leqslant \alpha_0 < \Phi(K_{j+1}), \\ & j=1,2,\cdots,n-1 \\ x\mathrm{e}^{rT} + \dfrac{y}{S_0}\Phi^{-1}(\alpha_0) + \sum_{i=1}^{n}\dfrac{z_i}{p_i}(\Phi^{-1}(\alpha_0)-K_i) \geqslant H, & \Phi(K_n) \leqslant \alpha_0 \leqslant 1 \end{cases}$$

根据定理 2.26，

$$W(S;x,y,z_i) = xe^{rT} + yS + \sum_{i=1}^{n} z_i(S-K_i)^+$$

的期望值为

$$\begin{aligned}E[W] &= \int_0^1 \Psi^{-1}(\alpha)\,d\alpha \\ &= \int_0^{\Phi(K_1)} \left(xe^{rT} + \frac{y}{S_0}\Phi^{-1}(\alpha)\right)d\alpha \\ &\quad + \sum_{j=1}^{n-1}\int_{\Phi(K_j)}^{\Phi(K_{j+1})} \left(xe^{rT} + \frac{y}{S_0}\Phi^{-1}(\alpha) + \sum_{i=1}^{j}\frac{z_i}{p_i}(\Phi^{-1}(\alpha)-K_i)\right)d\alpha \\ &\quad + \int_{\Phi(K_n)}^1 \left(xe^{rT} + \frac{y}{S_0}\Phi^{-1}(\alpha) + \sum_{i=1}^{n}\frac{z_i}{p_i}(\Phi^{-1}(\alpha)-K_i)\right)d\alpha \\ &= xe^{rT} + \int_0^{\Phi(K_1)} y\Phi^{-1}(\alpha)\,d\alpha \\ &\quad + \sum_{j=1}^{n-1}\int_{\Phi(K_j)}^{\Phi(K_{j+1})} \left(\frac{y}{S_0}\Phi^{-1}(\alpha) + \sum_{i=1}^{j}\frac{z_i}{p_i}(\Phi^{-1}(\alpha)-K_i)\right)d\alpha \\ &\quad + \int_{\Phi(K_n)}^1 \left(\frac{y}{S_0}\Phi^{-1}(\alpha) + \sum_{i=1}^{n}\frac{z_i}{p_i}(\Phi^{-1}(\alpha)-K_i)\right)d\alpha\end{aligned}$$

因为

$$E[S] = \mu = \int_0^1 \Phi^{-1}(\alpha)\,d\alpha$$

可得

$$E[W] = xe^{rT} + \frac{y}{S_0}\mu + \sum_{i=1}^{n}\frac{z_i}{p_i}\left(\int_{\Phi(K_i)}^1 (\Phi^{-1}(\alpha)-K_i)\,d\alpha\right)$$

至此,定理得证。

5.2.3 与不考虑期权的投资比较

当不考虑期权时,模型(5.1)变为

$$\begin{cases}\max E\left[xe^{rT} + \dfrac{y}{S_0}S\right] \\ \text{s. t.:} \\ \quad \mathcal{M}\left\{xe^{rT} + \dfrac{y}{S_0}S \leqslant H\right\} \leqslant \alpha_0 \\ \quad x+y=1 \\ \quad x \geqslant 0, y \geqslant 0\end{cases} \qquad (5.3)$$

根据定理5.1,模型(5.3)的清晰等价形式为

$$\begin{cases}\max xe^{rT} + \dfrac{y}{S_0}\mu \\ \text{s. t.:} \\ \quad xe^{rT} + \dfrac{y}{S_0}\Phi^{-1}(\alpha_0) \geqslant H \\ \quad x+y=1 \\ \quad x \geqslant 0, y \geqslant 0\end{cases} \qquad (5.4)$$

从模型(5.2)和模型(5.4)可以容易地看出考虑期权和不考虑期权的最优投资组合之间的关系。

定理 5.2[35]　设不确定股指价格 S 有正则不确定分布函数 Φ，均值为 μ，对于给定的期末财富阈值 H 和容忍水平 α_0，考虑期权的投资组合的最优期望财富大于等于不考虑期权的投资组合的最优期望财富。

证明：因为股指价格一定大于零，故 $\Phi^{-1}(\alpha)>0, \alpha\in(0,1)$。令 $\boldsymbol{X}=(x,y,z_1,z_2,\cdots,z_n)$ 和 $\boldsymbol{Y}=(x,y)$ 分别是模型(5.2)和模型(5.4)的可行解。①假设 $\boldsymbol{Y}^*$ 是模型(5.4)的最优解。当 $z_i=0, i=1,2,\cdots,n$，模型(5.4)的约束和模型(5.2)的约束完全相同，所以 $(\boldsymbol{Y}^*,0,0,\cdots,0)$ 是模型(5.2)的一个可行解。②假设 $\boldsymbol{X}^*=(x^*,y^*,\cdots)$ 是模型(5.2)的最优解。因为 α_0 可能落在 $\alpha_0>\Phi(K_1)$ 的区域内，所以 (x^*,y^*) 不一定是模型(5.4)的可行解。

令 $f(\boldsymbol{X})$ 和 $g(\boldsymbol{Y})$ 分别表示模型(5.2)和模型(5.4)的目标函数，那么对于
$$\boldsymbol{X}=(\boldsymbol{Y},z_1,z_2,\cdots,z_n)$$
有 $f(\boldsymbol{X})\geqslant g(\boldsymbol{Y})$ 成立，等号成立当且仅当对于所有的 $i=1,2,\cdots,n$，有 $z_i=0$。从①和②可得
$$f(\boldsymbol{X}^*)\geqslant f(\boldsymbol{Y}^*,0,0,\cdots,0)=g(\boldsymbol{Y}^*)$$
这意味着考虑期权的投资组合的最优期望价值大于等于不考虑期权的投资组合的最优期望价值。定理得证。

5.2.4　灵敏性分析

本节首先讨论财富阈值 H 的变化对模型(5.2)目标值的影响，然后研究增加一个欧式看涨期权对模型(5.2)目标值的影响。

定理 5.3[35]　模型(5.2)的最优期望财富关于财富阈值 H 单调递减。也就是说，对于任意的 $H_2>H_1$，$H=H_2$ 时模型(5.2)的最优期望财富小于或等于 $H=H_1$ 时模型(5.2)的最优期望财富。

证明：令 Ψ 表示期末财富值 W 的不确定分布函数。令 $H_2>H_1$。①根据 $\Psi^{-1}(\alpha_0)\geqslant H_2$，可得 $\Psi^{-1}(\alpha_0)>H_1$。②因为不确定测度是单调的，若 $\Psi^{-1}(\alpha_0)\geqslant H_1$，则不能得到 $\Psi^{-1}(\alpha_0)\geqslant H_2$。由①和②可得，当财富阈值 $H=H_2$ 时，模型(5.2)的可行解一定是财富阈值 $H=H_1$ 时模型(5.2)的可行解。但是财富阈值 $H=H_1$ 时，模型(5.2)的可行解不一定是财富阈值 $H=H_2$ 时模型(5.2)的可行解。所以财富阈值 $H=H_2$ 时模型(5.2)的最优期望财富小于或等于 $H=H_1$ 时模型(5.2)的最优期望财富。定理得证。

在模型(5.2)中，投资者考虑了以一个股指为标的的 n 个欧式看涨期权。现在考虑对于同样的股指增加一个欧式看涨期权，新加的欧式看涨期权被定义为第 $(n+1)$ 个期权。

显然，模型(5.2)是一个线性规划问题，因此运用单纯型法很容易得到它的最优解。假设通过运用单纯型法已经得到了模型(5.2)的最优解。令 2×2 矩阵 $\boldsymbol{B}$ 是基，$\boldsymbol{X}_B$ 是由基向量构成的 2×1 维的列向量，$\boldsymbol{C}_B$ 是由基向量的目标函数系数构成的 1×2 维的行向量。

定理 5.4[35]　令 K' 是第 $(n+1)$ 个欧式看涨期权的执行价格，p_{n+1} 是期权费，z_{n+1} 是投资在第 $(n+1)$ 个看涨期权上的资金。那么对于模型(5.2)，只要满足下面的任何一个条件，考虑第 $(n+1)$ 个看涨期权的投资将带来更大的期末财富：

(1) 当 $0 < \alpha_0 < \Phi(K')$,
$$\frac{1}{p_{n+1}} \int_{\Phi(K')}^{1} (\Phi^{-1}(\alpha) - K') d\alpha - \boldsymbol{C_B} \boldsymbol{B}^{-1} \begin{pmatrix} 0 \\ 1 \end{pmatrix} > 0$$

(2) 当 $\Phi(K') \leqslant \alpha_0 \leqslant 1$,
$$\frac{1}{p_{n+1}} \int_{\Phi(K')}^{1} (\Phi^{-1}(\alpha) - K') d\alpha - \boldsymbol{C_B} \boldsymbol{B}^{-1} \begin{pmatrix} 1 \\ \frac{\Phi^{-1}(\alpha_0) - K'}{p_{n+1}} \end{pmatrix} > 0$$

其中,$\boldsymbol{B}$ 是一个 2×2 矩阵,是最优解的一个基,$\boldsymbol{C_B}$ 是由基向量的目标函数系数构成的 1×2 维的行向量。

证明:根据定理 5.1,可得变量 z_{n+1} 的目标函数系数是
$$c_{n+1} = \frac{1}{p_{n+1}} \int_{\Phi(K')}^{1} (\Phi^{-1}(\alpha) - K') d\alpha$$

变量 z_{n+1} 的约束系数构成如下形式的 2×1 维列向量
$$a_{n+1} = \begin{cases} \begin{pmatrix} 0 \\ 1 \end{pmatrix}, & 0 \leqslant \alpha_0 < \Phi(K') \\ \begin{pmatrix} 1 \\ \frac{\Phi^{-1}(\alpha_0) - K'}{p_{n+1}} \end{pmatrix}, & \Phi(K') \leqslant \alpha_0 \leqslant 1 \end{cases}$$

当向线性规划问题中新添加一列(对应于一个变量 z_{n+1})时,根据线性规划的最优判别准则[37],如果
$$c'_{n+1} = c_{n+1} - \boldsymbol{C_B} \boldsymbol{B}^{-1} a_{n+1} > 0$$
则当前基不再是最优的,z_{n+1} 将是新最优解的基变量。也就是说,当
$$c'_{n+1} = c_{n+1} - \boldsymbol{C_B} \boldsymbol{B}^{-1} a_{n+1} > 0$$
时,投资在新加的第 $(n+1)$ 个期权是有利可图的。由于
$$c'_{n+1} = c_{n+1} - \boldsymbol{C_B} \boldsymbol{B}^{-1} a_{n+1} =$$
$$\begin{cases} \frac{1}{p_{n+1}} \int_{\Phi(K')}^{1} (\Phi^{-1}(\alpha) - K') d\alpha - \boldsymbol{C_B} \boldsymbol{B}^{-1} \begin{pmatrix} 0 \\ 1 \end{pmatrix}, & 0 < \alpha_0 < \Phi(K') \\ \frac{1}{p_{n+1}} \int_{\Phi(K')}^{1} (\Phi^{-1}(\alpha) - K') d\alpha - \boldsymbol{C_B} \boldsymbol{B}^{-1} \begin{pmatrix} 1 \\ \frac{\Phi^{-1}(\alpha_0) - K'}{p_{n+1}} \end{pmatrix}, & \Phi(K') \leqslant \alpha_0 \leqslant 1 \end{cases}$$

定理得证。

5.2.5 数值算例

例 5.1[35] 假定投资者正在考虑如何在无风险资产、来自上海证券交易所的上证 50ETF 以及 4 个看涨期权上进行投资。设定财富阈值 H 为原始资产的 90%,$\alpha_0 = 2\%$。原始数据来自 2017 年 12 月 26 日金融资产的价格,期权的到期日为 2018 年 6 月 27 日。上证 50ETF 的当前价格为 2.816,相应的 4 个看涨期权的期权费和到期日的执行价格在表 5.1 中给出。无风险利率为 1.9%。

表 5.1 4 个 50ETF 期权的费用

期权 i	期权费 p_i	执行价格 K_i
1	0.164 2	2.847 0
2	0.118 2	2.95
3	0.100 9	3
4	0.065 2	3.142 0

通过邀请三个专家对股指价格进行预测，然后运用 3.2 节介绍的 Delphi 法，得到上证 50ETF 到期日的价格服从正态不确定分布 $S \sim \mathcal{N}(3.097\,6, 0.844\,8)$。

对于正态不确定分布 $\mathcal{N}(\mu, \sigma)$，根据定理 5.1，模型(5.1)可转化为如下形式：

$$\begin{cases} \max x\mathrm{e}^{rT} + \dfrac{y}{S_0}\mu + \sum_{i=1}^{n} \dfrac{z_i}{p_i}\Big[(\mu - K_i)(1 - \Phi(K_i)) - \\ \dfrac{\sqrt{3}\sigma}{\pi}\big(\Phi(K_i)\ln(\Phi(K_i)) + (1 - \Phi(K_i))\ln(1 - \Phi(K_i))\big)\Big] \\ \text{s. t.:} \\ \quad x\mathrm{e}^{rT} + \dfrac{y}{S_0}\Big[\mu + \dfrac{\sqrt{3}\sigma}{\pi}\ln\Big(\dfrac{\alpha_0}{1-\alpha_0}\Big)\Big] \geqslant H, \quad 0 \leqslant \alpha_0 < \Phi(K_1) \\ \quad x\mathrm{e}^{rT} + \dfrac{y}{S_0}\Big[\mu + \dfrac{\sqrt{3}\sigma}{\pi}\ln\Big(\dfrac{\alpha_0}{1-\alpha_0}\Big)\Big] + \sum_{i=1}^{j}\dfrac{z_i}{p_i}\Big(\mu + \dfrac{\sqrt{3}\sigma}{\pi}\ln\Big(\dfrac{\alpha_0}{1-\alpha_0}\Big) - K_i\Big) \geqslant H, \\ \quad\quad\quad\quad\quad\quad\quad\quad\quad\quad\quad\quad \Phi(K_j) \leqslant \alpha_0 < \Phi(K_{j+1}), j = 1, 2, \cdots, n-1 \\ \quad x\mathrm{e}^{rT} + \dfrac{y}{S_0}\Big[\mu + \dfrac{\sqrt{3}\sigma}{\pi}\ln\Big(\dfrac{\alpha_0}{1-\alpha_0}\Big)\Big] + \sum_{i=1}^{n}\dfrac{z_i}{p_i}\Big(\mu + \dfrac{\sqrt{3}\sigma}{\pi}\ln\Big(\dfrac{\alpha_0}{1-\alpha_0}\Big) - K_i\Big) \geqslant H, \\ \quad\quad\quad\quad\quad\quad\quad\quad\quad\quad\quad\quad \Phi(K_n) \leqslant \alpha_0 \leqslant 1 \\ \quad x + y + \sum_{i=1}^{n} z_i = 1 \\ \quad x \geqslant 0, y \geqslant 0, z_i \geqslant 0, i = 1, 2, \cdots, n \end{cases}$$
(5.5)

由于 $\alpha_0 = 2\%$，可得 $\Phi(K_1) = 0.368\,6 > \alpha_0$，因此通过简单的数据输入，模型(5.5)变为

$$\begin{cases} \max 1.009\,5x + 1.1y + 2.830\,7z_1 + 3.404\,9z_2 + 3.708\,6z_3 + 4.619\,2z_4 \\ \text{s. t.:} \\ \quad 1.009\,5x + 0.456\,3y \geqslant 0.9 \\ \quad x + y + z_1 + z_2 + z_3 + z_4 = 1 \\ \quad x \geqslant 0, y \geqslant 0, z_i \geqslant 0, i = 1, 2, \cdots, 4 \end{cases}$$
(5.6)

求解模型(5.6)，投资者应该投资 0.891 5 的资产在无风险资产上、0.108 5 的资产在期权 4 上。此时目标值为 1.401 2，这意味着投资者将得到 40.12%的收益，因为原始资产为 1。

为了展示目标值和 H 值的关系，表 5.2 给出了不同阈值 H 下模型的最优解与目标函数值。由于原始财富为 1，H 值越小，表明损失越大，因此当 α_0 保持不变时，H 越小意味着

投资者可容忍的风险越大。从表 5.2 可以看出，H 值越小(也就是越大的风险容忍水平)，期望财富越大，进一步可以看出 H 值越小(也就是越大的风险容忍水平)，投资在无风险资产上的资金越少。

表 5.2 考虑 4 个期权的投资组合在不同阈值 H 时的最优解

H	无风险资产	期权 4	期望收益
0	0	1	4.619 2
0.1	0.099 1	0.900 9	4.261 5
0.2	0.198 1	0.801 9	3.904 1
0.3	0.297 2	0.702 8	3.546 4
0.4	0.396 2	0.603 8	3.189 0
0.5	0.495 3	0.504 7	2.831 3
0.6	0.594 3	0.405 7	2.474 0
0.7	0.693 4	0.306 4	2.115 3
0.8	0.792 4	0.207 6	1.758 9
0.9	0.891 5	0.108 5	1.401 2
1	0.990 5	0.009 5	1.043 8
1.009	0.999 5	0.023 3	1.011 3

接着增加 1 个同样以上证 50ETF 为标的的新期权对投资组合进行灵敏度分析。新增期权为期权 5，表 5.3 给出了两种不同期权费和执行价格情况下的期权 5，两种不同情况下考虑 5 个期权的投资组合在 $H=1$ 时的最优解见表 5.4。通过表 5.4 可以看出，在第一种情况下投资期权 5 增加了更多的财富(1.048 1＞1.043 8)。在第二种情况下增加期权 5 对最优投资组合没有影响。此外，还可以看出，无论是表 5.2 中还是表 5.4 中始终没有资金投资在股指上。

表 5.3 期权 5 的数据

情 况	期权费 p_5	执行价格 K'
1	0.050 7	3.24
2	0.087 6	3.044 0

表 5.4 考虑 5 个期权的投资组合在 $H=1$ 时的最优解

情 况	无风险资产	期权 4	期权 5	期望收益
1	0.990 5	0	0.009 5	1.048 1
2	0.990 5	0.009 5	0	1.043 8

从模型(5.6)中我们可以找到答案：总投资资产为 1 单位货币，这个预算是有限的，相较于各自的费用来说，上证 50ETF 的期望价值小于任何一个期权的期望价值。所以在风险约束

$$1.0095x + 0.4563y \geqslant 0.9$$

满足的情况下,为了获得最大的期望财富,除去投资在无风险资产的预算外,剩下的资金都要投资在期权上。

为了比较考虑期权和不考虑期权的投资组合的财富,设定 $\alpha_0 = 2\%$,表 5.5 列出了不同阈值 H 时不考虑期权的最优解。结果显示,对于每个 H 值,表 5.5 的期望财富小于表 5.2 的期望财富。例如,在表 5.5 中,当 $H=1$ 时,最大期望财富为 1.0111,而在相同的 H 值下表 5.2 中的最大财富为 1.0438,很明显 1.0111<1.0438。表 5.2 和表 5.5 中的类似结果证明了考虑期权的投资组合比不考虑期权的投资组合可以获得更高的财富。

表 5.5 不考虑期权的投资组合在不同阈值 H 下的最优解

H	无风险资产	股指	期望收益
0	0	1	1.1
0.1	0	1	1.1
0.2	0	1	1.1
0.3	0	1	1.1
0.4	0	1	1.1
0.5	0.0790	0.9210	1.0929
0.6	0.2597	0.7403	1.0765
0.7	0.4405	0.5595	1.0602
0.8	0.6212	0.3788	1.0438
0.9	0.8020	0.1980	1.0275
1	0.9827	0.0173	1.0111
1.009	0.9990	0.0010	1.0096

5.3 考虑欧式期权的不确定均值-风险指数模型

在 5.2 节,用机会度量风险是指投资所得不大于事先设定的收益阈值的信度小于等于可容忍水平。如果用风险指数作为风险度量,该如何决策?本节将介绍一个考虑欧式期权的不确定均值-风险指数模型。[36]

5.3.1 模型构建

同样考虑一个由无风险资产、股指和以这个股指为标的的 n 个欧式看涨期权构成的投资组合问题。投资者看好股票价格,希望获得由股票价格上升产生的高利润,同时锁住由股票价格下降造成的损失。因此,他们购买欧式看涨期权,限制投资风险,并获得高回报。行权日期 T 的股票指数价格 S 是不确定变量。本节使用与 5.2 节相同的符号。为了便于阅读,我们再次回忆一下这些符号。

T:投资时间。

S:到期日 T 时刻的股指价格。

S_0：当前股指价格。

n：到期日相同但行权价格不同的以股指为标的欧式看涨期权数量。

$K_i, i=1,2,\cdots,n$：第 i 个欧式看涨期权的执行价格，$K_1 \leqslant K_2 \leqslant \cdots \leqslant K_n$。

$p_i, i=1,2,\cdots,n$：第 i 个欧式看涨期权的期权费。

r：无风险利率。

x：投资于无风险资产的资金。

y：投资于股指的资金。

$z_i, i=1,2,\cdots,n$：投资在第 i 个欧式看涨期权的资金。

那么，考虑欧式看涨期权的不确定投资组合在到期日 T 的财富 W 为

$$W = W(S; x, y, z_i) = x e^{rT} + \frac{y}{S_0} S + \sum_{i=1}^{n} \frac{z_i}{p_i}(S - K_i)^+ \tag{5.7}$$

根据 4.5.1 节的定义 4.4，考虑欧式看涨期权的投资组合的风险指数定义如下。

定义 5.3 令 r_0 表示财富的参考水平。考虑欧式看涨期权的投资组合的风险指数定义如下：

$$\text{RI}(W) = E[(r_0 - W)^+] \tag{5.8}$$

其中，

$$(r_0 - W)^+ = \begin{cases} r_0 - W, & W \leqslant r_0 \\ 0, & W > r_0 \end{cases}$$

令 c 表示可容忍的最大损失水平。那么一个投资组合是安全的需要满足：

$$\text{RI}(W) \leqslant c$$

本章用期望度量投资收益，风险指数度量投资风险。在安全投资和资本预算限制的要求下，如果想获得最大期末期望财富，投资者应依据下面的不确定均值-风险指数投资组合选择模型进行投资[36]：

$$\begin{cases} \max E\left[x e^{rT} + \dfrac{y}{S_0} S + \sum_{i=1}^{n} \dfrac{z_i}{p_i}(S - K_i)^+\right] \\ \text{s.t.:} \\ \quad \text{RI}\left(x e^{rT} + \dfrac{y}{S_0} S + \sum_{i=1}^{n} \dfrac{z_i}{p_i}(S - K_i)^+\right) \leqslant c \\ \quad x + y + \sum_{i=1}^{n} z_i = 1 \\ \quad x \geqslant 0, y \geqslant 0, z_i \geqslant 0, i=1,2,\cdots,n \end{cases} \tag{5.9}$$

其中，RI 是投资组合的风险指数，定义如下：

$$\text{RI}\left(x e^{rT} + \frac{y}{S_0} S + \sum_{i=1}^{n} \frac{z_i}{p_i}(S - K_i)^+\right) = E\left[\left(r_0 - \left(x e^{rT} + \frac{y}{S_0} S + \sum_{i=1}^{n} \frac{z_i}{p_i}(S - K_i)^+\right)\right)^+\right]$$

5.3.2 模型的等价形式

定理 5.5[36] 设不确定股指价格 S 有正则的不确定分布 Φ，期望值为 μ，那么模型 (5.9) 可转化为如下形式：

$$\begin{cases} \max x\mathrm{e}^{rT} + y\dfrac{\mu}{S_0} + \sum_{i=1}^{n}\dfrac{z_i}{p_i}\int_{\Phi(K_i)}^{1}(\Phi^{-1}(\alpha)-K_i)\mathrm{d}\alpha \\ \text{s. t. :} \\ \quad \beta(r_0 - x\mathrm{e}^{rT}) - \dfrac{y}{S_0}\int_{0}^{\beta}\Phi^{-1}(\alpha)\mathrm{d}\alpha - \sum_{i=1}^{l}\dfrac{z_i}{p_i}\int_{\Phi(K_i)}^{\beta}(\Phi^{-1}(\alpha)-K_i)\mathrm{d}\alpha \leqslant c \\ \quad x\mathrm{e}^{rT} + \dfrac{y}{S_0}\Phi^{-1}(\beta) + \sum_{i=1}^{l}\dfrac{z_i}{p_i}(\Phi^{-1}(\beta)-K_i) = r_0, \quad \Phi(K_l) \leqslant \beta < \Phi(K_{l+1}), \\ \hspace{8cm} l=0,1,2,\cdots,n-1,n \\ \quad x + y + \sum_{i=1}^{n}z_i = 1 \\ \quad x \geqslant 0, y \geqslant 0, z_i \geqslant 0, i=1,2,\cdots,n \end{cases}$$

(5.10)

其中, 定义 $\Phi(K_0)=0, \Phi(K_{n+1})=1$。

证明：(1) 对于目标函数的等价形式的证明, 参见定理 5.1。

(2) 根据定理 5.1 的证明, W 的逆不确定分布为

$$\Psi^{-1}(\alpha) = \begin{cases} x\mathrm{e}^{rT} + \dfrac{y}{S_0}\Phi^{-1}(\alpha), & 0 \leqslant \alpha < \Phi(K_1) \\ x\mathrm{e}^{rT} + \dfrac{y}{S_0}\Phi^{-1}(\alpha) + \sum_{i=1}^{j}\dfrac{z_i}{p_i}(\Phi^{-1}(\alpha)-K_i), & \Phi(K_j) \leqslant \alpha < \Phi(K_{j+1}), \\ & j=1,2,\cdots,n-1 \\ x\mathrm{e}^{rT} + \dfrac{y}{S_0}\Phi^{-1}(\alpha) + \sum_{i=1}^{n}\dfrac{z_i}{p_i}(\Phi^{-1}(\alpha)-K_i), & \Phi(K_n) \leqslant \alpha \leqslant 1 \end{cases}$$

(5.11)

根据定理 4.27,

$$W = x\mathrm{e}^{rT} + \dfrac{y}{S_0}S + \sum_{i=1}^{n}\dfrac{z_i}{p_i}(S-K_i)^{+}$$

的风险指数为

$$\begin{aligned}
\mathrm{RI}(W) &= \int_{0}^{\beta}(r_0 - \Psi^{-1}(\alpha))\mathrm{d}\alpha \\
&= \int_{0}^{\beta}\left(r_0 - \left(x\mathrm{e}^{rT} + \dfrac{y}{S_0}\Phi^{-1}(\alpha) + \sum_{i=1}^{l}\dfrac{z_i}{p_i}(\Phi^{-1}(\alpha)-K_i)\right)\right)\mathrm{d}\alpha \\
&= \beta(r_0 - x\mathrm{e}^{rT}) - \dfrac{y}{S_0}\int_{0}^{\beta}(\Phi^{-1}(\alpha))\mathrm{d}\alpha - \sum_{i=1}^{l}\dfrac{z_i}{p_i}\int_{\Phi(K_i)}^{\beta}(\Phi^{-1}(\alpha)-K_i)\mathrm{d}\alpha
\end{aligned}$$

其中, $\Phi(K_l) < \beta < \Phi(K_{l+1})$, $\Psi^{-1}(\beta) = r_0$。

为了简单方便, 定义两个虚拟值 $\Phi(K_0)=0, \Phi(K_{n+1})=1$。然后根据式 (5.11), 可得 $\Psi^{-1}(\beta)=r_0$ 有如下等价形式:

$$\Psi^{-1}(\beta) = x\mathrm{e}^{rT} + \dfrac{y}{S_0}\Phi^{-1}(\beta) + \sum_{i=1}^{l}\dfrac{z_i}{p_i}(\Phi^{-1}(\beta)-K_i) = r_0$$

其中，$\Phi(K_l) \leqslant \beta < \Phi(K_{l+1}), l = 0, 1, 2, \cdots, n-1, n$。

定理得证。

当股指价格为正态不确定变量 $S \sim \mathcal{N}(\mu, \sigma)$，根据定理 5.5，可得如下定理。

定理 5.6[35] 设股指价格 S 是一个正态不确定变量 $S \sim \mathcal{N}(\mu, \sigma)$。模型(5.9)可转化为如下形式：

$$\begin{cases} \max x e^{rT} + y \dfrac{\mu}{S_0} + \sum_{i=1}^{n} \dfrac{z_i}{p_i} \Big((\mu - K_i)(1 - \Phi(K_i)) - \dfrac{\sqrt{3}\sigma}{\pi} \Phi(K_i) \ln(\Phi(K_i)) \\ \qquad - \dfrac{\sqrt{3}\sigma}{\pi} (1 - \Phi(K_i)) \ln(1 - \Phi(K_i)) \Big) \\ \text{s. t.:} \\ \qquad \beta(r_0 - x e^{rT}) - \dfrac{y}{S_0} \Big(\mu\beta + \dfrac{\sqrt{3}\sigma}{\pi} \beta \ln \beta + \dfrac{\sqrt{3}\sigma}{\pi} (1 - \beta) \ln(1 - \beta) \Big) \\ \qquad - \sum_{i=1}^{l} \dfrac{z_i}{p_i} \Big((\mu - K_i)(\beta - \Phi(K_i)) + \dfrac{\sqrt{3}\sigma}{\pi} (\beta \ln \beta - \Phi(K_i) \ln(\Phi(K_i)) \\ \qquad + \dfrac{\sqrt{3}\sigma}{\pi} (1 - \beta) \ln(1 - \beta) - \dfrac{\sqrt{3}\sigma}{\pi} (1 - \Phi(K_i)) \ln(1 - \Phi(K_i)) \Big) \leqslant c \\ \qquad x e^{rT} + \dfrac{y}{S_0} \Big(\mu + \dfrac{\sqrt{3}\sigma}{\pi} \ln\Big(\dfrac{\beta}{1-\beta}\Big) \Big) + \sum_{i=1}^{l} \dfrac{z_i}{p_i} \Big(\mu + \dfrac{\sqrt{3}\sigma}{\pi} \ln\Big(\dfrac{\beta}{1-\beta}\Big) - K_i \Big) = r_0, \\ \qquad \qquad \qquad \qquad \qquad \Phi(K_l) \leqslant \beta < \Phi(K_{l+1}), \\ \qquad \qquad \qquad \qquad \qquad l = 0, 1, 2, \cdots, n-1, n \\ \qquad x + y + \sum_{i=1}^{n} z_i = 1 \\ \qquad x \geqslant 0, y \geqslant 0, z_i \geqslant 0, i = 1, 2, \cdots, n \end{cases}$$

(5.12)

其中，$\Phi(K_0) = 0, \Phi(K_{n+1}) = 1$。

5.3.3 期权对最优投资组合的影响

当不考虑期权时，模型(5.9)变为

$$\begin{cases} \max E\left[x e^{rT} + \dfrac{y}{S_0} S \right] \\ \text{s. t.:} \\ \qquad \text{RI}(x e^{rT} + \dfrac{y}{S_0} S) \leqslant c \\ \qquad x + y = 1 \\ \qquad x \geqslant 0, y \geqslant 0 \end{cases}$$

(5.13)

根据定理 5.5，模型(5.13)的清晰等价形式为

$$\begin{cases} \max x\mathrm{e}^{rT} + y\dfrac{\mu}{S_0} \\ \mathrm{s.\,t.\,:} \\ \quad \beta'(r_0 - x\mathrm{e}^{rT}) - \dfrac{y}{S_0}\int_0^{\beta'}(\Phi^{-1}(\alpha))\mathrm{d}\alpha \leqslant c \\ \quad x\mathrm{e}^{rT} + \dfrac{y}{S_0}\Phi^{-1}(\beta') = r_0 \\ \quad x + y = 1 \\ \quad x \geqslant 0, \quad y \geqslant 0 \end{cases} \quad (5.14)$$

基于模型(5.10)和模型(5.14),接下来讨论欧式看涨期权对最优投资组合的影响。

定理 5.7[35] 设不确定股指价格 S 有正则不确定分布 Φ,期望为 μ。考虑欧式期权的均值-风险指数模型(5.10)的最优目标值大于等于不考虑欧式期权的均值-风险指数模型(5.14)的最优目标值。

证明:因为 $S>0$,所以 $\Phi^{-1}(\alpha)>0,\alpha \in (0,1)$。令 $\boldsymbol{X}=(x,y,z_1,z_2,\cdots,z_n),\boldsymbol{Y}=(x,y)$ 分别为模型(5.10)和模型(5.14)的可行解。

(1) 假定 $\boldsymbol{Y}^*$ 是模型(5.14)的最优解。当 $z_i=0, i=1,2,\cdots,n$ 时,模型(5.14)的约束与模型(5.10)是相同的。因此 $(\boldsymbol{Y}^*,0,0,\cdots,0)$ 是模型(5.5)的可行解。

(2) 假定 $\boldsymbol{X}^*=(x^*,y^*,z_1^*,\cdots,z_n^*)$ 是模型(5.10)的最优解。由于 (x^*,y^*) 可能不满足模型(5.14)的等式约束,因此 (x^*,y^*) 可能不是模型(5.14)的可行解。

令 $f(\boldsymbol{X})$ 和 $g(\boldsymbol{Y})$ 分别表示模型(5.10)和模型(5.14)的目标函数。对于

$$\boldsymbol{X} = (\boldsymbol{Y}, z_1, z_2, \cdots, z_n)$$

易得 $f(\boldsymbol{X}) \geqslant g(\boldsymbol{Y})$,当且仅当 $z_i=0, i=1,2,\cdots,n$ 等式成立。根据(1)和(2),显然

$$f(\boldsymbol{X}^*) \geqslant f(\boldsymbol{Y}^*, 0, 0, \cdots, 0) = g(\boldsymbol{Y}^*)$$

这意味着考虑期权的均值-风险指数模型目标函数的最优期望值大于等于不考虑期权的均值-风险指数模型目标函数的最优期望值。定理得证。

5.3.4 数值算例

例 5.2 假定投资者正在考虑如何在无风险资产、来自上海证券交易所的上证指数 50ETF 以及四种看涨期权上进行投资,数据来源同 5.2.5 节,本节投资者希望使用均值-风险指数模型来帮助决策。回顾一下,上证指数 50ETF 的当前价格为 2.816,50ETF 的价格具有正态不确定分布 $S \sim \mathcal{N}(3.0976, 0.8448)$。为方便阅读,表 5.6 再次提供了四种期权的执行价格和期权费用。无风险利率为 1.9%。由于投资者往往不喜欢损失投资资本,因此参考财富水平被设定在与初始投资资本相同的价值。

表 5.6 四种期权的数据

期权 i	期权费用 p_i	执行价格 K_i
1	0.164 2	2.847 0
2	0.118 2	2.95
3	0.100 9	3
4	0.065 2	3.142 0

将数值代入模型(5.12)中,得到在不同的损失容忍水平 c 下考虑期权的风险指数投资组合的最优解,并将其列于表 5.7 中。当 $c=0$,这意味着投资者的风险容忍水平特别低,所以为了满足严苛的风险控制条件,95.82%的预算投资在无风险资产上,剩余的钱投在风险第二低的股指和回报最高的期权 4 上。随着 c 不断增大到 $0.05,0.1,\cdots,0.4$,投资者的风险容忍水平变得越来越大,从表 5.7 中可以看出更多的预算投在可以带来更高回报的期权上。这可以通过计算每个期权的单位期权费的期望价值来理解。计算可知期权的期望价值与相应的期权费的比率随着期权的执行价格的提升而提高,而在这里,期权 1、2、3、4 是按执行价格递增的顺序排列。因此,风险可容忍水平越高,期权 4 的资本投资比例就越高。此外,由于欧式看涨期权可以锁住投资风险(图 5.1),当 c 变为 0.55 或更高时,投资者可容忍的损失水平已经大到等于投资带来的最大损失,因此真正损失不再改变。于是,所有的预算总是投资在收益最大、风险也最大的期权 4 上。

表 5.7 考虑四种期权的投资组合在不同损失容忍水平 c 下的最优解

c	无风险资产	上证指数	期权 3	期权 4	期望收益
0	0.958 2	0.031 9	0	0.009 9	1.048 1
0.05	0.895 3	0	0.014 2	0.090 5	1.374 5
0.1	0.798 9	0	0.033 2	0.167 9	1.705 2
0.2	0.605 9	0	0.071 3	0.322 8	2.367 2
0.3	0.413 3	0	0.109 1	0.477 6	3.028 0
0.4	0.220 6	0	0.147 0	0.632 4	3.689 0
0.55	0	0	0	1.00	4.619 2
0.6	0	0	0	1.00	4.619 2

为了讨论期权对投资组合的影响,本节求解了不考虑期权的均值-风险指数投资组合问题。表 5.8 给出了不同容忍损失水平 c 下不考虑期权的均值-风险指数组合的最优解。将表 5.8 的结果与表 5.7 的结果比较可得,当 $c=0,0.05$ 和 0.1 时,分别有 $1.048\,1>1.009\,9$,$1.374\,5>1.073\,5$ 和 $1.705\,2>1.1$。此外,当 $c\geqslant 0.55$ 时,考虑期权的投资组合的最优期望财富不变,而当 $c\geqslant 0.1$ 时,不考虑期权的投资组合的最优期望财富才保持在 1.1。

表 5.8 不考虑期权的投资组合在不同损失容忍水平 c 下的最优解

c	无风险资产	上证指数	期望收益
0	0.996 4	0.003 6	1.009 9
0.05	0.292 8	0.707 2	1.073 5
0.1	0	1	1.1
⋮	⋮	⋮	⋮
0.6	0	1	1.1

为了直观地观察有无期权对投资组合财富的影响,将表 5.7 和表 5.8 的结果画在图 5.3 中。在图 5.3 中,实线表示考虑期权的最优投资组合,虚线表示不考虑期权的最优投资组合。比较图中两条线,会发现实线总是在虚线上方,也就是说,考虑期权的投资组合的期望财富总是大于不考虑期权的投资组合的期望财富。这与定理 5.7 一致,即欧式看涨期权对投资组合有积极的影响。此外,从图 5.3 中看到,考虑期权的投资组合的期望财富比不考虑

期权的期望财富增长得快得多，这意味着如果投资者对损失容忍水平 c 不那么敏感，那么他们最好选择期权投资。

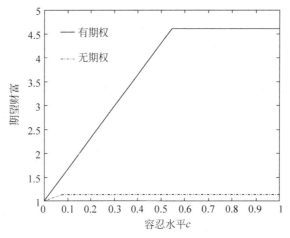

图 5.3　考虑期权和不考虑期权的投资组合的有效前沿

综合训练

1. 什么是欧式看涨期权？简述欧式看涨期权的特征。

2. 当不确定股指价格有正则不确定分布函数时，基于不确定均值-机会模型简述欧式看涨期权对最优投资组合的影响。

3. 投资者考虑在无风险资产、一个股指和以这个股指为标的的 n 个欧式看涨期权中选择进行投资，这 n 个欧式看涨期权到期日相同，但执行价格不同。依据第 4 章介绍的不确定均值-方差模型思想，给出投资者的不确定投资组合选择模型。

即 测 即 练

考虑心理账户的不确定投资组合

在现实中,投资者同时会有多种矛盾的投资目标和风险控制要求。对投资者来说,将这些矛盾的投资目标和风险控制要求综合在一起,去寻求风险与收益的平衡是非常困难的。在随机投资组合研究中,Sanjiv Das 等学者[38]首次将心理账户引入经典的均值-方差模型当中,提出了考虑心理账户的投资组合理论。与经典的投资组合理论下的投资者不同,带有心理账户的投资者在构建投资组合的过程中会将资金分账户管理,每一个账户对应一种目标和风险,从而更好地匹配投资目标。此后有很多学者研究了考虑心理账户的随机投资组合。例如:Gordon J. Alexander 和 Alexandre M. Baptista[39]研究了有心理账户的受托投资的投资组合模型,并给出了投资组合在均值-方差有效边界上的条件。Alexandre M. Baptista[40]讨论了有心理账户和考虑背景风险的最佳投资组合模型的性质。在不确定投资组合选择领域,有学者提出了一个考虑现实约束的有心理账户的均值-不确定在险值模型[41],并讨论了有心理账户的均值-不确定在险值模型在有、无现实约束情况下的差异,但他们没有研究考虑心理账户和不考虑心理账户时均值-不确定在险值模型之间的不同。黄晓霞和邱浩[42]提出了一个考虑心理账户的不确定均值-方差组合模型,并与不考虑心理账户的不确定均值-方差组合模型进行了比较。本章将介绍考虑心理账户的不确定均值-方差投资组合选择模型[42]及其确定等价形式,介绍当证券收益是正态不确定变量时,每个心理账户的最优投资组合有效前沿面的形状,并给出总的最优投资组合的性质。最后本章通过数值例子解释了人们选择使用考虑心理账户的不确定均值-方差投资组合模型的原因。

6.1 考虑心理账户的不确定均值-方差模型

考虑投资者将他们的投资分成 m 个不同的心理账户,每个账户制定不同的投资策略。记 ξ_i 为证券 $i,i=1,2,\cdots,n$ 的收益率。对于任意一个账户 $k\in\{1,2,\cdots,m\}$,令 x_{ki} 代表在第 k 个账户下投资在证券 $i,i=1,2,\cdots,n$ 上的比例。则投资者在第 k 个账户下投资组合的收益率 r_{kp} 为

$$r_{kp} = \sum_{i=1}^{n} x_{ki}\xi_i$$

投资者在每个账户下的风险态度不同,所以不同心理账户下的风险容忍水平不同。记每个账户下的风险容忍水平为 $a_k^2, k=1,2,\cdots,m$。投资者的目标是在每个心理账户 k 下,对应收益的方差不高于可容忍水平 a_k^2,同时要求期望收益最大。由此,每个心理账户下的不确定均值-方差投资组合模型如下[42]:

$$\begin{cases} \max E\left[\sum_{i=1}^{n} x_{ki}\xi_i\right] \\ \text{s. t.:} \\ \quad V\left[\sum_{i=1}^{n} x_{ki}\xi_i\right] \leqslant a_k^2 \text{ (I)} \\ \quad \sum_{i=1}^{n} x_{ki} = 1 \\ \quad x_{ki} \geqslant 0, i=1,2,\cdots,n, k=1,2,\cdots,m \end{cases} \tag{6.1}$$

一般来说,因为每个心理账户下投资者的风险态度不同,所以每个心理账户下对应的投资组合的最优解不相同。设投资者分配给第 k 个心理账户的资金比例为 d_k,则总的投资组合为

$$\boldsymbol{X} = \left(\sum_{k=1}^{m} d_k x_{k1}, \sum_{k=1}^{m} d_k x_{k2}, \cdots, \sum_{k=1}^{m} d_k x_{kn}\right) \tag{6.2}$$

6.2 模型的等价形式

定理 6.1 设证券 i 的收益率 ξ_i,$i=1,2,\cdots,n$ 独立且有正则不确定分布 Φ_i,则均值-方差模型(6.1)有如下的确定形式:

$$\begin{cases} \max \int_0^1 \sum_{i=1}^{n} x_{ki}\Phi_i^{-1}(\alpha)\mathrm{d}\alpha \\ \text{s. t.:} \\ \quad \int_0^1 \left(\sum_{i=1}^{n} x_{ki}\Phi_i^{-1}(\alpha) - e\right)^2 \mathrm{d}\alpha \leqslant a_k^2 \quad \text{(I)} \\ \quad \sum_{i=1}^{n} x_{ki} = 1 \\ \quad x_{ki} \geqslant 0, i=1,2,\cdots,n, k=1,2,\cdots,m \end{cases} \tag{6.3}$$

其中,

$$e = \int_0^1 \sum_{i=1}^{n} x_{ki}\Phi_i^{-1}(\alpha)\mathrm{d}\alpha$$

证明:因为 $x_{ki} \geqslant 0, i=1,2,\cdots,n$,$\sum_{i=1}^{n} x_{ki}\xi_i$ 关于 x_{ki} 严格单调递增。由定理 2.12,可得 $\sum_{i=1}^{n} x_{ki}\xi_i$ 的逆不确定分布函数为

$$\sum_{i=1}^{n} x_{ki}\Phi_i^{-1}(\alpha)$$

根据定理 2.26,可得目标函数。根据定理 2.31,可得

$$V\left[\sum_{i=1}^{n} x_{ki}\xi_i\right] = \int_0^1 \left(\sum_{i=1}^{n} x_{ki}\Phi_i^{-1}(\alpha) - e\right)^2 \mathrm{d}\alpha$$

其中，
$$e = \int_0^1 \sum_{i=1}^n x_{ki} \Phi_i^{-1}(\alpha) d\alpha$$

定理得证。

根据定理 6.1，可以得到下面的定理。

定理 6.2 设证券的收益率 ξ_i 为正态不确定变量 $\xi_i \sim \mathcal{N}(e_i, \rho_i), i=1,2,\cdots,n$，则模型 (6.1) 等价于下面的形式：

$$\begin{cases} \max \sum_{i=1}^n x_{ki} e_i \\ \text{s. t. :} \\ \quad \sum_{i=1}^n x_{ki} \rho_i \leqslant a_k \\ \quad \sum_{i=1}^n x_{ki} = 1 \\ \quad x_{ki} \geqslant 0, i=1,2,\cdots,n, k=1,2,\cdots,m \end{cases} \tag{6.4}$$

6.3 心理账户投资组合的有效前沿面

每一个心理账户下的投资组合简称为子账户投资组合。如果子账户投资组合对于给定的风险水平(即方差或标准差)有最高的期望收益，则称之为子账户的有效组合。也就是说，如果该子账户投资组合在给定方差水平下是该心理账户的最优投资组合，那么它就是有效的。绘制不同标准差水平下某一心理账户的所有最优组合的标准差-期望收益线，我们就得到了该心理账户投资组合的有效前沿。当收益率都是正态不确定变量时，我们先讨论模型 (6.4) 的性质，再给出每个心理账户下的最优投资组合的有效前沿的形状。

显然，模型 (6.4) 是一个线性规划问题，可通过单纯形法来求得模型的最优解。模型 (6.4) 的标准形式如下：

$$\begin{cases} \max \sum_{i=1}^n x_{ki} e_i + 0 \cdot x_{k,n+1} \\ \text{s. t. :} \\ \quad \sum_{i=1}^n x_{ki} \rho_i + x_{k,n+1} = a_k \\ \quad \sum_{i=1}^n x_{ki} = 1 \\ \quad x_{ki} \geqslant 0, i=1,2,\cdots,n+1, k=1,2,\cdots,m \end{cases} \tag{6.5}$$

记

$$\lambda_i = e_i, \quad i=1,2,\cdots,n, \lambda_{n+1}=0$$
$$h_i = \rho_i, \quad i=1,2,\cdots,n, h_{n+1}=1$$
$$b_1 = a_k, \quad b_2 = 1$$

则模型(6.5)有如下的确定等价形式：

$$\begin{cases} \max z = \sum_{i=1}^{n+1} x_{ki}\lambda_i \\ \text{s. t.:} \\ \quad \sum_{i=1}^{n+1} x_{ki}h_i = b_1 \\ \quad \sum_{i=1}^{n} x_{ki} = b_2 \\ \quad x_{ki} \geqslant 0, i=1,2,\cdots,n+1, k=1,2,\cdots,m \end{cases} \quad (6.6)$$

通过单纯形法，经过一系列的迭代之后，模型(6.6)可以变为如下的形式：

$$\begin{cases} \max z = z_0 + \sum_{i=3}^{n+1}(\lambda_i - h'_i\lambda_1 - h''_i\lambda_2)x_{ki} \\ \text{s. t.:} \\ \quad x_{k1} + \sum_{i=3}^{n+1} h'_i x_i = b'_1 \quad (\text{I}) \\ \quad x_{k2} + \sum_{i=3}^{n+1} h''_i x_i = b'_2 \quad (\text{II}) \\ \quad x_{ki} \geqslant 0, \quad i=1,2,\cdots,n+1, k=1,2,\cdots,m \end{cases} \quad (6.7)$$

其中，

$$z_0 = \lambda_1 b'_1 + \lambda_2 b'_2$$

定理 6.3[42] 假设 $\boldsymbol{X} = (b'_1, b'_2, 0, \cdots, 0)$ 是模型(6.6)的基本可行解。若 $\lambda_i - h'_i\lambda_1 - h''_i\lambda_2 \leqslant 0, i=3,4,\cdots,n+1$，则 $\boldsymbol{X}$ 是模型(6.6)的最优解。

证明：因为

$$z = z_0 + \sum_{i=3}^{n+1}(\lambda_i - h'_i\lambda_1 - h''_i\lambda_2)x_{ki}, 且 x_{ki} \geqslant 0, i=3,4,\cdots,n+1$$

所以，如果 $\lambda_i - h'_i\lambda_1 - h''_i\lambda_2 \leqslant 0, i=3,4,\cdots,n+1$，则不会存在一个非基变量使目标函数值增加。因此，$\boldsymbol{X}$ 是模型(6.6)的最优解。定理证毕。

如果一个线性规划问题存在最优解，那么该模型的基本可行解一定存在。根据定理6.3，可知存在一个仅仅包含两只证券的子账户最优投资组合。当一个子账户最优投资组合包含两只以上的证券时，这个子账户最优投资组合可以转换为只包含两只证券的子账户证券组合。

定理 6.4[42] 设证券的收益率为正态不确定变量，即 $\xi_i \sim \mathcal{N}(e_i, \rho_i), i=1,2,\cdots,n$，则每个子账户投资组合的均值-标准差有效前沿面为向上倾斜的凸起的折线。

证明：当标准差的容忍水平为 H_1 时，记子账户投资组合的最优解为 $\boldsymbol{X}_1$；当标准差的容忍水平为 H_2 时，记子账户投资组合的最优解为 $\boldsymbol{X}_2$，其中 $H_1 \neq H_2$。假定 $\boldsymbol{X}_1$ 和 $\boldsymbol{X}_2$ 包含相同的两只证券 s 和 t，不失一般性，令 $e_s < e_t, \rho_s < \rho_t$，那么

$$\begin{aligned} \boldsymbol{X}_1 &= (0,\cdots,0,x_s,0,\cdots,0,x_t,0,\cdots,0) \\ \boldsymbol{X}_2 &= (0,\cdots,0,x'_s,0,\cdots,0,x'_t,0,\cdots,0) \end{aligned} \quad (6.8)$$

因为收益率是正态不确定变量 $\xi_i \sim \mathcal{N}(e_i, \rho_i)$, $i=1,2,\cdots,n$, 所以子账户最优投资组合 $\boldsymbol{X}_1$ 的均值和标准差分别是 $x_s e_s + x_t e_t$ 和 $x_s \rho_s + x_t \rho_t$; 子账户最优投资组合 $\boldsymbol{X}_2$ 的均值和标准差分别是 $x'_s e_s + x'_t e_t$ 和 $x'_s \rho_s + x'_t \rho_t$。因为 $\boldsymbol{X}_1$ 和 $\boldsymbol{X}_2$ 是子账户投资组合的最优解,所以点 $(x_s \rho_s + x_t \rho_t, x_s e_s + x_t e_t)$ 和点 $(x'_s \rho_s + x'_t \rho_t, x'_s e_s + x'_t e_t)$ 都在均值-标准差有效前沿面上。

记过点 $(x_s \rho_s + x_t \rho_t, x_s e_s + x_t e_t)$ 和点 $(x'_s \rho_s + x'_t \rho_t, x'_s e_s + x'_t e_t)$ 的线为 L_1,k_1 为 L_1 的斜率,则由 $x_s + x_t = 1$ 和 $x'_s + x'_t = 1$,可得

$$
\begin{aligned}
k_1 &= \frac{x'_s e_s + x'_t e_t - (x_s e_s + x_t e_t)}{x'_s \rho_s + x'_t \rho_t - (x_s \rho_s + x_t \rho_t)} \\
&= \frac{(1-x'_t)e_s + x'_t e_t - [(1-x_t)e_s + x_t e_t]}{(1-x'_t)\rho_s + x'_t \rho_t - [(1-x_t)\rho_s + x_t \rho_t]} \\
&= \frac{e_t - e_s}{\rho_t - \rho_s}
\end{aligned}
\quad (6.9)
$$

易得 $k_1 > 0$ 为常数,这也就是说,L_1 是一条向上倾斜的直线。

假定当标准差的容忍水平为 H_3 时,子账户投资组合的最优解为 $\boldsymbol{X}_3$;当标准差的容忍水平为 H_4 时,记子账户投资组合的最优解为 $\boldsymbol{X}_4$,其中 $H_3 \neq H_4 \neq H_1 \neq H_2$。假定 $\boldsymbol{X}_3$ 和 $\boldsymbol{X}_4$ 包含不同于 $\boldsymbol{X}_1$ 和 $\boldsymbol{X}_2$ 的两只相同证券。根据模型(6.4)可知有效前沿面应该是连续的,那么 $\boldsymbol{X}_3$ 和 $\boldsymbol{X}_4$ 包含的一只证券同样在 $\boldsymbol{X}_1$ 和 $\boldsymbol{X}_2$ 中。不失一般性,假定四个投资组合中的共同证券就是证券 t。$\boldsymbol{X}_3$ 和 $\boldsymbol{X}_4$ 中两只证券分别表示为 t 和 p,可得

$$
\begin{aligned}
\boldsymbol{X}_3 &= (0,\cdots,0,x''_t,0,\cdots,0,x_p,0,\cdots,0) \\
\boldsymbol{X}_4 &= (0,\cdots,0,x'''_t,0,\cdots,0,x'_p,0,\cdots,0)
\end{aligned}
\quad (6.10)
$$

记过点 $(x''_t \rho_t + x_p \rho_p, x''_t e_t + x_p e_p)$ 和点 $(x'''_t \rho_t + x'_p \rho_p, x'''_t e_t + x'_p e_p)$ 的线为 L_2,其斜率为 k_2,因 $x''_t + x_p = 1$ 和 $x'''_t + x'_p = 1$,则

$$
k_2 = \frac{x'''_t e_t + x'_p e_p - (x''_t e_t + x_p e_p)}{x'''_t \rho_t + x'_p \rho_p - (x''_t \rho_t + x_p \rho_p)} = \frac{e_p - e_t}{\rho_p - \rho_t}
$$

可知 k_2 是一个常数。若 $e_p > e_t$,则 $\rho_p > \rho_t$;若 $e_p < e_t$,则 $\rho_p < \rho_t$,可知 $k_2 > 0$,所以 L_2 也是一条向上倾斜的直线。L_2 可能在 L_1 的左边,也有可能在 L_1 的右边。首先,我们讨论在 L_1 右边的情形。

假定 L_2 在 L_1 的右边,如果 $k_1 < k_2$,则有效前沿面的形状应该是下凹的,如图 6.1 所示。在图 6.1 中,一个圆点在直线 L_1 上,一个菱形点在直线 L_2 上。容易看出,经过圆点和菱形点的连线在均值-标准差有效前沿面的上方,这也

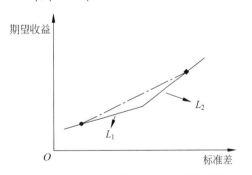

图 6.1 子账户投资组合的有效前沿面

就意味着存在一些点使得在相同标准差的情况下这些点所对应的均值大于有效前沿面上的点所对应的均值,这是不可能的。因此,可得 $k_1 \geqslant k_2$,从而子账户投资组合的均值-标准差有效前沿面是一条向上倾斜的上凸的折线。当 L_2 在 L_1 的左边时,运用类似的方法,可以得到相同的结论。定理得证。

6.4 总投资组合的有效前沿

尽管每个子账户最优投资组合均在均值-标准差有效前沿面上,然而,总投资组合并非总是在均值-标准差有效前沿面上。下面将讨论总投资组合在均值-标准差有效前沿面上的条件。

定理 6.5[42] 设证券的收益率 ξ_i 为正态不确定变量,$\xi_i \sim \mathcal{N}(e_i, \rho_i)$, $i=1,2,\cdots,n$,那么总最优投资组合在均值-标准差有效前沿面上的充要条件是每一个子账户最优投资组合包含的证券相同。

证明:(必要性)假定每一个子账户最优投资组合包含相同的证券 s 和 t,但在不同的心理账户中,所占的比例不同。根据式(6.2),可知任意的总最优投资组合 X 和 X' 如下:

$$X = \left(0, \cdots, 0, \sum_{k=1}^{m} d_k x_{ks}, 0, \cdots, 0, \sum_{k=1}^{m} d_k x_{kt}, 0, \cdots, 0\right) \tag{6.11}$$

$$X' = \left(0, \cdots, 0, \sum_{k=1}^{m} d_k x'_{ks}, 0, \cdots, 0, \sum_{k=1}^{m} d_k x'_{kt}, 0, \cdots, 0\right) \tag{6.12}$$

其中,d_k, $k=1,2,\cdots,m$ 是第 k 个账户的投资比例。

因为所有的收益率是正态不确定变量 $\xi_i \sim \mathcal{N}(e_i, \rho_i)$, $i=1,2,\cdots,n$,根据定理 2.16,可知总投资组合 X 的均值和标准差分别为

$$\sum_{k=1}^{m} d_k x_{ks} e_s + \sum_{k=1}^{m} d_k x_{kt} e_t \quad \text{和} \quad \sum_{k=1}^{m} d_k x_{ks} \rho_s + \sum_{k=1}^{m} d_k x_{kt} \rho_t$$

总投资组合 X' 的均值和标准差分别为

$$\sum_{k=1}^{m} d_k x'_{ks} e_s + \sum_{k=1}^{m} d_k x'_{kt} e_t \quad \text{和} \quad \sum_{k=1}^{m} d_k x'_{ks} \rho_s + \sum_{k=1}^{m} d_k x'_{kt} \rho_t$$

记

$$y = \left(\sum_{k=1}^{m} d_k x_{ks} \rho_s + \sum_{k=1}^{m} d_k x_{kt} \rho_t, \sum_{k=1}^{m} d_k x_{ks} e_s + \sum_{k=1}^{m} d_k x_{kt} e_t\right)$$

$$y' = \left(\sum_{k=1}^{m} d_k x'_{ks} \rho_s + \sum_{k=1}^{m} d_k x'_{kt} \rho_t, \sum_{k=1}^{m} d_k x'_{ks} e_s + \sum_{k=1}^{m} d_k x'_{kt} e_t\right)$$

假定 k' 是过点 y 和 y' 连线的斜率,则

$$k' = \frac{\sum_{k=1}^{m} d_k x'_{ks} e_s + \sum_{k=1}^{m} d_k x'_{kt} e_t - \left(\sum_{k=1}^{m} d_k x_{ks} e_s + \sum_{k=1}^{m} d_k x_{kt} e_t\right)}{\sum_{k=1}^{m} d_k x'_{ks} \rho_s + \sum_{k=1}^{m} d_k x'_{kt} \rho_t - \left(\sum_{k=1}^{m} d_k x_{ks} \rho_s + \sum_{k=1}^{m} d_k x_{kt} \rho_t\right)}$$

$$= \frac{\sum_{k=1}^{m}[(1-x'_{kt})e_s + x'_{kt} e_t] - \sum_{k=1}^{m}[(1-x_{kt})e_s + x_{kt} e_t]}{\sum_{k=1}^{m}[(1-x'_{kt})\rho_s + x'_{kt} \rho_t] - \sum_{k=1}^{m}[(1-x_{kt})\rho_s + x_{kt} \rho_t]}$$

$$= \frac{e_t - e_s}{\rho_t - \rho_s}$$

与式(6.9)对比可得,$k'=k_1$。因此,总最优投资组合在均值-标准差有效前沿面上。

（充分性）假定并非所有的子账户最优投资组合都包含相同的证券。那么,至少存在一个子账户最优投资组合,有其他的子账户最优投资组合所没有的证券。假定 $\boldsymbol{X}_1$ 和 $\boldsymbol{X}_2$ 分别是两个子账户的最优投资组合,并且 $\boldsymbol{X}_1$ 和 $\boldsymbol{X}_2$ 包含不同的证券。通过定理6.4的证明可得,这两个子账户最优投资组合在不同的折线上。不失一般性,图6.2中的两个圆点代表了两个子账户最优投资组合,这两个圆点分别在不同的折线上。

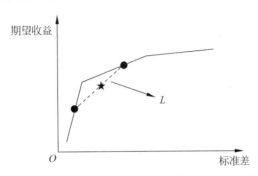

图6.2 子账户投资组合和总投资组合的均值-标准差有效前沿面

由这两个子账户最优投资组合 $\boldsymbol{X}_1$ 和 $\boldsymbol{X}_2$ 组成的总最优投资组合 $\boldsymbol{X}$ 如下：
$$\boldsymbol{X}=d_1\boldsymbol{X}_1+d_2\boldsymbol{X}_2$$
其中,d_1 和 d_2 分别为两个账户的投资比例。

因为证券的收益率 ξ_i 为正态不确定变量,根据定理2.16,可知子账户最优投资组合 $\boldsymbol{X}_1$ 和 $\boldsymbol{X}_2$ 的收益率也是正态不确定变量。记 $\boldsymbol{X}_1 \sim \mathcal{N}(e_1,\rho_1)$ 和 $\boldsymbol{X}_2 \sim \mathcal{N}(e_2,\rho_2)$,那么总投资组合 $\boldsymbol{X}$ 的收益率同样也是正态不确定变量,其均值和标准差分别为 $d_1e_1+d_2e_2$ 和 $d_1\rho_1+d_2\rho_2$。很容易可以看出五角星 $(d_1\rho_1+d_2\rho_2,d_1e_1+d_2e_2)$ 在经过两个圆点的直线 L 上。可以看到 L 低于子账户最优投资组合的有效前沿面(图6.2),这与总最优投资组合在均值-标准差有效前沿面上相矛盾。定理得证。

根据定理6.5,可得如下定理。

定理6.6[42] 设证券的收益率都是正态不确定变量,如果并非所有的子账户最优投资组合都包含相同的证券,则当总的投资风险容忍度(即方差或标准差)相同时,总最优投资组合的均值小于没有心理账户时的最优投资组合所对应的均值。

6.5 数值算例

例6.1 假定投资者有两个心理账户：养老(50%)和娱乐(50%),并从以下12只候选证券中选择投资组合。假定收益率 ξ_i 为正态不确定变量,见表6.1。

表6.1 证券的收益率

证券 i	ξ_i	证券 i	ξ_i
1	$\mathcal{N}(0.094\,0, 0.128\,0)$	3	$\mathcal{N}(0.313\,6, 0.791\,0)$
2	$\mathcal{N}(0.056\,0, 0.060\,0)$	4	$\mathcal{N}(0.165\,0, 0.200\,0)$

续表

证券 i	ξ_i	证券 i	ξ_i
5	$\mathcal{N}(0.0712, 0.1020)$	9	$\mathcal{N}(0.0978, 0.1507)$
6	$\mathcal{N}(0.1310, 0.1930)$	10	$\mathcal{N}(0.0842, 0.0890)$
7	$\mathcal{N}(0.1824, 0.4050)$	11	$\mathcal{N}(0.4504, 0.9840)$
8	$\mathcal{N}(0.1638, 0.2400)$	12	$\mathcal{N}(0.7502, 1.5080)$

在养老账户下，投资者设定可容忍的标准差 $a_1=0.066$。根据模型(6.4)，投资者应该根据下面的模型进行投资组合：

$$\begin{cases} \max \sum_{i=1}^{12} x_{1i}\mu_i \\ \text{s. t.:} \\ \sum_{i=1}^{12} x_{1i}\rho_i \leqslant 0.066 \\ \sum_{i=1}^{12} x_{1i}=1 \\ x_{1i} \geqslant 0, \quad i=1,2,\cdots,12 \end{cases}$$

在娱乐账户下，投资者设定可容忍的标准差 $a_2=0.086$。通过 Matlab 2010，分别得到养老和娱乐两个账户下模型的最优投资组合，以及总投资组合的最优解，如表 6.2 所示，其中总投资组合的期望收益和标准差分别为 7.16% 和 0.076。根据定理 6.5，每个子账户投资组合包含相同的证券，从而总投资组合在均值-标准差有效前沿面上。这与我们的实验结果一致。值得注意的是，由于投资者在不同账户下的风险容忍水平不同，因此不同账户的子账户最优投资组合的投资比重不同。

表 6.2 子账户最优投资组合和总最优投资组合

证券 i	养老账户	娱乐账户	总账户
2	0.7931	0.1034	0.4483
10	0.2069	0.8966	0.5517
期望收益	6.18%	8.13%	7.16%
标准差	0.066	0.086	0.076

现在假定投资者从相同的 12 只候选证券里选择，但是在娱乐账户中投资者设定 $a_2=0.192$。可以得到此时娱乐账户下不确定投资组合模型的最优解，如表 6.3 所示。当每个账户的投资比例为 50% 时，总投资组合的最优解也如表 6.3 所示，其中总投资组合的期望收益和标准差分别为 11.05% 和 0.129。在这种风险容忍水平下，运行 Matlab 2010 得到不考虑心理账户的最优投资组合的均值为 11.33%，大于 11.05%。由于两个子账户最优投资组合包含不同的证券，所以考虑心理账户的总最优投资组合在均值-标准差有效前沿面的下方。

表 6.3　子账户最优投资组合和总最优投资组合

证券 i	养老账户	娱乐账户	总账户
2	0.793 1	0.000 0	0.396 6
4	0.000 0	0.927 9	0.463 9
10	0.206 9	0.072 1	0.139 5
期望收益	6.18%	15.92%	11.05%
标准差	0.066	0.192	0.129

为了说明考虑心理账户的投资组合的重要性,下面讨论考虑心理账户的总最优投资组合不在均值-标准差有效前沿面上的效率损失。根据定理 6.6 可知,如果并非所有的子账户最优投资组合包含相同的证券,在相同的风险容忍水平下,考虑心理账户的总最优投资组合的期望收益低于不考虑心理账户的最优投资组合的期望收益。效率损失定义为

$$\frac{m-m^*}{m^*}$$

其中,m 为考虑心理账户的总最优投资组合的期望收益;m^* 为不考虑心理账户的最优投资组合的期望收益。在本例中

$$\frac{m-m^*}{m^*}=(11.05-11.33)/11.33=-2.47\%$$

然而,实际上由于有多种矛盾的投资目标和风险控制要求,投资者在将多种矛盾的投资目标和风险控制要求整合在一起,去寻求风险与收益平衡的过程中,很难设定出准确的风险容忍水平。因此,下面将说明当投资者错误地设定风险容忍水平时,投资组合的效率损失。为此,我们用下式来度量对风险容忍值的错误设定:

$$\text{mis}=\frac{a-a^*}{a^*}$$

其中,a 是投资者在不分心理账户时给出的风险(标准差)容忍水平,而 a^* 是投资者真实的风险容忍水平。由于投资者比较容易在每个特定的心理账户中给出目标和相应的风险容忍水平,因此通过整合不同心理账户中的标准差水平可得到 a^*。

当 $a>a^*$ 时,投资者设定的风险容忍值比投资者的真实风险容忍水平高,按照这样的风险容忍值进行投资组合选择,投资者很可能遇到比其实际可容忍水平更大的风险。这对投资者的危害是很大的,同时在一定程度上也失去了设置风险控制约束的意义。当错误设定为负时,意味着所设定的风险容忍水平比真实风险容忍水平低。这会导致投资回报较小,产生投资效率损失。由于错误设定而造成的效率损失由下式计算:

$$\frac{m'-m^*}{m^*}$$

其中,m' 表示不考虑心理账户、风险容忍值被错误设定时的最优投资组合的期望收益,m^* 表示不考虑心理账户时在真实风险容忍水平下的最优投资组合的期望收益。表 6.4 给出了当投资者错误地设定风险容忍水平时的效率损失。从表 6.4 可以看出,当错误设定很小,仅为 $\text{mis}=-3\%$ 时,投资的效率损失就等于考虑心理账户投资组合出现效率损失时的效率损失值。而且,效率损失的绝对值随着错误设定风险容忍水平的绝对值的增大而增大。因此,即使考虑心理账户的总最优投资组合不在有效边界上,考虑心理账户的投资组合也常常能

更好地帮助投资者决策。错误设定的绝对值越大,考虑心理账户的投资组合对投资者的帮助就越大。

表 6.4　错误设定风险容忍水平时无心理账户的投资组合的效率损失

错误设定	-3%	-5%	-10%	-15%	-20%	-25%
$\left\lvert\dfrac{m'-m^*}{m^*}\right\rvert$	2.47%	4.15%	8.3%	12.44%	16.59%	20.74%

综合训练

1. 简述考虑心理账户的投资组合的投资者与经典投资组合的投资者的不同。

2. 什么是考虑心理账户投资组合的有效前沿面?总投资组合在均值-标准差有效前沿面的充要条件是什么?

3. 假设投资者将他们的投资分成 m 个不同的心理账户,每个账户制定不同的投资策略。记 ξ_i 为证券 $i, i=1,2,\cdots,n$ 的收益率,具有正则不确定分布。对于任意一个账户 $k \in \{1,2,\cdots,m\}$,令 x_{ki} 代表在第 k 个账户下投资在证券 $i, i=1,2,\cdots,n$ 上的资金比例。记每个心理账户下收益的阈值为 $H_k, k=1,2,\cdots,m$,收益不大于该阈值的可容忍信度值为 $\alpha_{0,k}, k=1,2,\cdots,m$。基于第 4 章介绍的不确定均值-机会模型的思想,给出每个心理账户的不确定投资组合模型及其确定等价形式。

即 测 即 练

考虑背景风险的不确定投资组合

在前几章,投资者投资时只考虑了金融资产的风险。然而,在现实中,投资者还面临着由投资者自身处境和环境变化所产生的无法通过金融资产对冲的风险,这些风险被称为背景风险[43]。根据背景风险影响投资者财富的方式,可将背景风险分为两类:一类是加性背景风险,是指对投资者财富有加性影响的风险,例如,投资者的劳动收入、因健康问题而导致的意外支出、房产收入的波动等。另一类是乘性背景风险,是指以乘性性质作用于投资者财富的风险,如由通货膨胀或未来税收责任的不确定性带来的风险。暴露于背景风险的资产被称为背景资产。背景资产通常是流动性差或不可交易的,投资者很难在短期内调整这些资产的持有量。许多实证结果表明,背景风险改变了投资者的投资决策[44,45,46]。在随机投资组合选择中,一些学者讨论了随机背景风险对投资组合决策的影响[39,46,47,48]。本章将介绍不确定背景风险对不确定投资组合决策的影响。首先介绍考虑加性背景风险的不确定投资组合选择问题[49,50],然后介绍考虑乘性背景风险的不确定投资组合选择问题[51]。下面首先关注投资者只投资于风险资产的投资组合问题,然后关注投资者投资于风险资产和无风险资产的投资组合问题。

7.1 考虑加性背景风险的不确定均值-方差模型

首先研究投资者只投资于风险资产的投资组合问题。

7.1.1 考虑加性背景风险的均值-方差模型

令 ξ_b 表示背景资产的不确定收益,ξ_i 表示第 i 只证券的不确定收益,x_i 表示投资在第 i 只证券的投资比例,$i=1,2,\cdots,n$。假设投资者将其资金中的 w 比例分配到风险资产上,剩余的分配到背景资产上,那么投资者包含背景资产收益在内的总收益为

$$r_T = w\sum_{i=1}^{n} x_i \xi_i + (1-w)\xi_b$$

根据不确定均值-方差模型的思想,如果要求期望收益等于 m,同时最小化总收益的方差,则有如下考虑背景风险的不确定均值-方差模型[50]:

$$\begin{cases} \min V\left[w\sum_{i=1}^{n}x_i\xi_i+(1-w)\xi_b\right] \\ \text{s. t.:} \\ \quad E\left[w\sum_{i=1}^{n}x_i\xi_i+(1-w)\xi_b\right]=m \\ \quad x_1+x_2+\cdots+x_n=1 \\ \quad x_i\geqslant 0,\quad i=1,2,\cdots,n \end{cases} \tag{7.1}$$

7.1.2 模型的等价形式

定理 7.1 设 ξ_b 和 ξ_i 分别有独立的正则不确定分布 Φ_b 和 Φ_i, $i=1,2,\cdots,n$, 则模型(7.1)可以转换为以下形式:

$$\begin{cases} \min\int_0^1\left(w\sum_{i=1}^{n}x_i\Phi_i^{-1}(\alpha)+(1-w)\Phi_b^{-1}(\alpha)-e\right)^2\mathrm{d}\alpha \\ \text{s. t.:} \\ \quad \int_0^1\left(w\sum_{i=1}^{n}x_i\Phi_i^{-1}(\alpha)+(1-w)\Phi_b^{-1}(\alpha)\right)\mathrm{d}\alpha=m \\ \quad \sum_{i=1}^{n}x_i=1 \\ \quad x_i\geqslant 0,\quad i=1,2,\cdots,n \end{cases} \tag{7.2}$$

其中,

$$e=\int_0^1\left(w\sum_{i=1}^{n}x_i\Phi_i^{-1}(\alpha)+(1-w)\Phi_b^{-1}(\alpha)\right)\mathrm{d}\alpha$$

证明: 令 Ψ 表示 $\omega\sum_{i=1}^{n}x_i\xi_i+(1-\omega)\xi_b$ 的不确定分布。由于 $x_i\geqslant 0, i=1,2,\cdots,n$, 可知 $w\sum_{i=1}^{n}x_i\xi_i+(1-w)\xi_b$ 关于 ξ_i 和 ξ_b 严格单增。根据运算法则(2.22), $\omega\sum_{i=1}^{n}x_i\xi_i+(1-\omega)\xi_b$ 的逆不确定分布函数为

$$\Psi^{-1}(\alpha)=w\sum_{i=1}^{n}x_i\Phi_i^{-1}(\alpha)+(1-w)\Phi_b^{-1}(\alpha),0<\alpha<1$$

根据定理 2.26, 可得

$$E\left[w\sum_{i=1}^{n}x_i\xi_i+(1-w)\xi_b\right]$$
$$=\int_0^1\Psi^{-1}(\alpha)\mathrm{d}\alpha$$
$$=\int_0^1\left(w\sum_{i=1}^{n}x_i\Phi_i^{-1}(\alpha)+(1-w)\Phi_b^{-1}(\alpha)\right)\mathrm{d}\alpha=e$$

根据定理 2.31, 可得

$$V\left[w\sum_{i=1}^{n}x_i\xi_i+(1-w)\xi_b\right]$$
$$=\int_0^1(\Psi^{-1}(\alpha)-e)^2\mathrm{d}\alpha$$

$$= \int_0^1 \left(w \sum_{i=1}^n x_i \Phi_i^{-1}(\alpha) + (1-w)\Phi_b^{-1}(\alpha) - e \right)^2 \mathrm{d}\alpha \tag{7.3}$$

定理得证。

定理 7.2 设 ξ_b 和 ξ_i 为独立的正态不确定变量，$\xi_b \sim \mathcal{N}(e_b, \sigma_b)$，$\xi_i \sim \mathcal{N}(e_i, \sigma_i)$，$i=1, 2, \cdots, n$。则模型 (7.1) 可以被进一步地转换为以下形式：

$$\begin{cases} \min \left(w \sum\limits_{i=1}^n x_i \sigma_i + (1-w)\sigma_b \right)^2 \\ \text{s. t.:} \\ \quad w \sum\limits_{i=1}^n x_i e_i + (1-w)e_b = m \\ \quad \sum\limits_{i=1}^n x_i = 1 \\ \quad x_i \geqslant 0, \quad i=1,2,\cdots,n \end{cases} \tag{7.4}$$

7.1.3 证券和背景资产收益服从正态不确定分布时的解析解

在下面的投资组合中，如果两只证券的收益都服从正态不确定分布，且具有相同的期望收益和方差值，则将它们视为同一只证券而考虑在待选的证券池中；如果两只证券具有相同的期望收益，并且其中一只证券的方差比另一只证券大，则只将方差较小的那只证券纳入待选的证券池中。因此，在模型 (7.4) 中增加 $e_1 < e_2 < \cdots < e_n$ 条件。

定理 7.3[50] 设模型 (7.4) 中 $e_1 < e_2 < \cdots < e_n$，令 $\boldsymbol{X}_b^*$ 为该模型的一个最优解。那么 $\boldsymbol{X}_b^* = \begin{bmatrix} 0 & 0 & \cdots & x_j & \cdots & x_k & \cdots & 0 & 0 \end{bmatrix}^{\mathrm{T}}$，

其中，

$$\begin{bmatrix} x_j \\ x_k \end{bmatrix} = \begin{bmatrix} \dfrac{e_k - \dfrac{m-(1-w)e_b}{w}}{e_k - e_j} \\ \dfrac{\dfrac{m-(1-w)e_b}{w} - e_j}{e_k - e_j} \end{bmatrix} \tag{7.5}$$

证明：模型 (7.4) 的目标函数可转换为以下形式：

$$w^2 \left(\sum_{i=1}^n x_i \sigma_i \right)^2 + 2w(1-w)\sigma_b \left(\sum_{i=1}^n x_i \sigma_i \right) + (1-w)^2 \sigma_b^2$$

考虑到背景资产收益是外生的，其方差在决策之前已知，并且在投资期间 w 已预先确定，是一个定值，故模型 (7.4) 等价于模型 (7.6)：

$$\begin{cases} \min \dfrac{1}{2} \left(\sum\limits_{i=1}^n x_i \sigma_i \right)^2 + \dfrac{1-w}{w}\sigma_b \left(\sum\limits_{i=1}^n x_i \sigma_i \right) \\ \text{s. t.:} \\ \quad \sum\limits_{i=1}^n x_i e_i = \dfrac{m-(1-w)e_b}{w} \\ \quad \sum\limits_{i=1}^n x_i = 1 \\ \quad x_i \geqslant 0, \quad i=1,2,\cdots,n \end{cases} \tag{7.6}$$

用 ρ_i 表示等式约束的拉格朗日乘子，其余的用 λ_i 表示。由于模型(7.6)是凸规划，KKT(Karush-Kuhn-Tucker,卡罗需-库恩-塔克)条件是模型有最优解的充分必要条件,因此可以通过 KKT 条件来求解。KKT 条件如下：

$$\begin{cases} \sigma_1^2 x_1 + \sigma_1\sigma_2 x_2 + \cdots + \sigma_1\sigma_n x_n - \rho_1 e_1 - \rho_2 - \lambda_1 = -\dfrac{1-w}{w}\sigma_b\sigma_1 \\ \sigma_2\sigma_1 x_1 + \sigma_2^2 x_2 + \cdots + \sigma_2\sigma_n x_n - \rho_1 e_2 - \rho_2 - \lambda_2 = -\dfrac{1-w}{w}\sigma_b\sigma_2 \\ \vdots \\ \sigma_n\sigma_1 x_1 + \sigma_n\sigma_2 x_2 + \cdots + \sigma_n^2 x_n - \rho_1 e_n - \rho_2 - \lambda_n = -\dfrac{1-w}{w}\sigma_b\sigma_n \\ e_1 x_1 + e_2 x_2 + \cdots + e_n x_n = \dfrac{m-(1-w)e_b}{w} \\ x_1 + x_2 + \cdots + x_n = 1 \\ \lambda_i x_i = 0 \quad (\text{I}) \\ x_i \geqslant 0 \\ \lambda_i \geqslant 0, i=1,2,\cdots,n \end{cases} \tag{7.7}$$

令 q 为 λ_i 等于 0 的个数。

(1) $q=0$。由于 $x_i \geqslant 0$，根据方程组(7.7)中的约束条件(I)，可以得到所有的 x_i 都等于 0。因此方程组(7.7)没有解。

(2) $q=1$。设第 o 个 λ 是等于 0 的，即 $\lambda_o=0$。方程组(7.7)可以转换成方程组(7.8)。因为方程组(7.8)中的约束条件(II)和约束条件(III)要同时满足，所以要么方程组(7.8)没有解，要么是 $x_o=1$，此时须 $e_o = \dfrac{m-(1-w)e_b}{w}$。

$$\begin{cases} \sigma_1\sigma_o x_o - \rho_1 e_1 - \rho_2 - \lambda_1 = -\dfrac{1-w}{w}\sigma_b\sigma_1 \\ \sigma_2\sigma_o x_o - \rho_1 e_2 - \rho_2 - \lambda_2 = -\dfrac{1-w}{w}\sigma_b\sigma_2 \\ \vdots \\ \sigma_o^2 x_o - \rho_1 e_o - \rho_2 = -\dfrac{1-w}{w}\sigma_b\sigma_o \\ \vdots \\ \sigma_n\sigma_o x_o - \rho_1 e_n - \rho_2 - \lambda_n = -\dfrac{1-w}{w}\sigma_b\sigma_n \\ e_o x_o = \dfrac{m-(1-w)e_b}{w} \quad (\text{II}) \\ x_o = 1 \quad (\text{III}) \\ \lambda_o = 0 \\ x_i = 0, i=1,2,\cdots,n, i \neq o \\ \lambda_i > 0, i=1,2,\cdots,n, i \neq o \end{cases} \tag{7.8}$$

(3) $q=2$。设第 j 个 λ 和第 k 个 λ 是等于 0 的,即 $\lambda_j=0,\lambda_k=0$。方程组(7.7)可以转换成方程组(7.9)。由于 $x_j+x_k=1$,从方程组(7.9)的约束条件(Ⅳ)可知不等式 $e_j \leqslant \frac{m-(1-w)e_b}{w} \leqslant e_k$ 必须成立,换言之,当 $e_j \leqslant \frac{m-(1-w)e_b}{w} \leqslant e_k$ 成立时,存在最优解。注意,由于 $e_j<e_k$,不等式 $e_j \leqslant \frac{m-(1-w)e_b}{w} \leqslant e_k$ 两边的等号不会同时成立,且当 $x_k=0$ 时,$x_j=1$,此时须 $e_j=\frac{m-(1-w)e_b}{w}$;或者当 $x_j=0$ 时,$x_k=1$,此时须 $e_k=\frac{m-(1-w)e_b}{w}$。可以看出,这时恰好是 $q=1$ 时有解的情况。

$$\begin{cases} \sigma_1\sigma_j x_j + \sigma_1\sigma_k x_k - \rho_1 e_1 - \rho_2 - \lambda_1 = -\frac{1-w}{w}\sigma_b\sigma_1 \\ \vdots \\ \sigma_j^2 x_j + \sigma_j\sigma_k x_k - \rho_1 e_j - \rho_2 = -\frac{1-w}{w}\sigma_b\sigma_j \\ \sigma_k\sigma_j x_j + \sigma_k^2 x_k - \rho_1 e_k - \rho_2 = -\frac{1-w}{w}\sigma_b\sigma_k \\ \vdots \\ \sigma_n\sigma_j x_j + \sigma_n\sigma_k x_k - \rho_1 e_n - \rho_2 - \lambda_n = -\frac{1-w}{w}\sigma_b\sigma_n \\ e_j x_j + e_k x_k = \frac{m-(1-w)e_b}{w} \quad (\text{Ⅳ}) \\ x_j + x_k = 1 \\ \lambda_j = \lambda_k = 0 \\ x_i = 0\ i=1,2,\cdots,n, i\neq j, i\neq k \\ x_{j,k} \geqslant 0 \\ \lambda_i > 0, i=1,2,\cdots,n, i\neq j, i\neq k \end{cases} \quad (7.9)$$

令 C 表示方程组(7.9)的系数矩阵,则

$$C = \begin{bmatrix} \sigma_1\sigma_j & \sigma_1\sigma_k & -e_1 & -1 & -1 & 0 & 0 & \cdots & 0 \\ \sigma_2\sigma_j & \sigma_2\sigma_k & -e_2 & -1 & 0 & -1 & 0 & \cdots & 0 \\ \vdots \\ \sigma_j^2 & \sigma_j\sigma_k & -e_j & -1 & 0 & & \cdots & & 0 \\ \sigma_k\sigma_j & \sigma_k^2 & -e_k & -1 & 0 & & \cdots & & 0 \\ \vdots \\ \sigma_n\sigma_j & \sigma_n\sigma_k & -e_n & -1 & 0 & & \cdots & 0 & -1 \\ e_j & e_k & 0 & & & & \cdots & & 0 \\ 1 & 1 & 0 & & & & \cdots & & 0 \end{bmatrix}$$

$$\rightarrow \begin{bmatrix} \sigma_1\sigma_j & \sigma_1\sigma_k & -e_1 & -1 & -1 & 0 & 0 & \cdots & \\ \vdots & & & & & & & \ddots & \\ \sigma_n\sigma_j & \sigma_n\sigma_k & -e_n & -1 & 0 & \cdots & 0 & & -1 \\ \sigma_j^2 & \sigma_j\sigma_k & -e_j & -1 & 0 & \cdots & & & 0 \\ \sigma_k\sigma_j & \sigma_k^2 & -e_k & -1 & 0 & \cdots & & & 0 \\ e_j & e_k & 0 & & & \cdots & & & 0 \\ 1 & 1 & 0 & & & \cdots & & & 0 \end{bmatrix}$$

将 $(n-2)\times 4$ 矩阵 $\boldsymbol{B}_1$、$(n-2)$ 单位矩阵 $\boldsymbol{B}_2$ 和 4×4 矩阵 $\boldsymbol{B}_3$ 分别定义为

$$\boldsymbol{B}_1 = \begin{bmatrix} \sigma_1\sigma_j & \sigma_1\sigma_k & -e_1 & -1 \\ \vdots & & & \\ \sigma_n\sigma_j & \sigma_n\sigma_k & -e_n & -1 \end{bmatrix}, \quad \boldsymbol{B}_2 = -\boldsymbol{E}, \quad \boldsymbol{B}_3 = \begin{bmatrix} \sigma_j^2 & \sigma_j\sigma_k & -e_j & -1 \\ \sigma_k\sigma_j & \sigma_k^2 & -e_k & -1 \\ e_j & e_k & 0 & 0 \\ 1 & 1 & 0 & 0 \end{bmatrix}$$

那么 $\boldsymbol{C}$ 可以表示为

$$\boldsymbol{C} = \begin{bmatrix} \boldsymbol{B}_1 & \boldsymbol{B}_2 \\ \boldsymbol{B}_3 & \boldsymbol{0} \end{bmatrix}$$

由于 $e_j \neq e_k, j \neq k$，$\boldsymbol{B}_3$ 是满秩的。可以看出 $\boldsymbol{B}_2$ 也是满秩的。对矩阵 $\boldsymbol{C}$ 进行初等行变换得到

$$\boldsymbol{C}^{-1} = \begin{bmatrix} \boldsymbol{0} & \boldsymbol{B}_3^{-1} \\ \boldsymbol{B}_2^{-1} & -\boldsymbol{B}_2^{-1}\boldsymbol{B}_1\boldsymbol{B}_3^{-1} \end{bmatrix}$$

则方程组(7.9)的解为

$$\begin{bmatrix} x_j \\ x_k \\ \rho_1 \\ \rho_2 \\ \lambda_1 \\ \vdots \\ \lambda_n \end{bmatrix} = \boldsymbol{C}^{-1} \begin{bmatrix} -\dfrac{1-w}{w}\sigma_b\sigma_1 \\ -\dfrac{1-w}{w}\sigma_b\sigma_2 \\ \vdots \\ -\dfrac{1-w}{w}\sigma_b\sigma_n \\ \dfrac{m-(1-w)e_b}{w} \\ 1 \end{bmatrix}$$

因此，$\lambda_i > 0, i \neq j, i \neq k, i = 1, 2, \cdots, n$,

$$\begin{bmatrix} x_j \\ x_k \end{bmatrix} = \begin{bmatrix} \dfrac{e_k - \dfrac{m-(1-w)e_b}{w}}{e_k - e_j} \\ \dfrac{\dfrac{m-(1-w)e_b}{w} - e_j}{e_k - e_j} \end{bmatrix}$$

模型(7.6)的最优解为 $\boldsymbol{X}=[0\ \ 0\ \ \cdots\ \ x_j\cdots x_k\cdots 0\ \ 0]^T$。

(4) $q\geqslant 3$。令 $\boldsymbol{C}_q$ 表示系数矩阵。对 $\boldsymbol{C}_q$ 的增广矩阵进行初等行变换,发现 $\rho_1=\rho_2=0$。在这些情况下,并不是所有的 x_i 都能满足 $x_i\geqslant 0, i=1,2,\cdots,n$,所以当 $q\geqslant 3$ 时,方程组(7.7)无解。

定理得证。

7.1.4 考虑背景风险时股票投资组合的均值-方差有效前沿

考虑背景风险时股票投资组合的均值-方差有效前沿是指在不同的 m 值下,与模型(7.4)得到的最优股票组合收益的方差所构成的曲线。注意,这里的均值-方差有效前沿上,均值是包含背景资产在内的总资产的均值,方差仅仅是股票组合收益的方差。换言之,从考虑背景风险时股票投资组合的均值-方差有效前沿上我们可以得到,要实现投资者所要求的包含背景资产收益在内的总资产的期望收益时,能够从股市获得的最低方差的股票组合。

从定理 7.3 可知,当 $e_1<e_2<\cdots<e_n$ 时,模型(7.4)的最优股票组合包含第 j 只股票和第 k 只股票。已知当 $\xi_j\sim\mathcal{N}(e_j,\sigma_j)$ 和 $\xi_k\sim\mathcal{N}(e_k,\sigma_k)$ 是正态不确定变量,$x_j\geqslant 0, x_k\geqslant 0$,则 $x_j\xi_j+x_k\xi_k$ 也是正态不确定变量,且

$$x_j\xi_j+x_k\xi_k\sim\mathcal{N}(x_je_j+x_ke_k,x_j\sigma_j+x_k\sigma_k)$$

令 σ_{pb}^2 表示依据模型(7.4)所选择的最优股票投资组合的方差,脚标 b 表示虽然是股票组合的方差,但此时的股票组合是在考虑背景风险后,由模型(7.4)得到的股票的最优组合,易知:

$$\sigma_{pb}^2=(x_j\sigma_j+x_k\sigma_k)^2 \quad (7.10)$$

将式(7.5)的 x_j 和 x_k 代入式(7.10)中,得到

$$\sigma_{pb}^2=\left(\frac{(\sigma_k-\sigma_j)\dfrac{m-(1-w)e_b}{w}+(e_k\sigma_j-e_j\sigma_k)}{e_k-e_j}\right)^2 \quad (7.11)$$

其中,m 是投资者设定的对考虑背景资产在内的总资产的期望收益的要求。

定理 7.4[50] 设市场上 n 只股票的期望收益为:$e_1<e_2\cdots<e_g<\cdots<e_h<\cdots<e_j<\cdots<e_k<\cdots<e_n$,那么由模型(7.4)选出的股票投资组合在总资产均值与股票组合方差平面中的有效前沿是一条由至多 $n-1$ 条抛物线组成的连续曲线,且当总资产的期望收益 $e_T\in[we_1+(1-w)e_b,we_n+(1-w)e_b]$ 时,股票投资组合的方差是关于总资产的期望收益率 e_T 严格递增的函数。

证明:第一,证明有效边界是一条由不同抛物线组成的连续曲线。已知 $e_1<e_2<\cdots<e_g<\cdots<e_h<\cdots<e_j<\cdots<e_k<\cdots<e_n$,根据定理 7.3 的证明过程,如果 $e_g\leqslant\dfrac{e_T-(1-w)e_b}{w}\leqslant e_h$,模型(7.4)的最优解包含第 g 只股票和第 h 只股票。那么,股票投资组合有效前沿为

$$\sigma_{pb}^2=\left(\frac{(\sigma_h-\sigma_g)\dfrac{e_T-(1-w)e_b}{w}+(e_h\sigma_g-e_g\sigma_h)}{e_h-e_g}\right)^2 \quad (7.12)$$

其中,$e_T\in[we_g+(1-w)e_b,we_h+(1-w)e_b]$。从方程(7.12)可以清楚地看出,$e_T\in$

$[we_g+(1-w)e_b,we_h+(1-w)e_b]$ 这一段的有效前沿是抛物线的一部分。

随着投资者对总资产期望收益 m 值要求的增加,因为 $e_T=m$,故 e_T 增加。当 $\frac{e_T-(1-w)e_b}{w}\notin[e_g,e_h]$,例如,$\frac{e_T-(1-w)e_b}{w}\in[e_h,e_j]$,模型(7.4)选择第 h 只股票和第 j 只股票。因此,有效前沿的形式是

$$\sigma_{pb}^2=\left(\frac{(\sigma_j-\sigma_h)\frac{e_T-(1-w)e_b}{w}+(e_j\sigma_h-e_h\sigma_j)}{e_j-e_h}\right)^2 \quad (7.13)$$

其中,$e_T\in[we_h+(1-w)e_b,we_j+(1-w)e_b]$。

已知,当 $e_T\in[we_g+(1-w)e_b,we_h+(1-w)e_b]$ 时,有效边界是方程(7.12)描述的抛物线的一部分。当 $e_T\in[we_h+(1-w)e_b,we_j+(1-w)e_b]$ 时,有效边界是方程(7.13)描述的抛物线的一部分。与此同时,当 $e_T=we_h+(1-w)e_b$ 时,由式(7.12)和式(7.13)计算出的 σ_{pb}^2 相同。因此,可以推导出,当 $e_T\in[we_g+(1-w)e_b,we_j+(1-w)e_b]$ 时,有效边界是由两条抛物线组成的连续曲线。

类似地,对于 $e_T\in[we_g+(1-w)e_b,we_k+(1-w)e_b]$,可以得到一个由 3 条抛物线组成的有效前沿。这个过程可以持续到 $e_T\in[we_1+(1-w)e_b,we_n+(1-w)e_b]$,所以有效前沿是由不同抛物线组成的连续曲线。

第二,证明有效前沿最多由 $n-1$ 条抛物线组成。已知 $e_1<e_2<\cdots<e_g<\cdots<e_h<\cdots<e_j<\cdots<e_k<\cdots<e_n$,数字 $e_1,e_2,\cdots,e_g,\cdots,e_h,\cdots,e_j,\cdots,e_k,\cdots,e_n$ 将区间 $[e_1,e_n]$ 分成了 $n-1$ 个区间。当 $\frac{e_T-(1-w)e_b}{w}$ 属于其中一个区间时,模型(7.4)只有一个最优解。每个最优解对应于一段有效前沿。几个相邻区间的最优解也有可能是相同的。因此,有效前沿最多由 $n-1$ 条曲线组成。

第三,证明当 $e_T\in[we_1+(1-w)e_b,we_n+(1-w)e_b]$,$\sigma_{pb}^2$ 是一个关于 e_T 严格递增的函数。在式(7.12)中,显然对于 $e_T\in[we_g+(1-w)e_b,we_h+(1-w)e_b]$,$\sigma_{pb}^2$ 是关于 e_T 严格递增的函数。令 m_1 表示属于区间 $[we_g+(1-w)e_b,we_h+(1-w)e_b]$ 的任意一个数,则可得 $\sigma_{pb}^2(m_1)<\sigma_{pb}^2(we_h+(1-w)e_b)$。

类似地,在式(7.13)中,对于 $e_T\in[we_h+(1-w)e_b,we_j+(1-w)e_b]$,$\sigma_{pb}^2$ 是关于 e_T 严格递增的函数。令 m_2 表示属于区间 $(we_h+(1-w)e_b,we_j+(1-w)e_b]$ 的任意一个数,那么 $\sigma_{pb}^2(we_h+(1-w)e_b)<\sigma_{pb}^2(m_2)$。

由于 $e_g<e_h<e_j$,可知 $m_1<m_2$,所以可以得到,当 $m_1<m_2$ 时,$\sigma_{pb}^2(m_1)<\sigma_{pb}^2(m_2)$。显然,对于 $e_T\in[we_g+(1-w)e_b,we_j+(1-w)e_b]$,$\sigma_{pb}^2$ 是关于 e_T 严格递增的函数。类似地,对于 $e_T\in[we_1+(1-w)e_b,we_n+(1-w)e_b]$,$\sigma_{pb}^2$ 是关于 e_T 严格递增的函数。

定理得证。

7.1.5 与不考虑背景风险的不确定均值-方差模型的比较

在不考虑背景风险的情况下,当股票收益均为独立的正态不确定变量时,不确定均值-方差模型如下:

$$\begin{cases} \min\left(\sum_{i=1}^{n} x_i \sigma_i\right)^2 \\ \text{s. t.}: \\ \quad \sum_{i=1}^{n} x_i e_i = m \\ \quad \sum_{i=1}^{n} x_i = 1 \\ \quad x_i \geqslant 0, \quad i=1,2,\cdots,n \end{cases} \qquad (7.14)$$

其中,m 的取值与模型(7.4)中相同。

由于背景风险是外生的,w 是预先固定的,而且对于 $i=1,2,\cdots,n$,$x_i \geqslant 0$,$\sigma_i > 0$,因此很容易得到定理 7.5。

定理 7.5 模型(7.4)的最优解式(7.5)也是模型(7.15)的最优解;反之亦然。

$$\begin{cases} \min\left(\sum_{i=1}^{n} x_i \sigma_i\right)^2 \\ \text{s. t.}: \\ \quad \sum_{i=1}^{n} x_i e_i = \dfrac{m-(1-w)e_b}{w} \\ \quad \sum_{i=1}^{n} x_i = 1 \\ \quad x_i \geqslant 0, \quad i=1,2,\cdots,n \end{cases} \qquad (7.15)$$

可以看出,当预设的期望值为 $\dfrac{m-(1-w)e_b}{w}$ 时,模型(7.15)恰好是不考虑背景风险的最优投资组合选择模型。

定理 7.6[50] 考虑背景风险和不考虑背景风险的有效前沿在点 $m=e_b$ 处相交,当 $m > e_b$,考虑背景风险的有效前沿在不考虑背景风险的有效前沿的右下方;当 $m < e_b$,考虑背景风险的有效前沿在不考虑背景风险的有效前沿的左上方。

证明:(1) 设图 7.1 中的实线为不考虑背景风险的最优投资组合的有效前沿,点 1 是实线上的点,其坐标为 (σ_{p1}^2, e_b)。当 $m = e_b$,得到 $\dfrac{m-(1-w)e_b}{w} = e_b$。然后从定理 7.5 已知当 $m = e_b$,考虑背景风险的最优股票投资组合刚好是期望收益为 e_b 的不考虑背景风险的最优投资组合。因此,在考虑背景风险和不考虑背景风险的有效前沿上的点的坐标都是 (σ_{p1}^2, e_b)。也就是说,考虑背景风险和不考虑背景风险的有效前沿在点 $m = e_b$ 处相交。

(2) 设点 2 为实线上位置上高于点 1 的任意点,见图 7.1。点 2 的坐标为 (σ_{p2}^2, m_2),则 $m_2 > e_b$。根据考虑背景风险的最优投资组合的期望收益约束,即

$$we_{pb} + (1-w)e_b = m = m_2$$

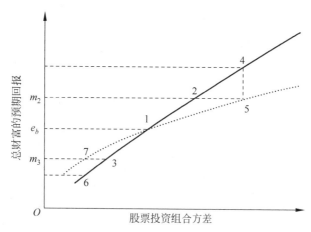

图 7.1 考虑背景风险和不考虑背景风险的有效前沿

注：虚线表示考虑背景风险的有效前沿，实线表示不考虑背景风险的有效前沿。

因为 $0<w<1$，$e_{pb}=\dfrac{m_2-(1-w)e_b}{w}$，知道 $e_{pb}>m_2$。由于 $e_{pb}=\dfrac{m_2-(1-w)e_b}{w}$ 和 $e_{pb}>m_2$，得到 $\dfrac{m_2-(1-w)e_b}{w}>m_2$。设点 4 为实线上的点，其坐标为 $\left(\sigma_{p4}^2,\dfrac{m_2-(1-w)e_b}{w}\right)$。从定理 7.4 的证明过程可知，对于不考虑背景风险的最优投资组合，最优投资组合的 σ_p^2 也随 m 的增大而增大。那么因为 $\dfrac{m_2-(1-w)e_b}{w}>m_2$，得知 $\sigma_{p4}^2>\sigma_{p2}^2$。参考图 7.1。根据定理 7.5，我们知道当 m 设为 m_2 时，考虑背景风险的最优股票投资组合的方差刚好是在点 4 上不考虑背景风险投资组合的方差。于是得到考虑背景风险的有效前沿上的点坐标为 (σ_{p4}^2,m_2)，并用点 5 表示。比较点 2 和点 5，因为 $\sigma_{p4}^2>\sigma_{p2}^2$，可知点 5 在点 2 的右边。

（3）设点 3 为实线上位置低于点 1 的任意点。点 3 的坐标为 (σ_{p3}^2,m_3)，则 $m_3<e_b$。考虑到约束

$$we_{pb}+(1-w)e_b=m=m_3$$

可以得到 $e_{pb}=\dfrac{m_3-(1-w)e_b}{w}<m_3$。设点 6 为实线上的点，其坐标为 $\left(\sigma_{p6}^2,\dfrac{m_3-(1-w)e_b}{w}\right)$。由于

$$\dfrac{m_3-(1-w)e_b}{w}<m_3$$

同时 σ_p^2 随 m 的增大而增大，所以可知 $\sigma_{p6}^2<\sigma_{p3}^2$。参考图 7.1。根据定理 7.5，可知当 m 设为 m_3 时，考虑背景风险的最优股票投资组合的方差刚好是在点 6 上不考虑背景风险投资组合的方差。因此 (σ_{p6}^2,m_3) 应该在考虑背景风险的有效前沿上，用点 7 来表示。比较点 3 和点 7，因为 $\sigma_{p6}^2<\sigma_{p3}^2$，可知点 7 在点 3 的左边。

由于点 5 是当 $m>e_b$ 时考虑背景风险的有效前沿上的任意点，点 7 是当 $m<e_b$ 时考虑背景风险的有效前沿上的任意点，所以定理得证。

将风险差异定义为考虑背景风险和不考虑背景风险的最优投资组合的方差，即当要求

的总收益是相同的 m 时，$\Delta\sigma^2 = \sigma_{pb}^2 - \sigma_p^2$。背景风险将如何影响风险差异？下面的两个定理回答了这个问题。

定理 7.7[50]　考虑背景风险和不考虑背景风险的股票投资组合，当 $m \neq e_b$ 时，存在风险差异，而且当 e_b 增大时，风险差异减小，即 e_b 增大时，$\Delta\sigma^2 = \sigma_{pb}^2 - \sigma_p^2$ 减小。

证明：当 $m = e_b$，无论 e_b 是多少，因为 $\dfrac{m-(1-w)e_b}{w} = m$，模型(7.14)和模型(7.15)是相同的，所以这两个模型的最优投资组合是相同的。$\Delta\sigma^2 = \sigma_{pb}^2 - \sigma_p^2 = 0$。考虑背景风险和不考虑背景风险的最优投资组合之间没有风险差异。

设 $m \neq e_b$，且 $e_{b2} > e_{b1}$。由于 $\dfrac{m-(1-w)e_{b2}}{w} < \dfrac{m-(1-w)e_{b1}}{w}$，根据定理 7.4，可得 $\sigma_{pb2}^2 < \sigma_{pb1}^2$。但无论背景风险如何变化，不考虑背景风险的最优投资组合都将保持不变，因为它与背景风险无关。因此，$\sigma_{pb2}^2 - \sigma_p^2 < \sigma_{pb1}^2 - \sigma_p^2$。定理得证。

由图 7.2 可见，当 e_{b2} 大于 e_{b1} 时，考虑背景风险和不考虑背景风险的股票投资组合之间的风险差异变小。

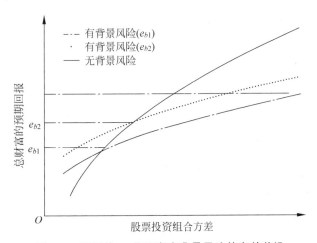

图 7.2　不同的 e_b 值下考虑背景风险的有效前沿

同样，很容易得到以下定理。

定理 7.8[50]　考虑背景风险和不考虑背景风险的股票投资组合，当 $m > e_b$ 时，风险差异随 w 的增大而减小；当 $m < e_b$ 时，风险差异随 w 的增大而增大。

由图 7.3 可以看出，当 w 增大时，考虑背景风险的有效前沿会逆时针旋转变化。

7.1.6　数值算例

例 7.1　假设一个投资者拟将总财富的 80% 投资于股票，20% 留作背景资产。投资者对 6 只股票很感兴趣，并希望在其中进行投资。这 6 只股票的收益由专家估计给出，其分布情况如表 7.1 所示，这些数据来自论文[16]。此外，投资者的背景资产收益也是一个不确定变量，其分布为 $\xi_b \sim \mathcal{N}(0.010, 0.012)$。

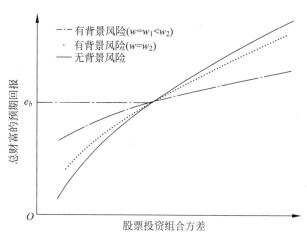

图 7.3 不同 w 值下考虑背景风险的有效前沿

表 7.1 股票收益 ξ_i 的不确定分布

股票 i	分布	股票 i	分布
1	$\mathcal{N}(0.031, 0.058)$	4	$\mathcal{N}(0.044, 0.073)$
2	$\mathcal{N}(0.033, 0.061)$	5	$\mathcal{N}(0.051, 0.084)$
3	$\mathcal{N}(0.041, 0.065)$	6	$\mathcal{N}(0.067, 0.098)$

如果投资者将总资产的期望收益阈值设置为 0.05，那么其应根据以下模型进行股票投资组合：

$$\begin{cases} \min(0.8 \times (0.058x_1 + 0.061x_2 + 0.065x_3 + 0.073x_4 + 0.084x_5 + 0.098x_6) + 0.2 \times 0.012)^2 \\ \text{s. t. :} \\ \quad 0.8 \times (0.031x_1 + 0.033x_2 + 0.041x_3 + 0.044x_4 + 0.051x_5 + 0.067x_6) + \\ \quad 0.2 \times 0.01 = 0.05 \\ \quad x_1 + x_2 + x_3 + x_4 + x_5 + x_6 = 1 \\ \quad x_i \geqslant 0, i = 1, 2, \cdots, 6 \end{cases}$$

通过 Matlab 求解，得到最优股票组合，如表 7.2 所示。从表 7.2 可以看出，当投资者考虑背景风险时，应选择第 3 只股票和第 6 只股票，而且投资比例分别为 0.269 2 和 0.730 8，最优股票投资组合的方差为 0.007 9。

表 7.2 考虑背景风险时对 6 只股票的最优资金分配　　　　　　　%

股票 i	1	2	3	4	5	6
资金分配	0.00	0.00	26.92	0.00	0.00	73.08

为了比较考虑背景风险和不考虑背景风险的投资组合的差异，将总资产的期望收益阈值设置为相同的 0.05，并在不考虑背景风险的情况下再次选择投资组合。结果如表 7.3 所示。从表 7.3 可以看出，投资者仍选择了第 3 只股票和第 6 只股票，但投资比例分别为 0.653 7 和 0.346 3。方差为 0.005 8，小于考虑背景风险时所选择的投资组合的方差。由于

预设的总资产的期望收益阈值 $m=0.05>e_b=0.01$,当考虑背景风险时,投资者将资金更多地投资在风险更大但收益也更大的第 6 只股票上以获得更高的期望收益。

表 7.3　不考虑背景风险时对 6 只股票的最优资金分配　　　　%

股票 i	1	2	3	4	5	6
资金分配	0.00	0.00	65.37	0.00	0.00	34.63

为了研究背景风险的变化对股票投资组合决策的影响,改变 e_b 和 w 的值,然后再次进行实验,结果见表 7.4 和表 7.5。表 7.4 显示当背景资产期望收益为 -0.01 时,最优股票组合方差为 0.009 1;当背景资产的期望收益增大到 0 时,最优股票组合的方差为 0.008 5,变得更小了。而且背景资产的期望收益越大,所选股票组合的方差就越小。于是,考虑背景风险和不考虑背景风险情况下所选择的股票组合之间的风险差异也会变小。关于背景资产占总资产比例的变化对股票投资组合选择的影响,从表 7.5 可以看出,当背景资产的期望收益与要求的总资产的期望收益阈值相同,即 $e_b=m=0.05$ 时,背景资产在总资产中比例的变化对考虑背景风险的股票组合选择没有影响。然而,当背景资产的期望收益大于要求的总资产的期望收益阈值,即 $e_b=0.06>m$,放在风险资产上的比例 w 越大,即背景资产上的资本比例 $1-w$ 越小时,为了得到相对较高的期望阈值,所选股票组合的方差越大,因此考虑背景风险和不考虑背景风险情况下,选择的股票组合之间的风险差异更大。背景资产的期望收益小于要求的总资产的期望收益阈值,即 $e_b=0.04<m$ 时,放在风险资产上的比例 w 越大,即放在背景资产上的比例越小时,所选投资组合的方差越小,此时,考虑背景风险和不考虑背景风险所选择的股票组合之间的风险差异越小。

表 7.4　不同背景资产期望收益下所选股票投资组合的方差水平

e_b	-0.01	0	0.01	0.03	0.05	0.07
σ_{pb}^2	0.009 1	0.008 5	0.007 9	0.006 9	0.005 8	0.004 9
σ_p^2	0.005 8	0.005 8	0.005 8	0.005 8	0.005 8	0.005 8
$\sigma_{pb}^2-\sigma_p^2$	0.003 3	0.002 7	0.002 1	0.001 1	0.00	$-0.000\ 9$

注：$m=0.05, w=0.8$。

表 7.5　风险资产在总资产中占比不同时所选股票投资组合的方差水平和风险差异

风险资产占比	w	0.4	0.5	0.6	0.7
$e_b=0.05=m$	σ_{pb}^2	0.005 8	0.005 8	0.005 8	0.005 8
	$\sigma_{pb}-\sigma_p^2$	0	0	0	0
$e_b=0.06>m$	σ_{pb}^2	0.003 7	0.004 1	0.004 6	0.005 0
	$\sigma_{pb}-\sigma_p^2$	$-0.002\ 1$	$-0.001\ 7$	$-0.001\ 2$	$-0.000\ 8$
$e_b=0.04<m$	σ_{pb}^2	0.009 1	0.007 9	0.007 2	0.006 7
	$\sigma_{pb}-\sigma_p^2$	0.003 3	0.002 1	0.001 4	0.000 9

7.2　考虑加性背景风险的不确定均值-方差效用

7.1 节研究的考虑背景风险的投资组合问题,资金仅投在风险资产上。本节将介绍加入无风险资产后,背景风险如何影响投资者在风险资产和无风险资产间的资金分配。为此,本节将所有的风险资产视为一个风险资产,并使用均值-方差效用准则来分析这个问题。均值-方差效用准则简单易用,在随机投资组合领域被广泛使用。本节使用均值-方差效用准则介绍当风险资产和背景资产的收益均为正态不确定变量时,背景风险对不确定投资组合的影响。

7.2.1 服从正态不确定分布的均值-方差效用模型

考虑投资者在金融资产上投资,正在决定如何分配在风险资产和无风险资产上的投资比例,其中,风险资产可以是许多风险证券的投资组合。投资者将 w 比例的初始资本用于金融投资,余下的 $1-w$ 留给背景资产。令 ξ 表示不确定风险资产的收益率,r_f 表示无风险收益率,z 表示背景资产的不确定收益率,与风险资产收益率相互独立。x 和 $1-x$ 分别表示投在无风险资产和风险资产的资金比例。考虑背景资产的收益,则投资者的总收益 y 为

$$y = w(\xi(1-x) + r_f x) + (1-w)z \tag{7.16}$$

假设投资者的投资偏好由如下双参数效用函数反映:

$$U: R_+ \times R \to R, \quad U = U(\sigma_y, \mu_y) \tag{7.17}$$

其中,σ_y 和 μ_y 表示不确定总收益 y 的标准差和期望值,效用函数 $U(\sigma_y, \mu_y)$ 是二阶连续可微的,关于 μ_y 单增,关于 σ_y 单减(即投资者是厌恶风险的),构成的无差异曲线在 (σ_y, μ_y) 空间是严格凸的。这里用带下标的效用函数表示效用函数对应的偏导,对于所有 $(\sigma_y, \mu_y) \in R_+ \times R$,效用函数具有以下性质:

$$\begin{aligned} U_\mu(\sigma_y, \mu_y) &> 0 \\ U_\sigma(\sigma_y, \mu_y) &< 0 \end{aligned} \tag{7.18}$$

$U(\sigma_y, \mu_y)$ 在 (σ_y, μ_y) 空间是严格凹的。
用

$$m(\sigma_y, \mu_y) = -\frac{U_\sigma(\sigma_y, \mu_y)}{U_\mu(\sigma_y, \mu_y)} \tag{7.19}$$

表示 σ_y 和 μ_y 之间的边际替代率,也用于度量由 (σ_y, μ_y) 所构成的无差异曲线的斜率。

假设风险资产收益率 ξ 和背景资产收益率 z 均服从正态不确定分布,即 $\xi \sim \mathcal{N}(\mu_\xi, \sigma_\xi)$ 和 $z \sim \mathcal{N}(\mu_z, \sigma_z)$。根据正态不确定变量的性质可知,由式(7.16)给出的总收益率,其期望值为

$$\mu_y(x) = E[y] = w(\mu_\xi(1-x) + r_f x) + (1-w)\mu_z \tag{7.20}$$

标准差为

$$\sigma_y(x) = \sqrt{V[y]} = w(\sigma_\xi(1-x)) + (1-w)\sigma_z \tag{7.21}$$

在后面的表达中,为了简单起见,有时也用 μ 表示 $\mu_y(x)$,用 σ 表示 $\sigma_y(x)$。

那么,如果投资者采用效用最大化准则,即希望最大化投资带来的效用值,则其应建立如下的投资组合决策模型[49]:

$$\begin{cases} \max U(\sigma_y(x),\mu_y(x)) \\ \text{s. t. :} \\ \quad \sigma_y(x) = w(\sigma_\xi(1-x)) + (1-w)\sigma_z \\ \quad \mu_y(x) = w(\mu_\xi(1-x) + r_f x) + (1-w)\mu_z \end{cases} \tag{7.22}$$

模型(7.22)的最优投资比例 x^*,可由一阶导条件
$$U'(x^*) = 0$$

其中,
$$\begin{aligned} U'(x) &= \frac{\partial \mu_y(x)}{\partial x} U_\mu(\sigma_y(x),\mu_y(x)) + \frac{\partial \sigma_y(x)}{\partial x} U_\sigma(\sigma_y(x),\mu_y(x)) \\ &= w(r_f - \mu_\xi) U_\mu(\sigma_y(x),\mu_y(x)) - w\sigma_\xi U_\sigma(\sigma_y(x),\mu_y(x)) \end{aligned} \tag{7.23}$$

和二阶导条件
$$\begin{aligned} U''(x^*) = &\, w^2 (r_f - \mu_\xi)^2 U_{\mu\mu}(\sigma_y(x^*),\mu_y(x^*)) - 2w^2 \sigma_\xi (r_f - \mu_\xi) U_{\mu\sigma}(\sigma_y(x^*),\mu_y(x^*)) + \\ &\, w^2 \sigma_\xi^2 U_{\sigma\sigma}(\sigma_y(x^*),\mu_y(x^*)) < 0 \end{aligned}$$
$$\tag{7.24}$$

求得。

7.2.2 背景资产变化对投资决策的影响

1. 不确定背景资产参数变化的影响

定理 7.9[49] 当风险资产和背景资产的收益是独立的,且均服从正态不确定分布,即 $\xi \sim \mathcal{N}(\mu_\xi,\sigma_\xi)$ 和 $z \sim \mathcal{N}(\mu_z,\sigma_z)$ 时,当且仅当 $m_\mu < 0$,投资者会随背景资产均值 μ_z 的增大而减小在无风险资产上的投资比例 x。

证明:由边际替代率的式(7.19),可将一阶导条件式(7.23)改写为
$$\begin{aligned} U'(x) &= w(r_f - \mu_\xi) U_\mu(\sigma_y(x),\mu_y(x)) - w\sigma_\xi U_\sigma(\sigma_y(x),\mu_y(x)) \\ &= w U_\mu(\sigma_y(x),\mu_y(x))(r_f - \mu_\xi + \sigma_\xi m(\sigma_y,\mu_y)) = 0 \end{aligned} \tag{7.25}$$

由于 $w > 0$ 和 $U_\mu(\sigma_y(x),\mu_y(x)) > 0$,得到
$$r_f - \mu_\xi + \sigma_\xi m(\sigma_y,\mu_y) = 0$$

那么,对式(7.25),关于 μ_z 隐式微分得到
$$\begin{aligned} \frac{\partial x}{\partial \mu_z} &= -\frac{U'_{\mu_z}(x)}{U'_x(x)} \\ &= -\frac{w \frac{\partial U_\mu}{\partial \mu_z}(r_f - \mu_\xi + \sigma_\xi m(\sigma_y,\mu_y)) + w(1-w) U_\mu \sigma_\xi m_\mu(\sigma_y,\mu_y)}{U''(x)} \\ &= -\frac{w(1-w) U_\mu \sigma_\xi m_\mu(\sigma_y,\mu_y)}{U''(x)} \end{aligned} \tag{7.26}$$

从式(7.18)和式(7.24),可知 $U_\mu > 0$ 和 $U''(x) < 0$。由于 $\sigma_\xi > 0$,当且仅当对于所有的 (σ_y,μ_y),$m_\mu(\sigma_y,\mu_y) < 0$ 时,$\frac{\partial x}{\partial \mu_z}$ 是负的。定理证毕。

定理7.10[49] 当风险资产和背景资产的收益是独立的,且均服从正态不确定分布,即 $\xi \sim \mathcal{N}(\mu_\xi, \sigma_\xi)$ 和 $z \sim \mathcal{N}(\mu_z, \sigma_z)$ 时,当且仅当 $m_\sigma > 0$,投资者将随背景资产的 σ_z 增大而增大无风险资产上的投资比例 x。

证明:对式(7.25)关于 σ_z 隐式微分得到

$$\frac{\partial x}{\partial \sigma_z} = -\frac{U'_{\sigma_z}(x)}{U'_x(x)} = -\frac{w(1-w)U_\mu \sigma_\xi m_\sigma(\sigma_y, \mu_y)}{U''(x)} \quad (7.27)$$

可知当且仅当对于所有的 (σ_y, μ_y),$m_\sigma(\sigma_y, \mu_y) > 0$,该式是正的。定理得证。

当均值-方差效用函数为

$$U(\sigma_y, \mu_y) = \mu_y^2 - \sigma_y^2 \quad (7.28)$$

根据边际替代率式(7.19),可以得到 $m(\sigma_y, \mu_y) = \frac{\sigma_y}{\mu_y}$。因此可得

$$m_\mu(\sigma_y \mu_y) = -\frac{\sigma_y}{\mu_y^2} < 0$$

$$m_\sigma(\sigma_y, \mu_y) = \frac{1}{\mu_y} > 0 \quad (7.29)$$

因为当投资者在现实生活中进行投资时总是要求 μ_y 大于 0,推导得到以下定理。

定理7.11[49] 设风险资产和背景资产的收益是独立的,且均服从正态不确定分布。如果投资者的均值-方差效用函数为 $\mu_y^2 - \sigma_y^2$,则:①背景资产均值的增大会使对无风险资产的投资减少,即 $\frac{\partial x}{\partial \mu_z} < 0$;②背景资产标准差的增大会使对无风险资产的投资增加,即 $\frac{\partial x}{\partial \sigma_z} > 0$。

2. 初始比例 w 变化的影响

定理7.12[49] 设风险资产和背景资产的收益是独立的,且均服从正态不确定分布。如果投资者的均值-方差效用函数为 $\mu_y^2 - \sigma_y^2$,则:①无风险资产上的投资比例 x 随背景资产的 μ_z 增大而变化的比率,随 w 的增大而增大,即 $\frac{\partial x}{\partial \mu_z}$ 关于 w 是递增的;②无风险资产上的投资比例 x 随背景资产的 σ_z 增大而变化的比率,随 w 的增大而减小,即 $\frac{\partial x}{\partial \sigma_z}$ 关于 w 是递减的。

证明:当投资者的均值-方差效用函数为 $\mu_y^2 - \sigma_y^2$,分别用式(7.20)和式(7.21)替换 μ_y 和 σ_y,则有

$$U(\sigma_y, \mu_y) = (w(\mu_\xi(1-x) + r_f x) + (1-w)\mu_z)^2 - (w\sigma_\xi(1-x) + (1-w)\sigma_z)^2 \quad (7.30)$$

取关于 x 的一阶导数得到

$$U'(x) = 2w^2((r_f - \mu_\xi)^2 - \sigma_\xi^2)x + 2w^2((r_f - \mu_\xi)\mu_\xi + \sigma_\xi^2) + 2w(1-w)((r_f - \mu_\xi)\mu_z + \sigma_\xi \sigma_z)$$

取关于 x 的二阶导数,有

$$U''(x) = 2w^2((r_f - \mu_\xi)^2 - \sigma_\xi^2)$$

令一阶导数为零，求解 x 给出

$$x=-\frac{w\left((r_f-\mu_\xi)\mu_\xi+\sigma_\xi^2\right)+(1-w)\left((r_f-\mu_\xi)\mu_z+\sigma_\xi\sigma_z\right)}{w\left((r_f-\mu_\xi)^2-\sigma_\xi^2\right)} \tag{7.31}$$

令二阶导数小于零，可以得到

$$(r_f-\mu_\xi)^2-\sigma_\xi^2<0 \tag{7.32}$$

取 x 关于 μ_z 的导数，

$$\begin{aligned}\frac{\partial x}{\partial \mu_z}&=-\frac{(1-w)(r_f-\mu_\xi)}{w\left((r_f-\mu_\xi)^2-\sigma_\xi^2\right)}\\&=-\frac{1}{w}\frac{(r_f-\mu_\xi)}{(r_f-\mu_\xi)^2-\sigma_\xi^2}+\frac{(r_f-\mu_\xi)}{(r_f-\mu_\xi)^2-\sigma_\xi^2}\end{aligned} \tag{7.33}$$

令 $k_1=\dfrac{(r_f-\mu_\xi)}{(r_f-\mu_\xi)^2-\sigma_\xi^2}$，则

$$\frac{\partial x}{\partial \mu_z}=f(w)=-k_1\frac{1}{w}+k_1$$

由于投资者厌恶风险，只有当风险溢价大于零，即 $\mu_\xi-r_f>0$ 时，投资者才愿意持有风险资产，结合式(7.32)得到 $k_1>0$。由于 $0<w<1$，知道 $f(w)$ 是关于 w 递增的。也就是说，当 $w_1<w_2$ 时，有

$$\frac{\partial x}{\partial \mu_z}(w_1)<\frac{\partial x}{\partial \mu_z}(w_2)<0$$

类似地，取关于 σ_z 的导数，得到

$$\frac{\partial x}{\partial \sigma_z}=-\frac{1}{w}\frac{\sigma_\xi}{(r_f-\mu_\xi)^2-\sigma_\xi^2}+\frac{\sigma_\xi}{(r_f-\mu_\xi)^2-\sigma_\xi^2} \tag{7.34}$$

令 $k_2=\dfrac{\sigma_\xi}{(r_f-\mu_\xi)^2-\sigma_\xi^2}$，则

$$\frac{\partial x}{\partial \sigma_z}=g(w)=-k_2\frac{1}{w}+k_2$$

由于 $\sigma_\xi>0$，结合式(7.32)可知 $k_2<0$。由于 $0<w<1$，知道 $g(w)>0$ 且 $g(w)$ 是关于 w 递减的。也就是说，当 $w_1<w_2$ 时，

$$\frac{\partial x}{\partial \sigma_z}(w_1)>\frac{\partial x}{\partial \sigma_z}(w_2)>0$$

至此，定理得证。

7.2.3 数值算例

例 7.2 设无风险资产收益率为 0.03，背景资产为正态不确定变量 $z\sim\mathcal{N}(0.015,0.01)$。风险资产是由 6 只具有相同比例的股票组成的投资组合，这 6 只股票的收益率见表 7.6，那么可知，风险资产收益率为 $\xi\sim\mathcal{N}(\mu_\xi,\sigma_\xi)=\mathcal{N}(0.16,0.19)$。假设投资者分别设置 $w=0.7$ 和 $w=0.8$，即投资者分别将初始财富的 70% 和 80% 分配于金融资产。根据式(7.31)，当 $U(\sigma_y,\mu_y)=\mu_y^2-\sigma_y^2$ 时，得到的最优解列于表 7.7 中。

表 7.6　6 只股票的不确定收益

证券 i	ξ_i	证券 i	ξ_i
1	$\mathcal{N}(0.094\,0, 0.106\,0)$	4	$\mathcal{N}(0.084\,2, 0.073\,0)$
2	$\mathcal{N}(0.163\,8, 0.228\,0)$	5	$\mathcal{N}(0.250\,6, 0.298\,0)$
3	$\mathcal{N}(0.165\,0, 0.188\,0)$	6	$\mathcal{N}(0.190\,4, 0.224\,0)$

表 7.7　最优投资组合选择

w	风险资产	无风险资产	最大效用值	μ_y	σ_y
0.7	0.217 0	0.783 0	0.001 1	0.031 0	0.045 2
0.8	0.208 7	0.791 3	0.001 3	0.033 3	0.048 7

首先,研究背景资产均值 μ_z 的变化对投资决策的影响。考虑到金融资产和背景资产占初始资本的比例也影响最优投资组合方案,分别将金融资产的初始比例设为 $w=0.7$ 和 $w=0.8$,并将不同 μ_z 和 w 下的最优解绘于图 7.4 中,将最优效用值画在图 7.5 中。从图 7.4 可以看出,最优无风险投资比例 x 是关于背景资产均值 μ_z 的递减函数。此外,当背景资产的初始比例发生变化时,没有改变无风险资产投资比例 x 关于 μ_z 的单调性,但是改变了无风险资产投资比例关于 μ_z 的递减速度,即随着背景资产收益率均值的增大,w 值较大的最优无风险投资比例的下降速度要慢于 w 值较小的最优无风险投资比例的下降速度。从图 7.5 可以看出,最优效用值随着背景资产收益均值的增大而增大。

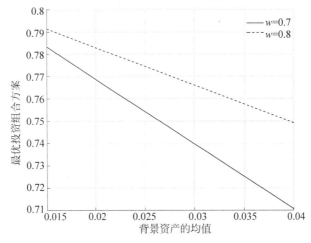

图 7.4　不确定背景资产均值对最优解的影响

接下来,研究背景资产标准差 σ_z 和初始比例 w 的变化对投资决策的影响。我们计算了不同 σ_z 值和 w 值下的最优解 x,绘于图 7.6 中,计算了不同 σ_z 和 w 下的最优效用值,画在图 7.7 中。从图 7.6 中可以观察到,最优无风险投资比例 x 是背景资产收益率标准差 σ_z 的递增函数,而且 w 值较大的最优无风险投资比例 x 随 σ_z 的增长速度比 w 值较小的要慢。从图 7.7 中可以看出,最优目标值随着背景资产收益标准差的增大而减小。

综上可以看到,分配在背景资产上的初始比例或者背景资产收益率参数的变化都对投资者的投资决策产生了很大影响。考虑劳动收入或健康状况等背景资产的投资者,在预期

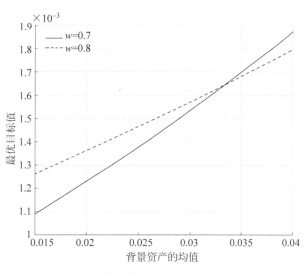

图 7.5 不确定背景资产均值对最优目标值的影响

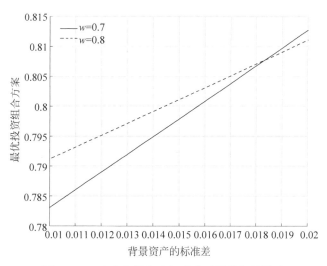

图 7.6 不确定背景资产标准差对最优解的影响

劳动收入增加或健康状况更好时,将会更愿意增大投资风险资产的比例。当劳动收入降低或健康状况风险增加时,将会降低风险资产的投资比例,以规避风险。这与大多数投资者的直觉行为是一致的。此外,背景资产初始比例的大小会影响投资者应对背景资产均值或标准差变化时所做决策调整的幅度:相较于更大的金融资产初始比例 w(即较小的背景资产初始比例),当金融资产初始比例 w 较小(即背景资产初始比例较大)时,背景资产均值增加 1 单位时,投资者会分配较少资金投资于无风险资产;背景资产标准差增加 1 单位时,投资者会分配更多资金投资于无风险资产。

7.3 考虑通货膨胀率的不确定均值-机会模型

通货膨胀是投资者最熟悉的乘性背景风险之一,对投资者的投资有很大影响。下面将介绍不确定通胀如何影响投资者在风险资产和无风险资产上的投资决策。

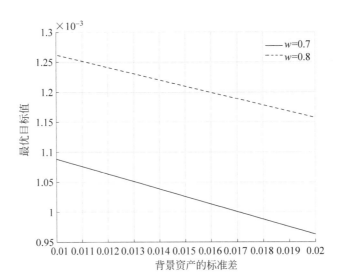

图 7.7 不确定背景资产标准差对最优目标值的影响

7.3.1 考虑通货膨胀的均值-机会模型

考虑一个投资者正在决定如何将其资本分配在风险资产和无风险资产上。令 x 表示风险资产的投资比例，ξ 表示风险资产的不确定收益率，r 和 η 分别表示无风险利率和不确定通货膨胀率。则期初的 1 元财富，在去除通胀因素后投资期末真实的财富值为

$$y = \frac{x(1+\xi)+(1-x)(1+r)}{1+\eta}$$

投资者追求投资的真实财富期望值最大，并要求真实财富未能达到预设阈值 H 的机会不超过给定的可容忍信度水平 α_0。那么，考虑通货膨胀因素的不确定均值-机会模型如下[51]：

$$\begin{cases} \max E\left[\dfrac{x(1+\xi)+(1-x)(1+r)}{1+\eta}\right] \\ \text{s. t. :} \\ \quad \mathcal{M}\left\{\dfrac{x(1+\xi)+(1-x)(1+r)}{1+\eta} \leqslant H\right\} \leqslant \alpha_0 \quad (\text{I}) \\ \quad x \geqslant 0 \end{cases} \quad (7.35)$$

由于财富值低于阈值 H 是一个不受欢迎的事件，约束条件（I）是从损失预防的角度出发，因此其发生的机会 α_0 应该小于 0.5。由于 H 代表的是最终财富值的阈值水平，所以阈值水平 H 应该大于 0，并且不能太低于初始财富值 1。

为了进一步讨论，我们先给出模型(7.35)的确定等价形式。

定理 7.13[51] 设不确定风险资产收益率 ξ 和通货膨胀率 η 分别有正则的不确定分布 Φ 和 Ψ，则模型(7.35)的确定等价形式为

$$\begin{cases} \max x\displaystyle\int_0^1 \dfrac{\Phi^{-1}(\alpha)-r}{1+\Psi^{-1}(1-\alpha)}\mathrm{d}\alpha + \int_0^1 \dfrac{1+r}{1+\Psi^{-1}(1-\alpha)}\mathrm{d}\alpha \\ \text{s. t. :} \\ \quad x\dfrac{\Phi^{-1}(\alpha_0)-r}{1+\Psi^{-1}(1-\alpha_0)} + \dfrac{1+r}{1+\Psi^{-1}(1-\alpha_0)} \geqslant H \quad (\text{I}) \\ \quad x \geqslant 0 \end{cases} \quad (7.36)$$

证明：由于 x 是非负数,风险资产收益率不能低于 -1,通货膨胀率是一个正的不确定变量,所以

$$y = \frac{x(1+\xi)+(1-x)(1+r)}{1+\eta}$$

关于 ξ 严格递增,关于 η 严格递减。根据不确定变量的运算法则,即定理 2.22, y 的逆不确定分布为

$$\gamma^{-1}(\alpha) = \frac{x(1+\Phi^{-1}(\alpha))+(1-x)(1+r)}{1+\Psi^{-1}(1-\alpha)}, \quad \alpha \in (0,1)$$

根据定理 2.26,可得

$$E[y] = \int_0^1 \gamma^{-1}(\alpha) \mathrm{d}\alpha = x \int_0^1 \frac{\Phi^{-1}(\alpha)-r}{1+\Psi^{-1}(1-\alpha)} \mathrm{d}\alpha + \int_0^1 \frac{1+r}{1+\Psi^{-1}(1-\alpha)} \mathrm{d}\alpha$$

根据不确定变量的单调性,约束条件

$$\mathcal{M}\left\{\frac{x(1+\xi)+(1-x)(1+r)}{1+\eta} \leqslant H\right\} \leqslant \alpha_0$$

等价于

$$x\frac{\Phi^{-1}(\alpha_0)-r}{1+\Psi^{-1}(1-\alpha_0)} + \frac{1+r}{1+\Psi^{-1}(1-\alpha_0)} \geqslant H$$

定理得证。

根据定理 7.13,当风险资产收益率和通货膨胀率均服从线性不确定分布时,模型(7.35)可以进一步转化为确定的等价模型(7.37)。

定理 7.14[51] 假设不确定风险资产收益率 ξ 和通货膨胀率 η 分别为独立的线性不确定变量 $\xi \sim \mathcal{L}(\mu-\sigma,\mu+\sigma)$ 和 $\eta \sim \mathcal{L}(e-s,e+s)$。则模型(7.35)可以转换为以下等价形式：

$$\begin{cases} \max x \dfrac{-2\sigma s + [s(r-\mu)-\sigma(1+e)]\ln\dfrac{1+e-s}{1+e+s}}{2s^2} + \dfrac{1+r}{2s}\ln\dfrac{1+e+s}{1+e-s} \\ \text{s.t.}: \\ \quad \dfrac{x(\mu-\sigma+2\sigma\alpha_0-r)}{1+e+s-2s\alpha_0} + \dfrac{1+r}{1+e+s-2s\alpha_0} \geqslant H \quad (\text{I}) \\ \quad x \geqslant 0 \end{cases} \quad (7.37)$$

7.3.2 考虑通货膨胀的不确定均值-机会模型的最优解条件

可以看到,模型(7.36)是一个单变量线性规划问题,而 $\int_0^1 \dfrac{\Phi^{-1}(\alpha)-r}{1+\Psi^{-1}(1-\alpha)} \mathrm{d}\alpha$ 是目标函数中 x 的系数。由于 $x \geqslant 0$,只有当 $\int_0^1 \dfrac{\Phi^{-1}(\alpha)-r}{1+\Psi^{-1}(1-\alpha)} \mathrm{d}\alpha > 0$ 时投资者才可能在股市投资。因此,只讨论 $\int_0^1 \dfrac{\Phi^{-1}(\alpha)-r}{1+\Psi^{-1}(1-\alpha)} \mathrm{d}\alpha > 0$ 的情况。

由于膨胀率为正,如果 $\Phi^{-1}(\alpha_0) > r$,模型(7.36)中约束(I)的 x 系数为正,如果 $\Phi^{-1}(\alpha_0) < r$,则 x 系数为负。当 $\int_0^1 \dfrac{\Phi^{-1}(\alpha)-r}{1+\Psi^{-1}(1-\alpha)} \mathrm{d}\alpha > 0$ 和 $\Phi^{-1}(\alpha_0) > r$ 时,模型(7.36)

的解可以从图 7.8 中看出,图 7.8 中阴影部分为可行域,为了得到最大目标值,最优解 x^* 应为正无穷。在现实生活中投资者的实际借款能力有限,这意味着投资者应该尽可能多地借款,并将所有的资金投资于风险资产。$\int_0^1 \dfrac{\Phi^{-1}(\alpha)-r}{1+\Psi^{-1}(1-\alpha)}\mathrm{d}\alpha > 0$ 和 $\Phi^{-1}(\alpha_0) > r$ 的情况意味着风险资产市场行情特别好,这是很罕见的。

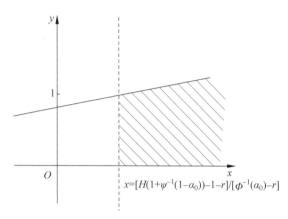

图 7.8 当 $\Phi^{-1}(\alpha_0) \geqslant r$ 时的解

接下来,关注 $\Phi^{-1}(\alpha_0) < r$ 的情况。

定理 7.15[51] 在 $\int_0^1 \dfrac{\Phi^{-1}(\alpha)-r}{1+\Psi^{-1}(1-\alpha)}\mathrm{d}\alpha > 0$ 和 $\Phi^{-1}(\alpha_0) < r$ 的情况下,如果 $H \leqslant \dfrac{1+r}{1+\Psi^{-1}(1-\alpha_0)}$,模型(7.36)有最优解

$$x^* = \frac{H(1+\Psi^{-1}(1-\alpha_0))-1-r}{\Phi^{-1}(\alpha_0)-r} \tag{7.38}$$

而且:① 如果 $\dfrac{1+\Phi^{-1}(\alpha_0)}{1+\Psi^{-1}(1-\alpha_0)} \leqslant H \leqslant \dfrac{1+r}{1+\Psi^{-1}(1-\alpha_0)}$,那么 $x^* \leqslant 1$;② 如果 $H < \dfrac{1+\Phi^{-1}(\alpha_0)}{1+\Psi^{-1}(1-\alpha_0)}$,那么 $x^* > 1$。

证明:由于通货膨胀率是正的,所以 $\Psi^{-1}(\alpha) > 0, 0 < \alpha < 1$。当 $\Phi^{-1}(\alpha_0) < r$ 时,模型(7.36)的约束(Ⅰ)等价于 $x \leqslant \dfrac{H(1+\Psi^{-1}(1-\alpha_0))-1-r}{\Phi^{-1}(\alpha_0)-r}$。

由于 $x \geqslant 0$,当 $\dfrac{H(1+\Psi^{-1}(1-\alpha_0))-1-r}{\Phi^{-1}(\alpha_0)-r} < 0$ 时,模型(7.36)没有最优解。由于 $\Phi^{-1}(\alpha_0)-r < 0$ 和 $\Psi^{-1}(1-\alpha_0) > 0$,为了使 $\dfrac{H(1+\Psi^{-1}(1-\alpha_0))-1-r}{\Phi^{-1}(\alpha_0)-r} \geqslant 0$,不等式 $H \leqslant \dfrac{1+r}{1+\Psi^{-1}(1-\alpha_0)}$ 必须成立。此时模型(7.36)的解见图 7.9。从图 7.9 中可以看出,如果 $H \leqslant$

$\dfrac{1+r}{1+\Psi^{-1}(1-\alpha_0)}$,可行域为阴影部分,模型的最优解为 $x^* = \dfrac{H(1+\Psi^{-1}(1-\alpha_0))-1-r}{\Phi^{-1}(\alpha_0)-r}$。

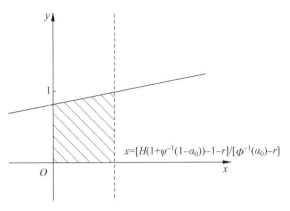

图 7.9 当 $\Phi^{-1}(\alpha_0) < r$ 时的解

(1) 当 $\dfrac{1+\Phi^{-1}(\alpha_0)}{1+\Psi^{-1}(1-\alpha_0)} \leqslant H \leqslant \dfrac{1+r}{1+\Psi^{-1}(1-\alpha_0)}$ 时,由于 $\Psi^{-1}(1-\alpha_0)>0$,可以得到 $1+\Phi^{-1}(\alpha_0) \leqslant H(1+\Psi^{-1}(1-\alpha_0)) \leqslant 1+r$。那么可知 $\Phi^{-1}(\alpha_0)-r \leqslant H(1+\Psi^{-1}(1-\alpha_0))-1-r \leqslant 0$。由于 $\Phi^{-1}(\alpha_0)<r$,可得

$$x^* = \dfrac{H(1+\Psi^{-1}(1-\alpha_0))-1-r}{\Phi^{-1}(\alpha_0)-r} \leqslant \dfrac{\Phi^{-1}(\alpha_0)-r}{\Phi^{-1}(\alpha_0)-r} = 1$$

(2) 当 $H < \dfrac{1+\Phi^{-1}(\alpha_0)}{1+\Psi^{-1}(1-\alpha_0)}$ 时,可以得到 $H(1+\Psi^{-1}(1-\alpha_0)) < 1+\Phi^{-1}(\alpha_0)$。那么可知 $H(1+\Psi^{-1}(1-\alpha_0))-1-r < \Phi^{-1}(\alpha_0)-r$。由于 $\Phi^{-1}(\alpha_0)<r$,容易得到

$$x^* = \dfrac{H(1+\Psi^{-1}(1-\alpha_0))-1-r}{\Phi^{-1}(\alpha_0)-r} > \dfrac{\Phi^{-1}(\alpha_0)-r}{\Phi^{-1}(\alpha_0)-r} = 1$$

定理得证。

定理 7.15 表明,投资者的投资决策随其阈值 H 的变化而变化。当 H 设置得较低,即 $H < \dfrac{1+\Phi^{-1}(\alpha_0)}{1+\Psi^{-1}(1-\alpha_0)}$,投资者愿意冒险借钱投资于风险资产以赚取更多收益。在这里,借来的钱将按照无风险利率偿还。当 H 设置得相对较高,即 $\dfrac{1+\Phi^{-1}(\alpha_0)}{1+\Psi^{-1}(1-\alpha_0)} \leqslant H \leqslant \dfrac{1+r}{1+\Psi^{-1}(1-\alpha_0)}$,投资者更加谨慎,不会借钱来投资风险资产。

根据定理 7.15,很容易得到以下定理。

定理 7.16[51] 对于模型(7.37),令

$$a = \dfrac{-2\sigma s + [s(r-\mu)-\sigma(1+e)]\ln\dfrac{1+e-s}{1+e+s}}{2s^2} \tag{7.39}$$

$$c = \frac{\mu - \sigma + 2\sigma\alpha_0 - r}{1 + e + s - 2s\alpha_0} \tag{7.40}$$

当 $a > 0$ 和 $c < 0$ 时,如果

$$H \leqslant \frac{1+r}{1+e+s-2s\alpha_0}$$

模型(7.37)的最优解为

$$x^* = \frac{H(1+e+s-2s\alpha_0) - 1 - r}{\mu - \sigma + 2\sigma\alpha_0 - r} \tag{7.41}$$

而且如果

$$\frac{1+\mu-\sigma+2\sigma\alpha_0}{1+e+s-2s\alpha_0} \leqslant H \leqslant \frac{1+r}{1+e+s-2s\alpha_0}$$

那么,$x^* \leqslant 1$。

如果

$$H < \frac{1+\mu-\sigma+2\sigma\alpha_0}{1+e+s-2s\alpha_0}$$

那么,$x^* > 1$。

7.3.3 通货膨胀对投资组合的影响

本节讨论当不确定风险资产收益率和通货膨胀率均服从线性不确定分布时,通货膨胀对投资组合的影响。

定理 7.17[51] 假设风险资产收益率和通货膨胀率均服从线性不确定分布,即 $\xi \sim \mathcal{L}(\mu - \sigma, \mu + \sigma)$ 和 $\eta \sim \mathcal{L}(e - s, e + s)$,并且 $a > 0$ 和 $c < 0$,其中 a 和 c 分别由式(7.39)和式(7.40)定义。对于模型(7.37)的最优解 x^*,当其他条件保持不变时:①x^* 随 e 的增加而减小;②x^* 随 s 的增加而减小;③假设 e 增大 Δe,同时 s 减小 Δs,其中 $\Delta e > 0, \Delta s > 0$,那么当 $\Delta e > \Delta s(1-2\alpha_0)$ 时,x^* 减小;当 $\Delta e < \Delta s(1-2\alpha_0)$ 时,x^* 增加。

证明:(1)由定理 7.16 知模型(7.37)的最优解为 $x^* = \frac{H(1+e+s-2s\alpha_0)-1-r}{\mu-\sigma+2\sigma\alpha_0-r}$,那么可以得到

$$\frac{\partial x^*}{\partial e} = \frac{H}{\mu-\sigma+2\sigma\alpha_0-r}$$

已知 $1+\Psi^{-1}(1-\alpha_0) > 1$,也就是说 $1+e+s-2s\alpha_0 > 1$。由于 $c = \frac{\mu-\sigma+2\sigma\alpha_0-r}{1+e+s-2s\alpha_0} < 0$,可得 $\mu-\sigma+2\sigma\alpha_0-r < 0$。由于阈值水平 H 不能为负,所以得到 $\frac{\partial x^*}{\partial e} < 0$,即 x^* 随 e 的增大而减小。

(2)类似地,可得

$$\frac{\partial x^*}{\partial s} = \frac{H(1-2\alpha_0)}{\mu-\sigma+2\sigma\alpha_0-r}$$

由于 α_0 应该小于 0.5,可知 $H(1-2\alpha_0) > 0$。于是可以得到 $\frac{\partial x^*}{\partial s} < 0$,即 x^* 随 s 的增大而

(3) 当 e 增大 Δe,同时 s 减小 Δs 时,令 Δx^* 表示 x^* 的变化,则可得

$$\Delta x^* = \frac{H(1+e+\Delta e+s-\Delta s-2(s-\Delta s)\alpha_0)-1-r}{\mu-\sigma+2\sigma\alpha_0-r}$$
$$-\frac{H(1+e+s-2s\alpha_0)-1-r}{\mu-\sigma+2\sigma\alpha_0-r}$$
$$=\frac{H(\Delta e-\Delta s+2\Delta s\alpha_0)}{\mu-\sigma+2\sigma\alpha_0-r}$$

显然,当 $\Delta e > \Delta s(1-2\alpha_0)$ 时,因为 $\mu-\sigma+2\sigma\alpha_0-r<0$,可得 $\Delta x^* <0$。当 $\Delta e < \Delta s(1-2\alpha_0)$,$\Delta x^* >0$。定理得证。

为了理解定理 7.17,观察一下模型(7.37)的约束条件(Ⅰ)。容易发现,当通货膨胀率的均值或幅宽增大时,在预定的置信水平 α_0 下的最终财富将会减少。由于模型(7.37)中的约束(Ⅰ)要求置信水平 α_0 下的最终财富不低于 H,投资者应调整投资比例,以增加置信水平 α_0 下的最终财富,从而满足约束要求。考虑到 $c<0$,投资者必须降低风险资产的投资比例,才能提高置信水平 α_0 下的最终财富。因此,投资者需要降低风险资产的投资比例,从而满足风险控制的要求。当 e 增大的同时 s 减小,投资者根据 e 和 s 变化的大小关系调整其投资比例。

接下来,通过与无通货膨胀情况下的对比,讨论当风险资产收益发生变化时,存在通货膨胀给投资比例变动带来的影响。

如果无通货膨胀,模型(7.35)就变成了

$$\begin{cases} \max E[x(1+\xi)+(1-x)(1+r)] \\ \text{s. t.:} \\ \quad \mathcal{M}\{x(1+\xi)+(1-x)(1+r) \leqslant H\} \leqslant \alpha_0 \\ \quad x \geqslant 0 \end{cases} \quad (7.42)$$

当 ξ 服从线性不确定分布,即 $\xi \sim \mathcal{L}(\mu-\sigma,\mu+\sigma)$ 时,模型(7.42)等价于

$$\begin{cases} \max x(\mu-r)+1+r \\ \text{s. t.:} \\ \quad x(\mu-\sigma+2\sigma\alpha_0-r)+1+r \geqslant H \\ \quad x \geqslant 0 \end{cases} \quad (7.43)$$

令 x_1^* 表示模型(7.43)的最优解。很容易得到当 $0<\mu-r<\sigma-2\sigma\alpha_0$ 时,如果 $H \leqslant 1+r$,模型(7.43)的最优解为

$$x_1^* = \frac{H-1-r}{\mu-\sigma+2\sigma\alpha_0-r}$$

定理 7.18[51] 假设风险资产收益率和通货膨胀率均服从线性不确定分布,即 $\xi \sim \mathcal{L}(\mu-\sigma,\mu+\sigma)$ 和 $\eta \sim \mathcal{L}(e-s,e+s)$。当 $0<\mu-r<\sigma-2\sigma\alpha_0$,$H<\dfrac{1+r}{1+e+s-2s\alpha_0}$:①不考虑通胀的模型(7.43)的最优解 x_1^* 比考虑通胀的模型(7.37)的最优解 x^*,随着 μ 的增大,增大得更快;②不考虑通胀的模型(7.43)的最优解 x_1^* 比考虑通胀的模型(7.37)的最优解 x^*,随

着 σ 的增大,减小得更快。

证明：由于 $0 < s < e < 1+e$,可得

$$\frac{\partial \ln \frac{1+e-s}{1+e+s}}{\partial s} = \frac{-2}{1+e-\frac{s^2}{1+e}} < \frac{\partial\left(-\frac{2s}{1+e}\right)}{\partial s} = \frac{-2}{1+e} < 0$$

这意味着随着 s 的增大, $\ln \frac{1+e-s}{1+e+s}$ 的减小速度比 $\frac{-2s}{1+e}$ 更快。已知当 $s=0$ 时, $\ln \frac{1+e-s}{1+e+s} = \frac{-2s}{1+e} = 0$,因为 $0 < s$,可知: $\ln \frac{1+e-s}{1+e+s} < \frac{-2s}{1+e}$。于是,由 $\sigma > 0$ 可得

$$-\frac{\sigma(1+e)}{s} < \frac{2\sigma}{\ln \frac{1+e-s}{1+e+s}}, \quad 即 -\frac{\sigma(1+e)}{s} - \frac{2\sigma}{\ln \frac{1+e-s}{1+e+s}} < 0$$

考虑到 $\mu - r > 0$,可知

$$\mu - r > -\frac{\sigma(1+e)}{s} - \frac{2\sigma}{\ln \frac{1+e-s}{1+e+s}}$$

变换该不等式可得

$$-2\sigma s + [s(r-\mu) - \sigma(1+e)] \ln \frac{1+e-s}{1+e+s} > 0$$

则由式(7.39)知 $a > 0$。类似地,由于 $\mu - r < \sigma - 2\sigma\alpha_0$,由式(7.40)知条件 $c < 0$ 成立。然后根据定理 7.16,当 $H < \frac{1+r}{1+e+s-2s\alpha_0}$ 时,模型(7.37)有由式(7.41)定义的最优解 x^*。并且因为

$$H < \frac{1+r}{1+e+s-2s\alpha_0}$$

可得

$$\frac{\partial x^*}{\partial \mu} = -\frac{H(1+e+s-2s\alpha_0) - 1 - r}{(\mu - \sigma + 2\sigma\alpha_0 - r)^2} > 0$$

由于 $0 < \mu - r < \sigma - 2\sigma\alpha_0$,模型(7.43)有由式(7.44)定义的最优解 x_1^*。根据 $e > 0, s > 0$ 和 $\alpha_0 < 0.5$,得到 $1+e+s-2s\alpha_0 > 1$。然后根据 $H < \frac{1+r}{1+e+s-2s\alpha_0}$,得到 $H < 1+r$。于是有

$$\frac{\partial x_1^*}{\partial \mu} = -\frac{H-1-r}{(\mu - \sigma + 2\sigma\alpha_0 - r)^2} > 0$$

因此,已知 $\Psi^{-1}(1-\alpha_0) = e+s-2s\alpha_0 > 0$,其中 Ψ 表示 η 的不确定分布,可以得到

$$\frac{\partial x_1^*}{\partial \mu} - \frac{\partial x^*}{\partial \mu} = \frac{H(e+s-2s\alpha_0)}{(\mu - \sigma + 2\sigma\alpha_0 - r)^2} > 0$$

类似地,由于 $\alpha_0 < 0.5$,可以得到

$$\frac{\partial x^*}{\partial \sigma} = (1-2\alpha_0) \frac{H(1+e+s-2s\alpha_0) - 1 - r}{(\mu - \sigma + 2\sigma\alpha_0 - r)^2} < 0$$

和
$$\frac{\partial x_1^*}{\partial \sigma} = (1-2\alpha_0)\frac{H-1-r}{(\mu-\sigma+2\sigma\alpha_0-r)^2} < 0$$

以及
$$\frac{\partial x_1^*}{\partial \sigma} - \frac{\partial x^*}{\partial \sigma} = -(1-2\alpha_0)\frac{H(e+s-2s\alpha_0)}{(\mu-\sigma+2\sigma\alpha_0-r)^2} < 0$$

定理得证。

7.3.4 数值算例

例 7.3 为了帮助读者更好地理解通货膨胀对投资组合的影响,下面提供一个例子。

1. 面对通货膨胀的投资决定

假设一个投资者正在考虑投资风险资产和无风险资产。他将收益阈值 H 设置为 0.95,并将可接受的信度水平 α_0 设置为 5%。假设无风险资产收益率 r 为 0.01。专家认为风险资产收益具有不确定分布 $\xi \sim \mathcal{L}(-0.03, 0.21)$,即 $\mu=0.09, \sigma=0.12$。通货膨胀率具有不确定分布 $\eta \sim \mathcal{L}(0.015, 0.035)$,即 $e=0.025, s=0.01$。那么投资者应根据以下模型来决定投资比例:

$$\begin{cases} \max\limits_{x} \dfrac{-0.0024 - 0.1238 \times \ln\dfrac{1+0.025-0.01}{1+0.025+0.01}}{2 \times 0.01^2} + \dfrac{1+0.01}{2 \times 0.01}\ln\dfrac{1+0.025+0.01}{1+0.025-0.01} \\ \text{s. t.}: \\ \quad \dfrac{x(0.09-0.9 \times 0.12-0.01)}{1+0.025+0.9 \times 0.01} + \dfrac{1+0.01}{1+0.025+0.9 \times 0.01} \geqslant 0.95 \\ \quad x \geqslant 0 \end{cases}$$

容易得到最优风险资产投资比例 $x^*=0.989$,投资者将 0.989 的资金投资于风险资产,0.011 的资金投资于无风险资产,这样得到去除通胀因素后的期望真实财富为 1.063。

2. 通货膨胀率的变化对决策的影响

如果膨胀率的均值 e 发生改变,变为 0.03,即 $\eta \sim \mathcal{L}(0.02, 0.04)$。那么,随着通货膨胀率均值的增大,最优风险资产投资比例下降至 0.82,去除通胀因素后的期望真实财富为 1.045,小于 1.063。可以看到,对于投资者来说,当预计通胀率会上升时,为了控制风险,会降低自己在风险资产上的投资比例。

如果通货膨胀率的期望保持在 $e=0.025$,但是通货膨胀率的幅宽增大了,变为 $s=0.015$,即 $\eta \sim \mathcal{L}(0.01, 0.04)$。那么最优风险资产投资比例下降为 0.837,相应的期望真实财富为 1.051。可见,在通货膨胀均值不变,但因为各种复杂因素难以准确预测通货膨胀,预期的通货膨胀率幅宽变大时,投资者将降低在风险资产上的投资比例。

如果预计通货膨胀的 e 增大,同时 s 减小,如当 e 增大到 0.03,同时 s 减少到 0.005,即 $\Delta e = \Delta s = 0.005$,且 $\alpha_0 = 0.05$,因为 $\Delta e > \Delta s(1-2\alpha_0)$,最优风险资产投资比例变化为 0.972,小于 0.989,如表 7.8 所示。根据 Δe 和 $\Delta s(1-2\alpha_0)$ 的大小关系,投资者降低了风险

资产的投资比例。

表 7.8　通货膨胀率均值和幅宽的变化对决策的影响

η	e	s	x^*	目标值
$\mathcal{L}(0.015,0.035)$	0.025	0.01	0.989	1.063
$\mathcal{L}(0.02,0.04)$	0.03	0.01	0.82	1.045
$\mathcal{L}(0.01,0.04)$	0.025	0.015	0.837	1.051
$\mathcal{L}(0.025,0.035)$	0.03	0.005	0.972	1.056

3. 通货膨胀情况下风险资产收益变化对决策的影响

下面我们对比考虑通货膨胀情况和不考虑通货膨胀情况下，风险资产收益发生变化时，通货膨胀对投资决策的影响。首先，维持风险资产收益率的幅宽仍为 $\sigma=0.12$，但将风险资产收益率的均值从 $\mu=0.09$ 增加为 $\mu=0.1$。此时，最优风险资产投资比例增加为 1.539，高于原来的 0.989。也就是说，投资者应将风险资产的投资比例增加 0.55。但如果忽视通货膨胀，当 $\mu=0.09$ 和 $\sigma=0.12$ 时，投资者会将 2.143 的资金投资于风险资产；当风险资产的期望收益率增加为 $\mu=0.10$，幅宽仍为 $\sigma=0.12$ 时，投资者会将 3.333 的资金投资于风险资产。也就是说，忽视通货膨胀的投资者将风险资产的投资比例增加 1.19，大于考虑通货膨胀情况下增加的 0.55。

接下来，维持风险资产的均值为 $\mu=0.09$，将风险资产收益率的幅宽从 $\sigma=0.12$ 增加为 $\sigma=0.13$，风险资产投资比例为 0.749，和原来的投资比例 0.989 相比，投资者需要将风险资产的投资比例降低 0.24。但对于那些忽视通货膨胀的投资者来说，当 $\sigma=0.13$ 时，其将把 1.622 的资金投资于风险资产。可以看出，如果投资者忽略通货膨胀，其在风险资产上的投资会降低 0.521，这大于其考虑通货膨胀时降低的比例。参考表 7.9。这些结果表明，如果投资者考虑通货膨胀，会更温和地调整投在风险资产上的资金比例。

表 7.9　考虑通货膨胀情况和不考虑通货膨胀情况下风险资产变化对决策的影响

ξ	μ	σ	x^*	x_1^*
$\mathcal{L}(-0.03,0.21)$	0.09	0.12	0.989	2.143
$\mathcal{L}(-0.02,0.22)$	0.1	0.12	1.539	3.333
$\mathcal{L}(-0.04,0.22)$	0.09	0.13	0.749	1.622

4. 敏感性分析

为了说明最优投资比例和期望真实财富对阈值水平 H 的敏感性，维持可接受的信度水平在 0.05，并改变阈值水平。与初始情况相同，无风险资产收益率为 $r=0.01$，而且 $\xi \sim \mathcal{L}(-0.03,0.21)$，即 $\mu=0.09, \sigma=0.12, \eta \sim \mathcal{L}(0.015,0.035)$，即 $e=0.025, s=0.01$。改变 H 并将结果展示在表 7.10 中。可以看到，随着 H 的减小，也就是说投资者愿意承担更多的风险时，投资者会更多地投资在风险资产上，同时获得更多的期望投资财富。当阈值 H 大于等于 0.98 时，由于投资者过于谨慎，因而无法在当前市场和通胀条件下找到满足其风险控制要求的可行投资方案。

表 7.10 考虑通货膨胀情况时不同阈值水平下的最优解和目标值

H	0.98	0.97	0.96	0.95	0.94	0.93
x^*	—	0.251	0.62	0.989	1.359	1.728
目标值	—	1.005	1.034	1.063	1.092	1.121

综合训练

1. 什么是背景风险？简述背景风险的类型。

2. 讨论使用均值-方差模型，考虑加性背景风险时，加性背景风险会在哪几个方面对投资组合产生怎样的影响。

3. 讨论使用考虑通货膨胀的不确定均值-机会模型时，通货膨胀会在哪几个方面对投资组合产生怎样的影响。

即 测 即 练

第8章 不确定国际投资组合

随着资本流动自由化和信息技术的发展,国际投资组合变得越来越容易。通过投资不同国家的证券,投资者可以在新兴市场和发达市场获得高收益,并以国际投资多样化来降低风险。实证研究表明,国际投资组合可以提供丰厚的投资收益[7,52]。然而事情都有两面性,国际投资组合也可能比国内投资组合带来更大的损失,因为除了政治风险和更高的交易成本以外,汇率波动还增加了投资的额外风险。那么,如何作出国际投资组合的决策呢?应该对冲汇率风险吗?本章将介绍一个不确定国际投资组合选择模型[53],其中证券收益和外汇汇率都是不确定变量,由专家给出。因为外汇远期合约是最简单、最流行的汇率套期保值方法,本章将简要介绍外汇远期合约,并讨论用远期合约对汇率套期保值和不用远期合约套期保值的国际投资组合。

8.1 不确定均值-机会国际投资组合模型

在本章讨论中,不考虑政治风险和交易成本。那么,在国际证券市场投资时,投资者主要面临来自未来证券价格和未来汇率波动的风险。令 $\widetilde{P}_i$ 和 P_{i0} 分别表示第 i 个国家以该国货币计量的不确定未来证券价格和当前证券价格,$\widetilde{C}_i$ 和 C_{i0} 分别表示第 i 个国家货币兑本币的不确定未来汇率和当前汇率,$i=1,2,\cdots,n$。令 ξ_i 表示以本币计量的在 i 国投资的不确定收益率,$i=1,2,\cdots,n$,则

$$\xi_i = \frac{\widetilde{P}_i \widetilde{C}_i}{P_{i0} C_{i0}} - 1$$

令 x_i 表示投资者在第 i 个国家证券市场的投资比例,$i=1,2,\cdots,n$,则以本币计量的在国际证券市场上获得的总收益是

$$r_p = \sum_{i=1}^{n} x_i \left(\frac{\widetilde{P}_i \widetilde{C}_i}{P_{i0} C_{i0}} - 1 \right)$$

如果投资者追求最大的期望投资收益,同时要求投资组合收益未达到预设阈值 r 的机会不大于一个给定的可容忍发生的信度水平 α_0,那么投资者应该根据以下不确定均值-机会国际投资组合模型来选择组合[53]:

$$\begin{cases} \max E\left[\sum_{i=1}^{n} x_i\left(\dfrac{\widetilde{P}_i \widetilde{C}_i}{P_{i0} C_{i0}} - 1\right)\right] \\ \text{s. t.:} \\ \quad \mathcal{M}\left\{\sum_{i=1}^{n} x_i\left(\dfrac{\widetilde{P}_i \widetilde{C}_i}{P_{i0} C_{i0}} - 1\right) \leqslant r\right\} \leqslant \alpha_0 \\ \quad \sum_{i=1}^{n} x_i = 1 \\ \quad x_i \geqslant 0, i=1,2,\cdots,n \end{cases} \tag{8.1}$$

8.2 模型的等价形式

定理 8.1 假设不确定证券价格 $\widetilde{P}_i$ 和汇率 $\widetilde{C}_i$ 分别有独立的正则不确定分布 Φ_i 和 $\Psi_i, i=1,2,\cdots,n$，则模型(8.1)等价于以下形式：

$$\begin{cases} \max \displaystyle\int_0^1 \sum_{i=1}^{n} x_i\left(\dfrac{\Phi_i^{-1}(\alpha)\Psi_i^{-1}(\alpha)}{P_{i0} C_{i0}} - 1\right) \mathrm{d}\alpha \\ \text{s. t.:} \\ \quad \sum_{i=1}^{n} x_i\left(\dfrac{\Phi_i^{-1}(\alpha_0)\Psi_i^{-1}(\alpha_0)}{P_{i0} C_{i0}} - 1\right) \geqslant r \quad (\text{I}) \\ \quad \sum_{i=1}^{n} x_i = 1 \\ \quad x_i \geqslant 0, i=1,2,\cdots,n \end{cases} \tag{8.2}$$

证明：由于不确定证券价格 $\widetilde{P}_i$ 和汇率 $\widetilde{C}_i$ 是独立的正的不确定变量，可以看到 r_p 是连续的并且是关于 $\widetilde{P}_i$ 和 $\widetilde{C}_i$ 严格递增的。由于 $\widetilde{P}_i$ 和 $\widetilde{C}_i$ 分别有正则的不确定分布 Φ_i 和 Ψ_i，根据运算法则(2.22)，

$$r_p = \sum_{i=1}^{n} x_i\left(\dfrac{\widetilde{P}_i \widetilde{C}_i}{P_{i0} C_{i0}} - 1\right)$$

的逆不确定分布为

$$\gamma^{-1}(\alpha) = \sum_{i=1}^{n} x_i\left(\dfrac{\Phi_i^{-1}(\alpha)\Psi_i^{-1}(\alpha)}{P_{i0} C_{i0}} - 1\right), \quad \alpha \in (0,1) \tag{8.3}$$

然后，根据定理 2.26，r_p 的期望值为

$$E[r_p] = \int_0^1 \gamma^{-1}(\alpha) \mathrm{d}\alpha = \int_0^1 \sum_{i=1}^{n} x_i\left(\dfrac{\Phi_i^{-1}(\alpha)\Psi_i^{-1}(\alpha)}{P_{i0} C_{i0}} - 1\right) \mathrm{d}\alpha$$

根据 r_p 的逆不确定分布式(8.3)，r_p 在 α_0 水平下的逆不确定分布函数值为

$$\sum_{i=1}^{n} x_i\left(\dfrac{\Phi_i^{-1}(\alpha_0)\Psi_i^{-1}(\alpha_0)}{P_{i0} C_{i0}} - 1\right)$$

根据不确定测度的单调性，要使

$$M\left\{\sum_{i=1}^{n}x_i\left(\frac{\widetilde{P}_i\widetilde{C}_i}{P_{i0}C_{i0}}-1\right)\leqslant r\right\}\leqslant \alpha_0$$

成立,

$$\sum_{i=1}^{n}x_i\left(\frac{\Phi_i^{-1}(\alpha_0)\Psi_i^{-1}(\alpha_0)}{P_{i0}C_{i0}}-1\right)\geqslant r$$

必须成立。因此,定理得证。

定理 8.2 设不确定证券价格 $\widetilde{P}_i$ 和汇率 $\widetilde{C}_i$ 分别是独立的正态不确定变量 $\widetilde{P}_i \sim \mathcal{N}(\mu_i,\sigma_i)$ 和 $\widetilde{C}_i \sim \mathcal{N}(e_i,s_i), i=1,2,\cdots,n$。则模型(8.2)可以转换为以下等价形式:

$$\begin{cases} \max \sum_{i=1}^{n} x_i\left(\dfrac{\mu_i e_i + \sigma_i s_i}{P_{i0}C_{i0}}-1\right) \\ \text{s. t.}: \\ \sum_{i=1}^{n} x_i\left(\dfrac{\mu_i e_i + \dfrac{\sqrt{3}e_i\sigma_i}{\pi}\ln\dfrac{\alpha_0}{1-\alpha_0} + \dfrac{\sqrt{3}\mu_i s_i}{\pi}\ln\dfrac{\alpha_0}{1-\alpha_0} + \dfrac{3\sigma_i s_i}{\pi^2}\left(\ln\dfrac{\alpha_0}{1-\alpha_0}\right)^2}{P_{i0}C_{i0}}-1\right) \geqslant r \\ \sum_{i=1}^{n} x_i = 1 \\ x_i \geqslant 0, i=1,2,\cdots,n \end{cases}$$

(8.4)

证明: 由于不确定证券价格 $\widetilde{P}_i$ 和汇率 $\widetilde{C}_i$ 分别是独立的正态不确定变量 $\widetilde{P}_i \sim \mathcal{N}(\mu_i,\sigma_i)$ 和 $\widetilde{C}_i \sim \mathcal{N}(e_i,s_i)$,得到 $\widetilde{P}_i$ 和 $\widetilde{C}_i$ 的逆不确定分布分别为

$$\Phi_i^{-1}(\alpha) = \mu_i + \frac{\sqrt{3}\sigma_i}{\pi}\ln\frac{\alpha}{1-\alpha}$$

和

$$\Psi_i^{-1}(\alpha) = e_i + \frac{\sqrt{3}s_i}{\pi}\ln\frac{\alpha}{1-\alpha}$$

然后可得

$$\Phi_i^{-1}(\alpha)\Psi_i^{-1}(\alpha) = \mu_i e_i + \frac{\sqrt{3}e_i\sigma_i}{\pi}\ln\frac{\alpha}{1-\alpha} + \frac{\sqrt{3}\mu_i s_i}{\pi}\ln\frac{\alpha}{1-\alpha} + \frac{3\sigma_i s_i}{\pi^2}\left(\ln\frac{\alpha}{1-\alpha}\right)^2$$

因此,根据定理8.1,目标函数如下:

$$E[r_p] = \int_0^1 \sum_{i=1}^{n} x_i\left(\frac{\Phi_i^{-1}(\alpha)\Psi_i^{-1}(\alpha)}{P_{i0}C_{i0}}-1\right)\mathrm{d}\alpha$$

$$= \int_0^1 \sum_{i=1}^{n} x_i\left(\frac{\mu_i e_i + \dfrac{\sqrt{3}e_i\sigma_i}{\pi}\ln\dfrac{\alpha}{1-\alpha} + \dfrac{\sqrt{3}\mu_i s_i}{\pi}\ln\dfrac{\alpha}{1-\alpha} + \dfrac{3\sigma_i s_i}{\pi^2}\left(\ln\dfrac{\alpha}{1-\alpha}\right)^2}{P_{i0}C_{i0}}-1\right)\mathrm{d}\alpha$$

$$= \sum_{i=1}^{n} x_i\left(\frac{\mu_i e_i + 0 + 0 + \dfrac{3\sigma_i s_i}{\pi^2}\times\dfrac{\pi^2}{3}}{P_{i0}C_{i0}}-1\right)$$

$$= \sum_{i=1}^{n} x_i \left(\frac{\mu_i e_i + \sigma_i s_i}{P_{i0} C_{i0}} - 1 \right)$$

至此，定理得证。

8.3 解 析 解

显然模型(8.2)是一个线性规划模型。

定理 8.3[53] 令 $a_i = \dfrac{\Phi_i^{-1}(\alpha_0) \Psi_i^{-1}(\alpha_0)}{P_{i0} C_{i0}}$，则当且仅当至少存在一个 $a_i, i=1,2,\cdots,n$，使得

$$\frac{r+1}{a_i} \leqslant 1$$

模型(8.2)有可行解。

证明：(1) 假设 $\boldsymbol{X} = (x_1, x_2, \cdots, x_n)$ 是模型(8.2)的可行解，且对于所有的 $i=1,2,\cdots,n$ 满足 $\dfrac{r+1}{a_i} > 1$。由于金融资产价格和外汇汇率是正的，对所有的 $i=1,2,\cdots,n$，都有 $a_i > 0$，因此知道对所有的 $i=1,2,\cdots,n, r+1 > a_i$。于是可得

$$\sum_{i=1}^{n} x_i (a_i - 1) < \sum_{i=1}^{n} x_i r = r$$

这与模型(8.2)中的约束条件

$$\sum_{i=1}^{n} x_i \left(\frac{\Phi_i^{-1}(\alpha_0) \Psi_i^{-1}(\alpha_0)}{P_{i0} C_{i0}} - 1 \right) \geqslant r$$

是矛盾的。所以，如果模型(8.2)有一个可行解，则对于 $i=1,2,\cdots,n$，至少存在一个 a_i 使得

$$\frac{r+1}{a_i} \leqslant 1$$

(2) 假设对于 $k \in \{1,2,\cdots,n\}$，至少存在一个 a_k 使得 $\dfrac{r+1}{a_k} \leqslant 1$。由于 $a_k > 0$，有 $r+1 \leqslant a_k$。令 $\boldsymbol{X} = (x_1, x_2, \cdots, x_n) = (0,\cdots,0,1,0,\cdots,0)$，其中第 k 只证券的比例为 1，其他证券的比例均为 0。可以看出 $\boldsymbol{X}$ 是模型(8.2)的一个可行解。

根据(1)和(2)，定理得证。

根据单纯形法，对于模型(8.2)，其最优解 $\boldsymbol{X}^*$ 由基变量组成的 $\boldsymbol{X_B}$ 和非基变量组成的 $\boldsymbol{X_N}$ 构成。由于约束系数矩阵的秩为 2($2 \leqslant n$)，$\boldsymbol{X_B}$ 是一个 2 维向量，$\boldsymbol{X_N}$ 是一个 $n-2$ 维零向量。则模型(8.2)等价于模型(8.5)：

$$\begin{cases} \max \int_0^1 x_j \left(\dfrac{\Phi_j^{-1}(\alpha) \Psi_j^{-1}(\alpha)}{P_{j0} C_{j0}} - 1 \right) + x_l \left(\dfrac{\Phi_l^{-1}(\alpha) \Psi_l^{-1}(\alpha)}{P_{l0} C_{l0}} - 1 \right) \mathrm{d}\alpha \\ \text{s. t.}: \\ \qquad x_j (a_j - 1) + x_l (a_l - 1) \geqslant r \\ \qquad x_j + x_l = 1 \\ \qquad x_j \geqslant 0, x_l \geqslant 0 \end{cases} \quad (8.5)$$

定理 8.4[53]   令 $a_i = \dfrac{\Phi_i^{-1}(\alpha_0)\Psi_i^{-1}(\alpha_0)}{P_{i0}C_{i0}}$，$X_1 = (0,\cdots,0,1,0,\cdots,0)$，其中 1 是投在 j 国证券的投资比例，$X_2 = (0,\cdots,0,\dfrac{a_l-r-1}{a_l-a_j},0,\cdots,0,\dfrac{r+1-a_j}{a_l-a_j},0,\cdots,0)$，其中 $\dfrac{a_l-r-1}{a_l-a_j}$ 和 $\dfrac{r+1-a_j}{a_l-a_j}$ 分别是投在 j 国证券和 l 国证券的投资比例，$X_3 = (0,\cdots,0,\cdots,1,\cdots,0)$，其中 1 是投在 l 国证券的投资比例。设阈值 $r \geq 0$。则模型(8.2)的最优解如下。

(1) 如果 $a_j > r+1$ 且 $a_l > r+1$，模型(8.2)的最优解 X^* 是 X_1 和 X_3 中具有较大目标函数值的那个。

(2) 如果 $a_l < r+1 < a_j$，模型(8.2)的最优解 X^* 是 X_1 和 X_2 中具有较大目标函数值的那个。

(3) 如果 $a_j < r+1 < a_l$，模型(8.2)的最优解 X^* 是 X_2 和 X_3 中具有较大目标函数值的那个。

证明：由于模型(8.2)的最优解 X^* 有基变量 $X_B = (x_j, x_l)(j < l, j, l \in \{1,2,\cdots,n\})$，因此可以通过求解模型(8.5)得到模型(8.2)的解。

显然，模型(8.5)是一个只有两个变量的线性规划问题，可以通过图解法求解。

(1) 讨论 $a_j > r+1$ 且 $a_l > r+1$，即 $\dfrac{r}{a_j-1} < 1$ 和 $\dfrac{r}{a_l-1} < 1$ 的情形。那么有 $a_l < a_j$ 和 $a_l > a_j$ 两种情况，分别对应图 8.1(a)，其中 $\dfrac{a_l-r-1}{a_l-a_j} < 0$ 且 $\dfrac{r+1-a_j}{a_l-a_j} > 0$，以及图 8.1(b)，其中 $\dfrac{a_l-r-1}{a_l-a_j} > 0$ 且 $\dfrac{r+1-a_j}{a_l-a_j} < 0$。由图 8.1(a) 和 8.1(b) 可以看出，可行域在第一象限虚线上方的实线上。那么最优解必定在点 $(1,0)$ 或 $(0,1)$ 处。因此，模型(8.5)的最优解 X^* 是 X_1 和 X_3 中具有较大目标函数值的那个。

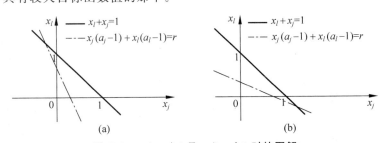

图 8.1 $a_j > r+1$ 且 $a_l > r+1$ 时的图解

(2) 讨论 $a_l < r+1 < a_j$，即对应 $a_l > 1, 0 < \dfrac{r}{a_j-1} < 1$ 且 $\dfrac{r}{a_l-1} > 1$，或 $a_l < 1, 0 \leq \dfrac{r}{a_j-1} < 1$ 且 $\dfrac{r}{a_l-1} \leq 0$（因为阈值 $r \geq 0$）的情形。那么得到图 8.2(a) 和图 8.2(b)，由图 8.2(a) 和图 8.2(b) 可以看到可行域在第一象限虚线上方的实线上。因此，模型(8.5)的最优解必定在点 $X_B = (x_j, x_l) = (1,0)$ 或点 $\left(\dfrac{a_l-r-1}{a_l-a_j}, \dfrac{r+1-a_j}{a_l-a_j}\right)$，也就是实线和虚线的交点处。那么模型(8.2)的最优解 X^* 是 X_1 和 X_2 中具有较大目标函数值的那个。

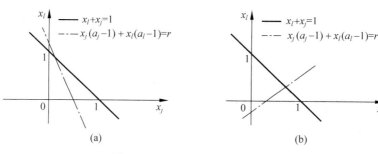

图 8.2　$a_l < r+1 < a_j$ 时的图解

(3) 类似地，讨论 $a_j < r+1 < a_l$，即 $a_j > 1, 0 < \frac{r}{a_l-1} < 1$ 且 $\frac{r}{a_j-1} > 1$，或 $a_j < 1, 0 \leq \frac{r}{a_l-1} < 1$ 且 $\frac{r}{a_j-1} \leq 0$ 的情形。那么得到图 8.3(a) 和图 8.3(b)，由图 8.3(a) 和图 8.3(b) 可以看到可行域在第一象限虚线上方的实线上。因此，模型 (8.5) 的最优解必定在点 $\boldsymbol{X}_B = (x_j, x_l) = (0, 1)$ 或点 $\left(\frac{a_l-r-1}{a_l-a_j}, \frac{r+1-a_j}{a_l-a_j}\right)$，也就是实线和虚线的交点处。那么模型 (8.2) 的最优解 $\boldsymbol{X}^*$ 是 $\boldsymbol{X}_2$ 和 $\boldsymbol{X}_3$ 中具有较大目标函数值的那个。

定理得证。

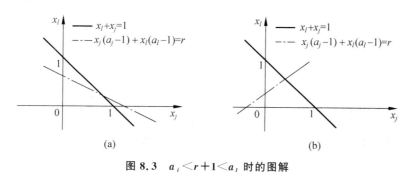

图 8.3　$a_j < r+1 < a_l$ 时的图解

8.4　未对冲投资组合和远期合约对冲投资组合的比较

定义 8.1　远期外汇合约是双方在未来特定日期以预先确定的汇率买卖一定数量外汇的定制合约。

远期外汇合约具有非标准化的性质，是一种常见的汇率风险对冲工具。例如，通过签订合约，国际投资组合的投资者可以在指定的未来日期以预先确定的汇率出售外汇，从而保护自己免受外汇汇率的不利波动。然而，风险的减少也可能意味着更大收益的减少。本节在不考虑买卖汇率价差的情况下，从理论上比较对冲外汇风险的国际投资组合和未对冲外汇风险的国际投资组合的收益。为此，首先给出通过远期外汇合约对冲汇率风险的国际投资组合选择模型。

当在国际投资组合中考虑远期外汇合约时，未来汇率变为定值。令 C_i 表示第 i 个国家由远期外汇合约预先确定的未来汇率，$i = 1, 2, \cdots, n$。那么根据模型 (8.1) 可以得到如下通过远期外汇合约对冲汇率风险的国际投资组合选择模型：

$$\begin{cases} \max E\left[\sum_{i=1}^{n} x_i \left(\dfrac{\widetilde{P}_i C_i}{P_{i0} C_{i0}} - 1\right)\right] \\ \text{s. t.:} \\ \quad \mathcal{M}\left\{\sum_{i=1}^{n} x_i \left(\dfrac{\widetilde{P}_i C_i}{P_{i0} C_{i0}} - 1\right) \leqslant r\right\} \leqslant \alpha_0 \\ \quad \sum_{i=1}^{n} x_i = 1 \\ \quad x_i \geqslant 0, i=1,2,\cdots,n \end{cases} \quad (8.6)$$

从定理8.1的证明过程很容易知道，当第 i 个国家的不确定证券价格（以第 i 个国家的货币计量）为正态不确定变量 $\widetilde{P}_i \sim \mathcal{N}(\mu_i, \sigma_i), i=1,2,\cdots,n$，可以将模型(8.6)转换为模型(8.7)：

$$\begin{cases} \max \sum_{i=1}^{n} x_i \left(\dfrac{\mu_i C_i}{P_{i0} C_{i0}} - 1\right) \\ \text{s. t.:} \\ \quad \sum_{i=1}^{n} x_i \left(\dfrac{\left(\mu_i + \dfrac{\sqrt{3}\sigma_i}{\pi} \ln \dfrac{\alpha_0}{1-\alpha_0}\right) C_i}{P_{i0} C_{i0}} - 1\right) \geqslant r \\ \quad \sum_{i=1}^{n} x_i = 1 \\ \quad x_i \geqslant 0, i=1,2,\cdots,n \end{cases} \quad (8.7)$$

定理 8.5[53]　令 $C_i, i=1,2,\cdots,n$ 表示远期外汇合约中设定的汇率。设不确定证券价格 $\widetilde{P}_i$ 和汇率 $\widetilde{C}_i$ 分别是独立的正态不确定变量 $\widetilde{P}_i \sim \mathcal{N}(\mu_i, \sigma_i)$ 和 $\widetilde{C}_i \sim \mathcal{N}(e_i, s_i), i=1,2,\cdots,n$。其中，$e_i$ 是未来即期汇率的无偏期望，即 $e_i = C_i$。那么对于给定的 r 和 α_0，如果 $\alpha_0 \geqslant 0.5$ 或

$$\ln \frac{\alpha_0}{1-\alpha_0} \leqslant \min_{i}\left\{-\frac{\mu_i \pi}{\sqrt{3}\sigma_i}\right\}$$

未用远期外汇合约的国际投资组合的期望收益大于使用远期外汇合约的国际投资组合的期望收益。

证明：令 $\boldsymbol{X} = (x_1, x_2, \cdots, x_n)$。分别用 $g_1(\boldsymbol{X}) \geqslant r$ 和 $g_2(\boldsymbol{X}) \geqslant r$ 表示模型(8.4)和模型(8.7)中的第一个约束条件。由于 $e_i = C_i, i=1,2,\cdots,n$，可得

$$g_1(\boldsymbol{X}) = \sum_{i=1}^{n} x_i \left(\dfrac{\mu_i e_i + \dfrac{\sqrt{3} e_i \sigma_i}{\pi} \ln \dfrac{\alpha_0}{1-\alpha_0}}{P_{i0} C_{i0}} + \dfrac{\dfrac{\sqrt{3}\mu_i s_i}{\pi} \ln \dfrac{\alpha_0}{1-\alpha_0} + \dfrac{3\sigma_i s_i}{\pi^2}\left(\ln \dfrac{\alpha_0}{1-\alpha_0}\right)^2}{P_{i0} C_{i0}} - 1\right)$$

$$g_2(\boldsymbol{X}) = g_1(\boldsymbol{X}) - \sum_{i=1}^{n} x_i \dfrac{\dfrac{\sqrt{3}\mu_i s_i}{\pi} \ln \dfrac{\alpha_0}{1-\alpha_0} + \dfrac{3\sigma_i s_i}{\pi^2}\left(\ln \dfrac{\alpha_0}{1-\alpha_0}\right)^2}{P_{i0} C_{i0}} \quad (8.8)$$

(1) 当 $\alpha_0 \geqslant 0.5$ 时，有 $\ln\dfrac{\alpha_0}{1-\alpha_0} > 0$。由于证券价格不能是负值，有 $\mu_i > 0$；同时由于 $\sigma_i > 0, s_i > 0$，因此，

$$\dfrac{\dfrac{\sqrt{3}\mu_i s_i}{\pi}\ln\dfrac{\alpha_0}{1-\alpha_0}+\dfrac{3\sigma_i s_i}{\pi^2}\left(\ln\dfrac{\alpha_0}{1-\alpha_0}\right)^2}{P_{i0}C_{i0}} = \dfrac{\left(\dfrac{\sqrt{3}\mu_i s_i}{\pi}+\dfrac{3\sigma_i s_i}{\pi^2}\ln\dfrac{\alpha_0}{1-\alpha_0}\right)\ln\dfrac{\alpha_0}{1-\alpha_0}}{P_{i0}C_{i0}} \geqslant 0 \tag{8.9}$$

当 $\ln\dfrac{\alpha_0}{1-\alpha_0} \leqslant \min\limits_i\left\{-\dfrac{\mu_i\pi}{\sqrt{3}\sigma_i}\right\}$ 时，得到

$$\dfrac{\dfrac{\sqrt{3}\mu_i s_i}{\pi}\ln\dfrac{\alpha_0}{1-\alpha_0}+\dfrac{3\sigma_i s_i}{\pi^2}\left(\ln\dfrac{\alpha_0}{1-\alpha_0}\right)^2}{P_{i0}C_{i0}} = \dfrac{\left(\dfrac{\sqrt{3}\mu_i s_i}{\pi}+\dfrac{3\sigma_i s_i}{\pi^2}\ln\dfrac{\alpha_0}{1-\alpha_0}\right)\ln\dfrac{\alpha_0}{1-\alpha_0}}{P_{i0}C_{i0}} \geqslant 0 \tag{8.10}$$

假设模型(8.4)有最优解 $\boldsymbol{X}_1$，则 $g_1(\boldsymbol{X}_1) \geqslant r$。因此，

$$g_2(\boldsymbol{X}_1) = g_1(\boldsymbol{X}_1) - \sum_{i=1}^{n} x_i \dfrac{\dfrac{\sqrt{3}\mu_i s_i}{\pi}\ln\dfrac{\alpha_0}{1-\alpha_0}+\dfrac{3\sigma_i s_i}{\pi^2}\left(\ln\dfrac{\alpha_0}{1-\alpha_0}\right)^2}{P_{i0}C_{i0}}$$

$$\geqslant r - \sum_{i=1}^{n} x_i \dfrac{\dfrac{\sqrt{3}\mu_i s_i}{\pi}\ln\dfrac{\alpha_0}{1-\alpha_0}+\dfrac{3\sigma_i s_i}{\pi^2}\left(\ln\dfrac{\alpha_0}{1-\alpha_0}\right)^2}{P_{i0}C_{i0}}$$

从式(8.9)和式(8.10)知道，如果 $\ln\dfrac{\alpha_0}{1-\alpha_0} \leqslant \min\limits_i\left\{-\dfrac{\mu_i\pi}{\sqrt{3}\sigma_i}\right\}$ 或 $\alpha_0 \geqslant 0.5$，$g_2(\boldsymbol{X}_1)$ 可能小于 r。也就是说，模型(8.4)的最优解 $\boldsymbol{X}_1$ 不一定是模型(8.7)的一个可行解。

(2) 假设模型(8.7)有一个最优解 $\boldsymbol{X}_2$，那么 $g_2(\boldsymbol{X}_2) \geqslant r$。根据式(8.8)、式(8.9)和式(8.10)，有

$$g_1(\boldsymbol{X}_2) \geqslant r$$

这意味着模型(8.7)的最优解 $\boldsymbol{X}_2$ 是模型(8.4)的可行解。

令 $f_1(\cdot)$ 和 $f_2(\cdot)$ 分别表示模型(8.4)和模型(8.7)的目标函数。由于 $C_i = e_i > 0$ 以及 $\sigma_i > 0, s_i > 0, i=1,2,\cdots,n$，所以有 $f_1(\boldsymbol{X}) > f_2(\boldsymbol{X})$。从(1)和(2)可以得到

$$f_1(\boldsymbol{X}_1) > f_2(\boldsymbol{X}_1) \geqslant f_2(\boldsymbol{X}_2)$$

也就是说，未对冲汇率风险的不确定国际投资组合的期望收益大于通过远期外汇合约对冲汇率风险的不确定国际投资组合的期望收益。定理得证。

定理 8.6[53] 设不确定证券价格 $\widetilde{P}_i$ 和汇率 $\widetilde{C}_i$ 分别是独立的正态不确定变量 $\widetilde{P}_i \sim \mathcal{N}(\mu_i, \sigma_i)$ 和 $\widetilde{C}_i \sim \mathcal{N}(e_i, s_i), i=1,2,\cdots,n$。那么对于给定的 r 和 α_0，如果 $\alpha < 0.5$ 且

$$0 > \ln\dfrac{\alpha_0}{1-\alpha_0} > \max\limits_i\left\{-\dfrac{\mu_i\pi}{\sqrt{3}\sigma_i}\right\}$$

可能存在未用远期合约对冲汇率风险的国际投资组合的期望收益低于用远期合约对冲汇率

风险的国际投资组合的期望收益的情况。

证明：假设 X_1 和 X_2 分别是模型(8.4)和模型(8.7)的最优解，$f_1(\cdot)$ 和 $f_2(\cdot)$ 分别表示模型(8.4)和模型(8.7)的目标函数。由于 $\alpha < 0.5$ 且

$$0 > \ln\frac{\alpha_0}{1-\alpha_0} > \max_i\left\{-\frac{\mu_i\pi}{\sqrt{3}\sigma_i}\right\}$$

所以有

$$\frac{\frac{\sqrt{3}\mu_i s_i}{\pi}\ln\frac{\alpha_0}{1-\alpha_0} + \frac{3\sigma_i s_i}{\pi^2}\left(\ln\frac{\alpha_0}{1-\alpha_0}\right)^2}{P_{i0}C_{i0}} < 0$$

于是从定理8.5的证明过程中可以很容易地得到 X_1 是模型(8.7)的可行解，但 X_2 可能不是模型(8.4)的可行解。这意味着模型(8.7)的可行域大于模型(8.4)。因此，尽管 $f_1(X) > f_2(X)$，但是如果 $X_1 \neq X_2$，仍然可使未对冲汇率风险的国际投资组合的期望收益等于或低于使用远期合约对冲汇率风险的国际投资组合期望收益的情况。定理得证。

从模型(8.4)和模型(8.7)，可以理解为当收益阈值水平 r 确定时，α_0 值表示投资者可容忍的风险水平。α_0 值越大，投资者所能承受的风险就越高。当 $\alpha_0 \geq 0.5$ 时，人们认为投资者所关注的不良事件发生的信度超过一半。从定理8.5可以看出，当投资者在 $\alpha_0 \geq 0.5$ 的水平下能够容忍低收益，即投资者具有较高的风险容忍度时，未对冲汇率风险的国际投资给投资者带来的收益更大，这与风险越高、收益越高的规律是一致的。从定理8.6中知道，当 $\alpha_0 < 0.5$ 时，使用远期合约对冲汇率风险的投资组合的期望收益有可能大于未对冲汇率风险的投资组合。

8.5 数值算例

例8.1：假设一个中国投资者考虑在以下7个国家进行为期1年的国际投资：美国、中国、日本、英国、德国、马来西亚、新加坡，投资标的分别为标准普尔500指数、上证综合指数、日经指数、FTSE 100、Dax、KLSE 和 STI。假设当前时间为2018年11月23日，当日各指数的收盘价见表8.1。表8.2列出了2018年11月23日的即期汇率。中国为本国，外汇汇率以单位外币对应的人民币计量。请专家估计1年后的证券价格和汇率，得到了证券价格和汇率的不确定分布，分别见表8.3和表8.4。

表8.1　7个国家的当前证券价格

国　家	符　号	以当地货币计价的当前证券价格
美国	P_{10}	2 649.93
中国	P_{20}	2 579.48
日本	P_{30}	21 646.55
英国	P_{40}	6 952.86
德国	P_{50}	11 192.69
马来西亚	P_{60}	1 695.88
新加坡	P_{70}	3 052.49

表 8.2 当前即期汇率

本币/外币	符号	当前汇率
中国/美国	C_{10}	6.963 8
中国/日本	C_{30}	0.061 8
中国/英国	C_{40}	8.952
中国/德国	C_{50}	7.929 6
中国/马来西亚	C_{60}	1.683 1
中国/新加坡	C_{70}	5.070 1

表 8.3 7 只国际证券的未来不确定价格

国 家	以当地货币计价的不确定证券价格
美国	$\widetilde{P}_1 \sim \mathcal{N}(2\,751.7, 99.7)$
中国	$\widetilde{P}_2 \sim \mathcal{N}(2\,773.82, 295.34)$
日本	$\widetilde{P}_3 \sim \mathcal{N}(22\,511.94, 865.39)$
英国	$\widetilde{P}_4 \sim \mathcal{N}(7\,306.65, 293.79)$
德国	$\widetilde{P}_5 \sim \mathcal{N}(11\,848.05, 655.36)$
马来西亚	$\widetilde{P}_6 \sim \mathcal{N}(1\,761.04, 65.16)$
新加坡	$\widetilde{P}_7 \sim \mathcal{N}(3\,229.06, 176.57)$

表 8.4 未来不确定汇率

本币/外币	不确定汇率
中国/美国	$\widetilde{C}_1 \sim \mathcal{N}(7.202\,3, 0.238\,5)$
中国/日本	$\widetilde{C}_3 \sim \mathcal{N}(0.063\,3, 0.001\,5)$
中国/英国	$\widetilde{C}_4 \sim \mathcal{N}(9.083\,1, 0.131\,1)$
中国/德国	$\widetilde{C}_5 \sim \mathcal{N}(8.051\,5, 0.151\,9)$
中国/马来西亚	$\widetilde{C}_6 \sim \mathcal{N}(1.723\,9, 0.040\,8)$
中国/新加坡	$\widetilde{C}_7 \sim \mathcal{N}(5.148\,5, 0.108\,4)$

假设投资者将收益阈值设为 $r=0.02$。根据模型(8.4),可获得在不同可容忍信度水平 α_0 下的最优资产配置和对应的期望收益,如表 8.5 所示。从表 8.5 中可以看到,期望收益随着可容忍信度水平 α_0 的增加而增加。当 $\alpha_0<0.19$ 时,未对冲汇率风险的国际投资组合选择模型(8.4)没有可行解,与定理 8.3 的结果一致。当 $\alpha_0=0.19$ 时,1.89% 的资本投资于美国股票市场,其余 98.11% 的资本投资于英国市场。对应的最优期望收益为 6.7%。

表 8.5 无远期合约时的最优投资分配

α_0	美国	中国	日本	英国	德国	马来西亚	新加坡	期望收益
0.19	0.018 9	0	0	0.981 1	0	0	0	0.067 0
0.20	0.485 2	0	0	0.514 8	0	0	0	0.070 9
0.21	0.927 3	0	0	0	0.072 7	0	0	0.075 3
0.22	0.092 4	0	0	0	0.907 6	0	0	0.075 8

续表

α_0	美国	中国	日本	英国	德国	马来西亚	新加坡	期望收益
0.23	0	0	0	0	1	0	0	0.075 9
⋮	⋮	⋮	⋮	⋮	⋮	⋮	⋮	⋮
0.4	0	0	0	0	1	0	0	0.075 9

为了讨论远期外汇合约对国际投资组合的影响,根据模型(8.7)得到在不同可容忍 α_0 水平下的对冲汇率风险的国际投资组合选择,结果见表 8.6。在 $\alpha_0 < 0.08$ 时,有远期合约的国际投资组合没有可行解。0.08 的 α_0 水平小于没有远期合约的投资组合无解时的容忍水平 0.19,这也反映了远期外汇合约可以对冲投资风险。

表 8.6 有远期合约时的最优投资分配

α_0	美国	中国	日本	英国	德国	马来西亚	新加坡	期望收益
0.08	0.942 0	0	0	0	0.058 0	0	0	0.074 0
0.10	0.716 4	0	0	0	0.283 6	0	0	0.074 2
0.15	0.108 3	0	0	0	0.891 7	0	0	0.074 7
0.16	0	0.009 5	0	0	0.990 5	0	0	0.074 8
0.20	0	0.225 9	0	0	0.774 1	0	0	0.074 9
0.25	0	0.573 2	0	0	0.426 8	0	0	0.075 1
0.29	0	0.955 7	0	0	0.044 3	0	0	0.075 2
0.30	0	1	0	0	0	0	0	0.075 3
⋮	⋮	⋮	⋮	⋮	⋮	⋮	⋮	⋮
0.4	0	1	0	0	0	0	0	0.075 3

为了清楚地看出远期外汇合约对国际投资组合的影响,在图 8.4 中绘制了表 8.5 和表 8.6 的结果,其中,实线表示没有远期合约的国际投资组合收益,虚线表示有远期合约的国际投资组合收益。从图 8.4 可以看出,在两条线交点的左侧,α_0 相对较低,有远期外汇合

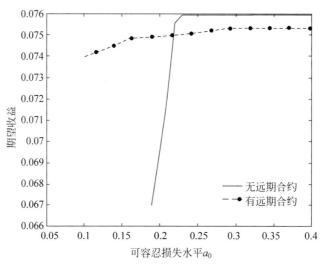

图 8.4 有/无远期合约的国际投资组合的最优期望收益

约的投资组合最优期望收益大于无远期合约的组合最优期望收益。在两条线的交点右侧,有远期合约的投资组合最优期望收益低于没有远期合约的投资组合。结果与定理8.5和定理8.6以及8.4节的讨论一致。此外,注意到随着可容忍α_0水平的增加,虚线缓慢上升,实线陡峭上升达特定值之后保持水平,这意味着相较于对冲汇率风险的国际投资组合,未对冲汇率风险的国际投资组合的期望收益对α_0水平更敏感,说明保守的、对风险水平α_0敏感的国际投资者,可以考虑远期外汇合约,而对α_0不太敏感、能够容忍相对较高α_0水平的国际投资者,不应通过远期合约对冲汇率风险。

综 合 训 练

1. 随着资本流动自由化和信息技术的发展,国际投资组合变得越来越容易,简述国际投资组合对于投资者的利弊。

2. 根据不确定均值-机会国际投资组合模型,什么类型的国际投资者应该考虑远期外汇合约,什么类型的投资者不应通过远期外汇合约对冲汇率风险?

3. 假设投资者在选择国际投资组合时,在第1个国家至第m个国家投资不通过远期外汇合约对冲汇率风险,而在第$m+1$个国家至第n个国家投资通过远期外汇合约对冲汇率风险,令$\tilde{C}_i$分别表示估计出的第$m+1$个国家至第n个国家未来的汇率,即$i=m+1, m+2,\cdots,n$。给出该投资者的不确定均值-机会国际投资组合模型,并给出模型的一般等价形式。

即 测 即 练

参考文献

[1] HUANG X. Portfolio analysis: from probabilistic to credibilistic and uncertain approaches[M]. Berlin: Springer-Verlag, 2010.

[2] MARKOWITZ H. Portfolio selection[J]. Journal of finance, 1952, 7: 77-91.

[3] KAHNEMAN D, TVERSKY A. Prospect theory: an analysis of decision under risk[J]. Econometrica, 1979, 47: 263-292.

[4] LIU B. Uncertainty theory[M/OL]. 5th ed. https://cloud.tsinghua.edu.cn/d/df71e9ec330e49e59c9c/.

[5] LIU B. Uncertainty theory[M]. 2nd ed. Berlin: Springer-Verlag, 2007.

[6] LIU B. Uncertainty theory[M]. 4th ed. Berlin: Springer-Verlag, 2015.

[7] JIANG C, MA Y, AN Y. International diversification benefits: an investigation from the perspective of Chinese investors[J]. China finance review international, 2013, 3: 225-249.

[8] LIU B. Uncertainty theory: a branch of mathematics for modeling human uncertainty[M]. Berlin: Springer-Verlag, 2010.

[9] LIU B. Some research problems in uncertainty theory[J]. Journal of uncertain systems, 2009, 3: 3-10.

[10] PENG Z X, IWAMURA K. Some properties of product uncertain measure[J]. Journal of uncertain systems, 2012, 6: 263-269.

[11] LIU Y, LIO W. A revision of sufficient and necessary condition of uncertainty distribution[J]. Journal of intelligent and fuzzy systems, 2020, 38: 4845-4854.

[12] PENG Z X, IWAMURA K. A sufficient and necessary condition of uncertainty distribution[J]. Journal of interdisciplinary mathematics, 2010, 13: 277-285.

[13] LIU B. Towards uncertain finance theory[J]. Journal of uncertainty analysis and appliations, 2013, 1, Article 1.

[14] LIU B. Extreme value theorems of uncertain process with application to insurance risk model[J]. Soft computing, 2013, 17: 549-556.

[15] YAO K. A formula to calculate the variance of uncertain variable[J]. Soft computing, 2015, 19: 2947-2953.

[16] HUANG X. Mean-variance models for portfolio selection subject to experts' estimations[J]. Expert systems with applications, 2012, 39(5): 5887-5893.

[17] YANG T, HUANG X. A new portfolio optimization model under tracking-error constraint with linear uncertainty distributions[J]. Journal of optimization theory and applications, 2022, 195: 723-747.

[18] DAS S, MARKOWITZ H, SCHEID J, et al. Portfolio optimization with mental accounts[J]. Journal of financial and quantitative analysis, 2010, 45: 311-334.

[19] CHEN X W, DAI W. Maximum entropy principle for uncertain variables[J]. International journal of fuzzy systems, 2011, 13: 232-236.

[20] CHEN X W, RALESCU D A. B-spline method of uncertain statistics with applications to estimate travel distance[J]. Journal of uncertain systems, 2012, 6: 256-262.

[21] WANG X S, GAO Z C, GUO H Y. Delphi method for estimating uncertainty distributions[J]. Information: an international interdisciplinary journal, 2012, 15: 449-460.

[22] WANG X S, PENG Z X. Method of moments for estimating uncertainty distributions[J]. Journal of uncertainty analysis and applications, 2014, 2, Article 5.

[23] LIO W, LIU B. Residual and confidence interval for uncertain regression model with imprecise

observations[J]. Journal of intelligent and fuzzy systems,2018,35: 2573-2583.
[24] YAO K,LIU B. Uncertain regression analysis: an approach for imprecise observations[J]. Soft computing,2018,22: 5579-5582.
[25] HUANG X. Mean-risk model for uncertain portfolio selection[J]. Fuzzy optimization and decision making,2011,10: 71-89.
[26] HUANG X. A risk index model for portfolio selection with returns subject to experts' evaluations [J]. Fuzzy optimization and decision making,2012,11: 451-463.
[27] HUANG X,YING H. Risk index based models for portfolio adjusting problem with returns subject to experts' evaluations[J]. Economic modelling,2013,30: 61-66.
[28] HUANG X,ZHAO T Y. Mean-chance model for portfolio selection based on uncertain measure[J]. Insurance: mathematics and economics,2014,59: 243-250.
[29] GAO J,LIU H. A risk-free protection index model for portfolio selection with entropy constraint under an uncertainty framework[J]. Entropy,2017,19(2): 80.
[30] QIN Z,KAR S,ZHENG H. Uncertain portfolio adjusting model using semiabsolute deviation[J]. Soft computing,2016,20: 717-725.
[31] CHEN L,PENG J,ZHANG B,et al. Diversified models for portfolio selection based on uncertain semivariance[J]. International journal of systems science,2017,48: 637-648.
[32] CHEN W,WANG Y,GUPTA P,et al. A novel hybrid heuristic algorithm for a new uncertain mean-variance-skewness portfolio selection model with real constraints[J]. Applied intelligence,2018,48: 2996-3018.
[33] HOLLAND J. Adaptation in natural and artificial systems[M]. Ann Arbor: University of Michigan Press,1975.
[34] HUANG X. Portfolio selection with a new definition of risk[J]. European journal of operational research,2008,186: 351-357.
[35] HUANG X,WANG X T. Portfolio investment with options based on uncertainty theory[J]. International journal of information technology & decision making,2019,18: 929-952.
[36] WANG X T,HUANG X. A risk index to model uncertainty for portfolio investment using options [J]. Economic modelling,2019,80: 284-293.
[37] WINSTON W L. Operations research: mathematical programming [M]. Beijing: Tsinghua University,2004.
[38] DAI W,CHEN X W. Entropy of function of uncertain variables[J]. Mathematical and computer modelling,2012,55: 754-760.
[39] ALEXANDER G J,BAPTISTA A M. Portfolio selection with mental accounts and delegation[J]. Journal of banking and finance,2011,36:2637-2656.
[40] BAPTISTA A M. Portfolio selection with mental accounts and background risk[J]. Journal of banking and finance,2012,36: 968-980.
[41] XUE L,DI H. Uncertain portfolio selection with mental accounts and background risk[J]. Journal of industrial and management optimization,2019,15: 1809-1830.
[42] HUANG X,DI H. Uncertain portfolio selection with mental account[J]. International journal of systems science,2020,51: 2079-2090.
[43] GOLLIER C. The economics of risk and time[M]. Cambridge,MA: MIT Press,2001.
[44] CARDAK B A,WILKINS R. The determinants of household risky asset holdings: Australian evidence on background risk and other factors[J]. Journal of banking and finance,2009,33: 850-860.
[45] COCCO J F. Portfolio choice in the presence of housing[J]. The review of financial studies,2004,18: 535-567.

[46] HEATON J, LUCAS D. Portfolio choice in the presence of background risk[J]. The economic journal, 2000, 110: 1-26.

[47] HARA C, HUANG J, KUZMICS C. Effects of background risks on cautiousness with an application to a portfolio choice problem[J]. Journal of economic theory, 2008, 146: 346-358.

[48] JIANG C, MA Y, AN Y. An analysis of portfolio selection with background risk[J]. Journal of banking and finance, 2010, 34: 3055-3060.

[49] HUANG X, JIANG G W. Portfolio management with background risk under uncertain mean-variance utility[J]. Fuzzy optimization and decision making, 2021, 20: 315-330.

[50] HUANG X, YANG T. How does background risk affect portfolio choice: an analysis based on uncertain mean-variance model with background risk[J]. Journal of banking and finance, 2020, 111: 105726.

[51] HUANG X, MA D. Uncertain mean-chance model for portfolio selection with multiplicative background risk[J]. International journal of systems science: operations & logistics, 2022, 10(4): 1-15.

[52] BOUSLAMA O, OUDA O B. International portfolio diversification benefits: the relevance of emerging markets[J]. International journal of economics and finance, 2014, 6: 200-215.

[53] HUANG X, WANG X T. International portfolio optimization based on uncertainty theory[J]. Optimization, 2021, 20: 225-249.

常用符号列表

x	投资比例,决策变量
ξ	不确定证券收益
μ, e	期望值
σ^2	方差
Φ, Ψ	不确定分布
$\varnothing$	空集
$\mathcal{M}$	不确定测度
$(\Gamma, \mathcal{L}, \mathcal{M})$	不确定空间
E	期望值算子
V	方差算子
SV	半方差算子
H	熵算子
ADD	绝对下偏差
$\alpha(r)$	置信曲线
$R(l)$	风险曲线
$RI(\xi)$	风险指数
f	β-收益值
VaRU	不确定在险值
$\mathbf{R}$	实数集
$\vee$	最大化算子
$\wedge$	最小化算子
Eval	遗传算法的评价函数
GA	遗传算法
c	基因
C	染色体

教师服务

感谢您选用清华大学出版社的教材！为了更好地服务教学，我们为授课教师提供本书的教学辅助资源，以及本学科重点教材信息。请您扫码获取。

▶▶ 教辅获取

本书教辅资源，授课教师扫码获取

▶▶ 样书赠送

财政与金融类重点教材，教师扫码获取样书

 清华大学出版社

E-mail：tupfuwu@163.com
电话：010-83470332 / 83470142
地址：北京市海淀区双清路学研大厦 B 座 509

网址：https://www.tup.com.cn/
传真：8610-83470107
邮编：100084